W0055173

DIE ZUKUNFT DER ARBEIT

© Süddeutsche Zeitung GmbH, München
für die Süddeutsche Zeitung Edition 2012

Projektleitung: Sabine Sternagel
Art Director & Umschlaggestaltung: Stefan Dimitrov
Produktmanagement: Eva Hutter
Satz und Layout: Compumedia GmbH, München
Herstellung: Thekla Licht, Hermann Weixler
Druck- und Bindearbeiten: Kösel GmbH & Co. KG, Altusried-Krugzell
Printed in Germany

ISBN: 978-3-86615-997-6

MARC BEISE UND HANS-JÜRGEN JAKOBS (HERAUSGEBER)
SIBYLLE HAAS (KONZEPT UND REDAKTION)

DIE ZUKUNFT DER ARBEIT

Süddeutsche Zeitung Edition

Vorwort
Gesellschaft im Umbruch Von Marc Beise und Hans-Jürgen Jakobs **8**

Wandel der Arbeitswelt
Immer mehr Menschen haben hoch qualifizierte Berufe oder sind Dienstleister.
Der klassische Arbeiter verliert an Bedeutung. Wissen ist der Rohstoff der Zukunft.

Rohstoff Wissen Von Sibylle Haas **14**
„Die Grenze zwischen Arbeit und Freizeit verwischt" Interview mit Hilmar Schneider **19**

Der Wert der Arbeit
Eine gute Stelle bringt den Menschen Wohlstand, Prestige und Zufriedenheit.
Dass auch unbezahlte Tätigkeiten wichtig sind, wird oft vergessen.

Für Gott, Geld und Glück Von Caspar Dohmen **26**
Mehr für Müllmänner, weniger für Manager Von Caspar Dohmen **31**

Die Soziallehre der Kirchen
Die christliche Sozialethik hat eine unvergleichliche Stärke, denn sie kann
der globalisierten Wirtschaft eine globale Ethik zur Seite stellen.

Mehr Mensch Von Matthias Drobinski **38**
„Geld kann man nicht essen" Interview mit Nikolaus Schneider **43**

Der Manchester-Kapitalismus
Die Weltverbesserer Karl Marx und Friedrich Engels lagen in vielem richtig,
aber sie irrten sich auch kolossal.

Hölle auf Erden Von Andreas Oldag **50**
„Die Macht einzelner Unternehmen wird zu groß" Interview mit Gert G. Wagner **55**

Die digitale Revolution
Viele Menschen befürchten, dass der technische Fortschritt sie überflüssig macht.
Diese Sorge könnte künftig berechtigt sein.

Die Angst vor dem Verlust des Arbeitsplatzes Von Nikolaus Piper **62**
Wie im Jurassic Park Von Thomas Fromm **67**

Die Wissensgesellschaft
Wissen prägt das soziale und wirtschaftliche Zusammenleben in der westlichen
Welt. Die Informationsflut steigt täglich. Um von ihr nicht überrollt zu werden,
brauchen Arbeitnehmer Orientierung.

Von Informations-Butlern und Problemlösern Von Markus Zydra **74**
„Eltern sollten eine Ausbildung in Menschenführung erhalten" Interview mit Dieter Frey **79**

Mythos der ständigen Erreichbarkeit
Laptop und Blackberry können das Arbeiten erleichtern oder erschweren.
Es liegt an uns, das Beste daraus zu machen.

Weit weg und doch ganz nah Von Silke Bigalke, Sibylle Haas und Thorsten Riedl **88**
„Manche flüchten mit dem Blackberry aus der Realität" Interview mit Michael Bordt **93**

Der Nine-to-Five-Job

Stechuhr und feste Altersgrenzen haben im Berufsalltag der Zukunft keinen Platz mehr. Immer mehr Menschen arbeiten heute schon selbstbestimmt und legen Arbeitszeit und Freizeit in Eigenregie fest.

Mittags in der Sonne, nachts am Schreibtisch Von Alexandra Borchardt **100**

Aufbruch im Sauerland Von Dieter Sürig **105**

Die digitale Boheme

Die Avantgarde der Arbeitsgesellschaft ist eine neue kreative Klasse, die keinen festen Job mehr will. Sie sucht eine Existenz abseits der klassischen Firmenstrukturen.

Der Geschmack der Freiheit Von Alexander Hagelüken **112**

„Wie eine Marionette im Firmen-Kasperltheater" Interview mit Holm Friebe und Sascha Lobo **117**

Die Verdichtung der Arbeit

Der Konkurrenzkampf wird härter und Arbeitnehmer müssen zunehmend schneller und besser werden. Doch in einer Welt der scheinbar unbegrenzten Möglichkeiten stoßen immer mehr Menschen an ihre Grenzen.

Verhinderte Superstars Von Alexandra Borchardt **124**

„Viele halten das Tempo nicht mehr aus" Interview mit Werner Fürstenberg **129**

Arbeiten von unterwegs

Beschäftigte brauchen keinen festen Arbeitsplatz mehr. Sie können ihr Büro mit Laptop und Handy überall aufschlagen. Dieser Trend hat Nachteile, denn Teamarbeit bleibt oft auf der Strecke.

Mobiles Einsatzkommando Von Thomas Fromm **136**

Zwölf Tage Urlaub im Jahr Von Marianne Körber **141**

Der demographische Wandel

Es werden immer mehr Menschen länger arbeiten müssen, weil der Nachwuchs fehlt. Das ist eine große Chance, welche die Gesellschaft nutzen muss.

Alte raus, Junge rein – das war einmal Von Dagmar Deckstein **148**

„Vielleicht mache ich mich selbständig" Von Dagmar Deckstein **153**

Der Fachkräftemangel

In wenigen Jahren werden Millionen qualifizierte Mitarbeiter fehlen, wenn Unternehmen und Politik nicht gegensteuern. Doch das ist schwierig.

Kluge Köpfe verzweifelt gesucht Von Thomas Öchsner **160**

150 Bewerbungen, drei neue Anzüge Von Alina Fichter **165**

Das Prekariat

Das deutsche Jobwunder und seine Kehrseite. Es gibt neue Stellen, doch viele sind schlecht bezahlt und bieten keine Aufstiegsperspektive.

Die Abgehängten Von Thomas Öchsner **172**

„Halte lieber den Mund" Von Florian Fuchs **177**

Die Chancen der Jugend

Viele Jugendliche drohen sozial abzugleiten, weil ihre Eltern resigniert haben. Da der deutschen Wirtschaft der qualifizierte Nachwuchs fehlt, hat sie dieses Thema nun entdeckt.

Gefährdete Kinder   Von Corinna Nohn **184**

Viel Theorie, wenig Praxis   Von Gunnar Herrmann **189**

Die Frauen

Auf dem Papier haben Frauen schon lange die gleichen Chancen auf eine berufliche Karriere wie Männer. Doch die Realität sieht anders aus. Ökonomen sprechen vom verschenkten oder ungenutzten Potential.

Die Unbequemen   Von Daniela Kuhr **196**

„Bring mir eine Frau"   Von Kristina Läsker **201**

Die Gewerkschaften

Die Arbeitnehmer-Vertreter ändern allmählich ihr Selbstverständnis. So wollen sie für junge Beschäftigte wieder attraktiv werden.

Dienstleister statt Klassenkämpfer   Von Detlef Esslinger **208**

Gleicher Lohn für alle   Von Sibylle Haas **213**

Die menschenfreundliche Organisation

Zufriedene Mitarbeiter sind wichtiger als alles andere. Dennoch ist diese Erkenntnis noch nicht überall angekommen. Firmen brauchen Führungsmethoden, die Menschen nicht nur fordern, sondern auch fördern.

Die Entdeckung des Arbeitsklimas   Von Dagmar Deckstein **220**

Wenn 23 000 Mitarbeiter zu Kreativposten werden   Von Dagmar Deckstein **225**

Arbeit ist mehr als Erwerbsarbeit

Arbeit, die Menschen freiwillig und ohne Bezahlung tun, hat einen niedrigen Stellenwert in der Gesellschaft. Doch Bürgerarbeit wird angesichts leerer Staatskassen immer wichtiger. Es ist Zeit, sie besser zu würdigen.

Arbeit ohne Ende   Von Caspar Dohmen. **232**

„Das Ende eines goldenen Zeitalters"   Interview mit Meinhard Miegel **237**

Die neuen Arbeitgeber

Viele junge Technologieunternehmen bieten ihren Mitarbeitern große Möglichkeiten zur Entfaltung. Doch sie fördern damit auch eine Kultur der Selbstausbeutung.

Die große Freiheit   Von Varinia Bernau **244**

Lila Mikrokosmos   Von Hannah Beitzer **249**

Grüne Arbeitsplätze

Der Umweltschutz ist ein Motor für die wirtschaftliche Entwicklung. Der Umbau der Wirtschaft schafft Tausende neue Jobs. Doch umweltfreundlich ist nicht immer gleichbedeutend mit sozial und gut, warnen Gewerkschaften.

Grüne Welle   Von Markus Balser **256**

Sozialromantik pur   Von Dieter Sürig **261**

Arbeit und Globalisierung

Firmen aus Schwellenländern erhöhen den Druck auf die westliche Welt. Sie können günstiger produzieren, weil ihre Kosten niedriger sind. Der Erfolg der Schwellenländer trifft den Glauben der westlichen Arbeitnehmer an ihre Zukunft.

Das China-Syndrom Von Nikolaus Piper 268
Der Traum vom kleinen Glück Von Marcel Grzanna 273

Im Spiegel der Kulturen

Leistung wird nicht überall gleich beurteilt. Asiaten, Afrikaner, Europäer, Amerikaner – sie alle leben mit ihren eigenen Werten. Das zeigt sich auch in der Arbeitswelt.

Die Macht des Kollektivs Von Michael Kläsgen 280
Endlich Feierabend Interview mit Tsuyoshi Noguchi 285

Selbstvermarktung

Leistung alleine reicht nicht mehr, um im Beruf erfolgreich zu sein. Die Menschen müssen sich gut verkaufen, damit sie einen guten Job bekommen und Karriere machen. Und sie brauchen Netzwerke und gute Kontakte.

Huhu, hier bin ich Von Angelika Slavik 292
Werbung im Netz Von Angelika Slavik 297

Die Arbeitsvermittler

Die Arbeitsagenturen geben sich Mühe, um Arbeitssuchende und Firmen zusammenzubringen. Doch das funktioniert nicht immer. Es wird zu jeder Zeit Menschen geben, die auf dem Arbeitsmarkt keine Chance haben.

Headhunter für die Masse Von Uwe Ritzer 304
Bohren am harten Kern Von Thomas Öchsner 309

Wert der Bildung

In Europa sind viele Grenzen gefallen. Doch bei den Berufsabschlüssen herrscht Kleinstaaterei. Die gegenseitige Anerkennung von Bildungsabschlüssen ist schwierig. Auch in Deutschland wird ungleich geurteilt.

Ohne Maß Von Tanjev Schultz 316
„Die Welt besteht nicht nur aus Dichtern und Denkern" Interview mit Otto Kentzler 321

Nachwort: Den Wandel gestalten

Mobiler, weiblicher, älter Von Sibylle Haas 328

Autorenverzeichnis 331
Bildnachweis 336

Gesellschaft im Umbruch

Eines Morgens in der Redaktionskonferenz. Einer der etablierten, in Ehren ergrauten Redakteure hatte an diesem Tag einen Kommentar in der Zeitung, in dem er die wachsende Zahl der sogenannten „prekären" Arbeitsverhält-nisse in Deutschland zwar nicht wünschenswert nannte, sie aber auch nicht als ein Grundübel darstellte. Vielmehr müsse man Nach- und Vorteile sehen. Ja, befristete Arbeitsverhältnisse, 400-Euro-Jobs, Leiharbeit seien eine unsi-chere Sache, aber sie hielten, so die Meinung, die Betreffenden im Arbeits-leben – und was gebe es für das Selbstwertgefühl Wichtigeres, als Arbeit zu haben? Eine junge Kollegin, in eben einer solchen prekären Situation, empörte sich. Es sei zynisch, was der ältere Kollege da zu Papier gebracht habe, zynisch gegenüber denjenigen, die sich – wie sie – durch eine zuneh-mend unsicher werdende Arbeitswelt quälten. Die Argumente wogten hin und her, beide Seiten fanden Unterstützung, und am Ende trennte man sich ohne Verständigung.

Es war diese Diskussion, die die Wirtschaftsredaktion der Süddeutschen Zeitung bewog, eine große Artikelserie zu starten zum Wandel der Arbeits-welt im 21. Jahrhundert. Kollegen aus allen Teilen der Zeitung schwärmten aus, die Wirklichkeit zu vermessen und zu bewerten, die Trends der Gegen-wart aufzuspüren und die Zukunft vielleicht zu erahnen. Es ist offensichtlich, dass Arbeit heute nicht mehr dasselbe ist wie vor hundert Jahren, nicht mal mehr dasselbe wie vor fünfzig Jahren. Der klassische Arbeiter verliert an Bedeutung. Immer mehr Menschen haben hoch qualifizierte Berufe oder sind Dienstleister. Das verändert die Gesellschaft und stellt den Staat vor neue Herausforderungen. Im internationalen Wettstreit ist diese Entwicklung fol-genreich. Wissen ist der Rohstoff der Zukunft. Es ist Deutschlands einzige Wohlstandschance in einer sich immer stärker globalisierenden Welt, in der andere Regionen aufholen. Die Deutschen haben das erkannt, aber sie han-deln nicht danach. Viel wird über Bildung geredet, immer noch viel zu wenig dafür getan.

Die Zeiten des Manchester-Kapitalismus, der uneingeschränkten phy-sischen und psychischen Ausbeutung von Arbeitskräften, ist lange vorbei – glücklicherweise. Arbeitsschutz wird großgeschrieben, die sozialen Bedingungen in den meisten deutschen Unternehmen sind im internationalen Vergleich auf höchstem Niveau. Aber auch heute macht Arbeit nicht jeden Menschen glücklich. Das kann an konkreten Umständen liegen, häufig aber auch an den großen Veränderungen. Viele Menschen befürchten (oder erleben schon), dass der technische Fortschritt sie überflüssig macht.

Auf ganz besondere Art und Weise ändern sich die Arbeitsbedingungen im digitalen Zeitalter. Stechuhr und feste Arbeitszeiten verlieren an Bedeutung. Laptop und Blackberry sind nicht mehr wegzudenken. Beschäftigte brauchen keinen exklusiven Arbeitsplatz mehr. Immer mehr Menschen arbeiten selbstbestimmt und legen Arbeit und Freizeit in Eigenregie fest. Das kann glücklich machen – oder unglücklich.

Ähnlich ambivalent sind die angesprochenen prekären Arbeitsverhältnisse. Es gibt verzweifelte Doppeljobber und begeisterte. Das deutsche Jobwunder hat seine Kehrseite. Ja, es gibt neue Stellen, 2011 sogar so viele Jobs wie noch nie: mehr als 40 Millionen – aber es gibt eben auch viele schlecht bezahlte Stellen mit geringen Aufstiegschancen. In vielen Staaten Europas liegt die Jugendarbeitslosigkeit dramatisch hoch.

Und dann das Alter: Die demographische Entwicklung wird dazu führen, dass Menschen länger arbeiten. Der Gesetzgeber hat mit der „Rente mit 67", die mit dem Jahr 2012 angelaufen ist, entsprechende Weichen gestellt. Auch dies ist eine große Chance für jeden einzelnen, womöglich aber auch eine Bedrohung.

Kurz, die Welt der Arbeit ist in ihren Veränderungen eines der zentralen Themen dieser Zeit. Die Recherchen der SZ-Kollegen in den vergangenen Monaten haben das ganze Spektrum des Themas gezeigt. Es sind wichtige Beiträge, die wir deshalb gerne für dieses Buch zusammengefasst und erweitert haben, begleitet von den großartigen Bildern des brasilianischen Fotoreporters Sebastião Salgado. Wir danken allen Kolleginnen und Kollegen für hervorragende Arbeit! Der Dank gilt insbesondere Sibylle Haas, die in der Wirtschaftsredaktion unter anderem für Arbeitsthemen zuständig ist und Serie und Buch maßgeblich entwickelt und umgesetzt hat.

München, im Februar 2012

Marc Beise und Hans-Jürgen Jakobs, Ressortleiter Wirtschaft

Wandel der Arbeitswelt

Die Arbeitswelt steht am Beginn einer rasanten Veränderung. Globalisierung und technischer Fortschritt stellen Politik und Wirtschaft vor noch nie dagewesene Herausforderungen; die digitale Revolution führt zu Krisen und Umbrüchen. Die Gesellschaft muss Abschied nehmen von Altgewohntem und sich auf die Neuerungen einstellen. Welchen Stellenwert hat Arbeit noch in den westlichen Industriegesellschaften? Was verlangt die Wissensgesellschaft von den Beschäftigten? Welche sozialen Folgen hat die mobile Arbeitsgesellschaft? Wo sind die Jobs der Zukunft? Wie lässt sich der Wandel gestalten, damit die Arbeit den Menschen dient?

Auf der großen Jagd

Es ist ein grausames und archaisches Ritual: die Mattanza, das Abschlachten der Thunfische vor den Küsten Siziliens. Schon im Mittelalter wurden die Thunfischschwärme auf diese Art mit großen Netzen eingefangen und erlegt. Das Wasser wird von den zuckenden Leibern der Fische gepeitscht — wie hier auf einem Foto von 1991. Die Tiere sind in Todesangst, sie kämpfen um ihr Leben. Vergeblich. Von der Jagd alleine können die Fischer heute nicht mehr leben. Die Verschmutzung des Mittelmeers durch Chemikalien und die Überfischung hat die Thunfischbestände stark vermindert. Die Industrialisierung des Fischfangs mit großen Flotten hat sich auf das Laichverhalten der Tiere ausgewirkt – und die Mattanza ist zur Touristenattraktion verkommen.

Rohstoff Wissen

Immer mehr Menschen haben hoch qualifizierte Berufe oder sind Dienstleister – der klassische Arbeiter verliert an Bedeutung VON SIBYLLE HAAS

Angelika Gifford hat ihr Büro immer dabei. Notebook und Mobiltelefon, mehr braucht die 45-jährige Managerin nicht. Für Geschäftspartner, Kunden und Mitarbeiter ist sie immer und überall erreichbar. Das erleichtere die Beziehungen, sagt Gifford, seit 2003 in der deutschen Geschäftsleitung des Software-Konzerns Microsoft. Für Thomas Straubhaar, den Wissenschaftler aus Hamburg, ist das der Trend der Zukunft. Der Direktor des Hamburgischen Welt-Wirtschafts-Instituts (HWWI) erwartet, dass Notebook und Handy bald für die meisten höher qualifizierten Menschen in den westlichen Industrieländern zentrale Arbeitswirklichkeit sein wird. Abschätzend von den „Newsfreaks" zu sprechen und sich selbst aus Überzeugung die Teufelsdinger vom Leib zu halten, das wird sich dann kaum noch jemand leisten können.

Der technische Fortschritt kennt kein Pardon, und die IT-Firmen sind dank ihrer Produkte Vorreiter in der Arbeitswelt. Erst durch die neuen Kommunikationsmittel ist Mobilität effizient geworden. Während die Erreichbarkeit früher dort vorbei war, wo das Telefonkabel endete, spielt dies heute keine Rolle mehr. Erreichbar ist, wer ein Mobiltelefon hat.

Das „elektronische Büro" bedeutet nicht, dass man „rund um die Uhr" zur Verfügung stehen muss. Microsoft-Managerin und Familienfrau Gifford weiß Grenzen zu ziehen: Dann bleibt das Handy aus. Sie gilt dennoch als Vorzeigefrau und wurde 2009 „Managerin des Jahres"; den Titel vergibt der westfälische Großbäcker Mestemacher seit 2002 an Managerinnen, die sich neben ihrer Karriere auch für die Vereinbarkeit von Familie und Beruf einsetzen.

Angelika Gifford ist das wichtig. Die Arbeitsweise bei dem Software-Konzern kommt ihr daher sehr entgegen. Allein das Ergebnis zähle. „Wann jemand seine Arbeit macht und wo, ist zu einem Großteil ihm selbst überlassen. Bei uns gibt es keine Stechuhr-Mentalität und auch keine Anwesenheitslisten", sagt sie. Das Unternehmen biete flexible Arbeitszeitmodelle an wie etwa Teilzeit- und Heimarbeit und helfe bei der Suche nach einer geeigneten Kinderbetreuung.

Der Arbeitsplatz verliert damit seine klare Abgrenzung vom Wohnort. „Ein neues Zeitregime entsteht in den Grauzonen zwischen Arbeits- und Freizeit, mit Teilzeit und Gleitzeit, mit neuen Freiheitschancen und Abhängigkeiten", schrieb schon vor mehr als zehn Jahren der Historiker und damalige Präsident des Wissenschaftszentrums Berlin für Sozialforschung (WZB), Jürgen Kocka.

Wissenschaftler Straubhaar schätzt, dass Individualität und Mobilität weiter zunehmen werden. Doch nicht nur die räumliche Bewegungsfreiheit wird größer. Auch die lebenslange Bindung an einen einzelnen Betrieb wird zum Auslaufmodell. „Heute bleiben die jungen Leute nicht mehr ihr ganzes Leben am selben Ort beim selben Arbeitgeber. Sie sind individueller und flexibler als ihre Eltern", sagt Straubhaar.

Über die sogenannten atypischen Arbeitsverhältnisse wird viel geklagt, für Straubhaar sind sie Teil der Normalität. „Befristete Verträge und Teilzeitarbeit werden zunehmen", meint er. Außerdem würden Beschäftigte stärker als bisher für ihre soziale Absicherung selbst sorgen müssen. Dies liege daran, dass immer mehr Erwerbstätigkeiten nicht mehr auf einem klassischen Arbeitsvertrag beruhen, sondern auf Honorar- oder Pauschalverträgen.

„Berufliche Flexibilität und lebenslanges Lernen ist heute schon normal, vor allem für Jüngere", sagt der Arbeitssoziologe Markus Promberger vom Institut für Arbeitsmarkt- und Berufsforschung (IAB) in Nürnberg, der auch Professor an der Ludwig-Maximilians-Universität in München ist. Weiterbildung während der ganzen Berufsphase werde daher wesentlich für die Karriere. Es gehe darum, lebenslang beschäftigungsfähig zu bleiben und sich selbständig auf dem Arbeitsmarkt durchzusetzen.

Mobilität prägt also die Arbeitswelt von heute. Noch vor 100 Jahren war dagegen die Fabrik geographisches Zentrum im Dasein der Arbeiter: Die Menschen blieben ihr Leben lang am gleichen Ort. Nur die Reichen konnten mit dem Zug fahren oder sich eine Schiffspassage leisten. Die Arbeit in den Fabriken war hart. Die Menschen arbeiteten sechs Tage in der Woche – die 35-Stunden-Woche war in weiter Ferne. Immerhin übernahmen Unternehmer soziale Verantwortung. Sie bauten Wohnungen, Schulen und Krankenhäuser. Die Arbeitswelt beherrschten große Industrieanlagen auf der grünen Wiese in der Nähe von Rohstoffquellen, oft auch an Flussläufen gelegen. „Unser Verständnis von Arbeit ist von den Entwicklungen des 19. Jahrhunderts geprägt", schreiben die Historiker Kocka und Jürgen Schmidt in einem Aufsatz für das WZB. „Erwerbsarbeit auf eine bestimmte Lebensphase festzulegen, das Ideal eines Berufs fürs ganze Leben und die Trennung von Arbeitsplatz und Zuhause gehören dazu."

Heute ist Wissensarbeit zu einer dominierenden Form der Erwerbsarbeit geworden; die Bedeutung der Wirtschaftsbereiche hat sich drastisch verändert. Noch vor sechzig Jahren arbeitete gut ein Viertel aller Beschäftigten in

Deutschland in der Land- und Forstwirtschaft und in der Fischerei. Heute sind es gerade noch knapp zwei Prozent. Mehr als zwei Drittel der Beschäftigten arbeiten inzwischen in den Dienstleistungen. Damit hat sich der Anteil seit 1950 mehr als verdoppelt.

Deutschland ist im internationalen Vergleich zwar noch immer stark industrialisiert, etwa durch die Automobilbranche, den Maschinenbau und die Chemieindustrie. Allerdings, so IAB-Forscher Markus Promberger, spielt auch in diesen Industrien technologisches Wissen eine immer größere Rolle. „Komplexe, wissensbasierte Arbeiten werden hierzulande nach wie vor gebraucht. Einfache industrielle Arbeiten werden dagegen weiterhin in billigere Schwellenländer abwandern", sagt Promberger.

„Bei uns gibt es keine Stechuhr-Mentalität", sagt die Managerin.

In seinem Buch *Die postindustrielle Gesellschaft* hat der amerikanische Soziologe Daniel Bell schon 1973 diesen Trend beschrieben. Die Wirtschaft sei auf dem Weg von einer produzierenden zu einer Dienstleistungsgesellschaft. Theoretisches Wissen werde zur Basis von Innovation und Fortschritt, schrieb Bell. Die Chance liege darin, in den Wandel aktiv einzugreifen, sagt Straubhaar: „Wir haben die Option, selbst gestalterisch tätig zu sein." Die Gewerkschaften hätten eine besondere Verantwortung. „Sie kommen noch immer oftmals altbacken daher", meint der Ökonom. Es gehe heute aber nicht mehr um Verteilungsfragen, also darum, wie der Wohlstand zwischen Arbeitgebern und Arbeitnehmern aufgeteilt wird.

Gewerkschaften sollten sich nicht gegen den Wandel stemmen, sondern dafür sorgen, dass die Beschäftigten nicht auf der Strecke bleiben, sagt der Ökonom. „Gewerkschaften könnten Firmen zertifizieren, beispielsweise nach ihrer Frauen- und damit Familienfreundlichkeit, ihren Weiterbildungsangeboten oder der Gesundheitsvorsorge für Ältere", meint Straubhaar.

Der IAB-Wissenschaftler Promberger schließt nicht aus, dass sich Beschäftigte neu organisieren werden. „Vielleicht entstehen andere Formen der Kollektivität", meint Promberger. „Bereits jetzt beobachten wir punktuell die Entstehung einzelner Berufsgewerkschaften, etwa bei Lokführern und Krankenhausärzten. Wenn Beschäftigte ihre Rolle mehr in der Selbständigkeit sehen, dann entstehen womöglich gewerkschaftsähnliche Selbständigen-Verbände", sagt der Arbeitssoziologe. Er hielte es jedoch für gefährlich, wenn sich die Sozialpartnerschaft auflösen würde. Die Gesellschaft könne dadurch in eine soziale Schieflage geraten. Der vertrauensvolle und kompromissorientierte Umgang von Arbeitgebern und Gewerkschaften habe in den vergangenen Jahrzehnten dazu geführt, dass Deutschland eine solidarische

Gesellschaft sei. Die Kurzarbeit, die in der zurückliegenden Wirtschaftskrise Tausende Arbeitsplätze gerettet hat, sei ein typisches Beispiel dieser Solidarität. „Das konservative Kapitalismusmodell, mitgestaltet von Sozialdemokratie und politischem Katholizismus, hat verhindert, dass sich in Deutschland ein neoliberaler Kapitalismus entwickelt hat", sagt Promberger.

Die westliche Welt befindet sich also im Übergang von der industriellen zur nachindustriellen Wirtschaft. Die digitale Revolution fordert die Menschen heraus – ähnlich, wie es bei der industriellen Revolution der Fall war. Doch der heutige Wandel ist schneller und globaler. Berufe entstehen und verschwinden wieder. Allerdings: Der Wandel vollzieht sich auf einem sozialen Fundament, das es vor 100 Jahren nicht gegeben hat. Darauf kann die Gesellschaft aufbauen, damit Menschen in neuen Arbeitsverhältnissen und Berufen gut arbeiten können.

Angelika Gifford von Microsoft hat sich gerade eine Auszeit von 15 Monaten genommen. Auch solche Freiheiten gehören zur modernen Arbeitswelt. Die Frau, die normalerweise mehr als zehn Stunden am Tag beruflich im Einsatz ist, wollte „den Kopf frei bekommen und später wieder mit mehr Kreativität zurückkehren".

Der Wandel der Arbeitswelt bietet neue Chancen: Arbeit und Freizeit sind leichter zu verknüpfen, Beruf und Familie ebenso. Die Gesellschaft hat es in der Hand, die Chancen zu nutzen. Sie muss sie nur ergreifen.

„Manche empfinden Autonomie
als Bereicherung, andere fühlen
sich überfordert", sagt Arbeitsmarktforscher Hilmar Schneider.

„Die Grenze zwischen Arbeit und Freizeit verwischt"

Beschäftigte müssen in Zukunft deutlich mehr unternehmerische Risiken tragen, sagt der Sozialwissenschaftler Hilmar Schneider. Das verändert auch den Alltag INTERVIEW: CHARLOTTE THEILE

Während des Gesprächs lässt Hilmar Schneider, sein Smartphone ausgeschaltet. Der Wirtschafts- und Sozialwissenschaftler ist Direktor für Arbeitsmarktpolitik am Bonner Institut zur Zukunft der Arbeit (IZA). Er erzählt, wie groß der Einfluss mobiler Kommunikationsmittel im Arbeitsleben ist und wird selbst zum besten Beispiel. Gegen Ende des Interviews klopft es ungeduldig an der Tür. Ein kurzfristig per E-Mail anberaumter Termin droht zu platzen, weil Schneider sein elektronisches Postfach nicht im Blick hatte. Gut, dass vorher genug Zeit zum Gespräch blieb.

SZ: *Herr Schneider, die Arbeitswelt befindet sich im Wandel. Das sogenannte Normalarbeitsverhältnis ist immer weniger die Regel, neue Formen der Beschäftigung treten an seine Stelle. Wie wird die Arbeitswelt der Zukunft aussehen?*
Hilmar Schneider: Es gibt einen Megatrend: Unternehmerische Risiken werden auf Arbeitnehmer verlagert. Wir kommen aus einer Welt, die durch klare Hierarchien und Arbeitsanweisungen geregelt war. Diese Struktur löst sich auf. Es wird nicht mehr gesagt, was zu tun ist, es wird nur das Ergebnis vorgegeben. Wie das zu erreichen ist, bleibt dem Arbeitnehmer überlassen.

Welche Folgen hat das für die Beschäftigten?
Sie nehmen das Risiko zu scheitern mit nach Hause. Die Grenze zwischen Arbeit und Freizeit verwischt.

19

Überfordert das Menschen nicht?
Nicht jeder kann mit dieser Autonomie umgehen. Manche empfinden es als Bereicherung, andere fühlen sich überfordert. Niemand kann sieben Tage die Woche für die Arbeit unterwegs sein. Da verglüht man irgendwann . . .

. . . und landet im Burn-Out?
Burn-Out als moderne Zivilisationskrankheit ist Ausdruck davon, dass Menschen es nicht schaffen, sich selber Grenzen zu setzen.

Man sagt, in Deutschland seien gut ausgebildete Leute der zentrale Wettbewerbsvorteil. Stimmen Sie zu?
Wir sind eine Volkswirtschaft, die auf Know-how angewiesen ist. Da werden wir auch in Zukunft stark sein müssen.

Schön. Aber wenn die Arbeitnehmer höher qualifiziert sind und mehr Risiko tragen – müssten sie dann nicht auch mehr verdienen?
Diese Entwicklung ist keine ausschließliche Angelegenheit der Topleute. Pförtner, Kassiererin, alle übernehmen unternehmerische Verantwortung. Es ist notwendig, um den Arbeitsplatz zu behalten. Nur wer sehr erfolgreich ist, kann mit Gehaltssteigerungen rechnen.

Der Arbeitsmarkt ist also gespalten. Er bietet einem Teil der Menschen sehr gute, anderen dagegen weitaus schlechtere oder gar keine Arbeit.
Es gibt einen weiteren Trend, hin zu höheren Qualifikationsanforderungen. Gleichzeitig werden die Jobs, für die man nur einfache Fähigkeiten braucht, zum großen Teil in Billig-

lohnländer ausgelagert. Wir können aber nicht die Menschen, die diesen Anforderungen nicht genügen, auch outsourcen.

Ist dann in der Wissensgesellschaft überhaupt noch Platz für Menschen mit niedrigen Qualifikationen?
In Zukunft wird es wichtiger denn je sein, diese Menschen zu fördern und weiterzubilden. Geringqualifizierte haben seit 30 Jahren praktisch keine Reallohnzuwächse verbuchen können, Hochqualifizierte haben ihre Einkommen mindestens verdoppelt. Da geht eine Schere auseinander. Das werden sich die Verlierer nicht gefallen lassen.

> „Die Vorstellung, dass es die eine Zukunfts-Branche gibt, ist naiv."

Wie sollen wir dem begegnen?
Es muss Arbeit geben, die es Geringqualifizierten gestattet, ihre Situation aus eigener Kraft zu gestalten. Unser soziales Sicherungssystem macht diese Jobs jedoch nicht gerade attraktiv.

Wie meinen Sie das?
Wer mit ehrlicher Arbeit nur 200 Euro mehr verdient, als wenn er nicht

arbeitet, ist frustriert. Die Leute sagen sich: „Bei 160 Stunden im Monat ist das ein Stundenlohn von gut einem Euro. Warum sollte ich das tun?"

Wie muss die Politik reagieren?
Soziale Sicherung muss an ein Prinzip von Gegenseitigkeit gekoppelt werden. Wer von der Gemeinschaft unterstützt werden will, muss etwas tun. Wir brauchen diese Menschen, und dieses Gefühl müssen wir ihnen auch geben.

Zu welchen Branchen raten Sie jungen Menschen, die sich für die Arbeitswelt der Zukunft fit machen wollen?
Die Vorstellung, dass es eine Zukunfts-Branche gibt, auf die man sich konzentrieren sollte, ist naiv. Selbst wenn ich sagen würde, gehen Sie in die Nanotechnologie, hat das keinen Sinn, wenn Ihnen Mathematik und Technik nicht liegen. Wichtig ist, dass man sich seiner Fähigkeiten bewusst wird. Allerdings auch, dass man lernt, sich über Risiken klar zu werden. Es gibt niemanden, der sich um einen kümmert, wenn man sich falsch entscheidet.

In den vergangenen zehn Jahren sind vor allem befristete Jobs, Teilzeitstellen und schlecht bezahlte Arbeitsplätze entstanden – sind das die Arbeitsbedingungen der Zukunft?
Nein. Das ist Ausdruck der Risiko-Verlagerung auf Arbeitnehmer, betrifft in dieser Form aber nur einen begrenzten Teil der Menschen.

Können denn in einer Welt der Individualisierung noch Arbeitnehmerrechte wahrgenommen werden?
Ich weiß es nicht. Zurzeit sehen wir, dass die Politik gewerkschaftliche Verhandlungsmacht übernimmt.

Sie meinen den gesetzlichen Mindestlohn, oder?
Genau. Vor ein paar Jahren wäre das undenkbar gewesen. Die Gewerkschaften degenerieren gerade zu Lobbyorganisationen.

Was kommt stattdessen?
Wer qualifiziert ist, führt seine Lohnverhandlung selbst und braucht keine Gewerkschaft. Andere sind mehr denn je darauf angewiesen, dass jemand ihre Interessen vertritt. Am Ende könnten gesetzliche Mindeststandards die einzige Antwort sein.

Jeder ist sich selbst der Nächste?
Ja, der Wettbewerb wird härter.

Wer sind die Gewinner?
All jene, die sich wie ein Unternehmen managen, sich vermarkten und in sich investieren. Diejenigen, die vernetzt sind, hohe Qualifikationen und soziale Kompetenzen haben. Wer das alles nicht hat, wird große Schwierigkeiten bekommen. Doch das wird sich weder mit staatlicher Regulierung noch mit einer besseren Bildungspolitik vermeiden lassen.

Der Wert der Arbeit

Die Gesellschaft beurteilt Menschen oft mit Blick auf deren Leistung und Bezahlung. Eine Tätigkeit gilt als sinnvoll, wenn sie viel kostet, das Einkommen also möglichst hoch ist. Doch stimmt dieser Maßstab noch? Welche Rolle spielt die Pflege von Kindern und gebrechlichen Eltern bei dieser Beurteilung? Und wird ehrenamtliche gemeinnützige Arbeit ausreichend gewürdigt, zumal in Zeiten leerer Staatskassen? Was ist schließlich von der Idee des Grundeinkommens für alle zu halten?

Zahltag

Tee aus Ruanda gehört zu den besten Sorten der Welt. Er wird vor allem nach Großbritannien, Irland, Amerika und in die Arabischen Emirate ausgeführt, wo ihn die feinen Leute genießen. Tee und Kaffee sind die vorrangigen Exportgüter des afrikanischen Landes. Wegen der guten Qualität will die ruandische Regierung die Produktion von Tee und Markenkaffee vorantreiben. Ein Großteil der Bevölkerung lebt aber trotz der Anstrengungen der Regierung weiterhin in Armut. Nur wenige Ruander haben feste Arbeitsplätze mit verlässlichem Einkommen. Die meisten sind Tagelöhner. Sie erhalten am Ende eines Arbeitstages ihren Lohn, wie die Teepflücker südlich des Kiwusees auf dem Foto. Erst nach dem Abwiegen der Ernte bekommen die Arbeiter ihr Geld.

Für Gott, Geld und Glück

Eine gute Stelle bringt den Menschen Wohlstand, Prestige und Zufriedenheit. Dass auch unbezahlte Tätigkeiten wichtig sind, wird oft vergessen VON CASPAR DOHMEN

Eine beliebte Partyfrage: „Und was machen Sie?" Beim geselligen Zusammensein ist die Frage nach der beruflichen Tätigkeit oft ein erster Anknüpfungspunkt fürs Gespräch. Manchmal hat man den Eindruck, es dreht sich heute alles nur noch um die Arbeit. Der französische Soziologe Robert Castel sieht schon den Zeitpunkt gekommen, die „nahezu hysterische Überbewertung der Arbeit zu hinterfragen".

Vom Arbeitsplatz hängt entscheidend ab, welche Stellung jemand in der modernen Gesellschaft einnimmt. Dabei bestimmt der Arbeitsplatz nicht nur die Höhe des Einkommens, sondern ebenfalls das Sozialprestige. Das erscheint selbstverständlich, doch früher war es ganz anders. Unsere Urahnen assoziierten mit Arbeit Mühsal und Strapazen, nicht Wertschätzung. In der Antike erledigten überwiegend Sklaven die Arbeit, damit sich die Bürger mit Politik und schönen Künsten beschäftigen konnten. Der Blick auf die Arbeit änderte sich in Europa erst gravierend im 17. Jahrhundert, in der Zeit der Aufklärung und Reformation: Nun sahen die Menschen Arbeit als einen von „Gott vorgeschriebenen Selbstzweck des Lebens überhaupt", wie der Soziologe Max Weber bemerkte.

Doch heute dürfte Gottwohlgefälligkeit als Motivation für die wenigsten Arbeitenden eine Rolle spielen. Was aber macht den Wert der Arbeit für die Menschen aus, und was motiviert sie? Wichtig ist wohl vor allem, dass die Arbeit eben über den Platz von Beschäftigten in der Gesellschaft entscheidet. Wer einen guten Job hat, der kann Urlaub machen und sich interessante Hobbys leisten, der kann seinen Kindern eine gute Ausbildung ermöglichen. Allerdings ist es in den Industrieländern seit den 1970er Jahren schwieriger geworden, einen gut bezahlten Arbeitsplatz zu bekommen. Und wer ihn hat, kann sich nicht sicher sein, ihn sein Leben lang zu behalten. Unternehmen müssen sich angesichts des globalen Wettbewerbs rasant verändern, wenn sie sich behaupten wollen – entsprechend schnell verändert sich die Situation der Mitarbeiter.

Weil ein interessanter Job wertvoll ist, tun die Arbeitnehmer heute viel, um ihn zu behalten. Zwei Drittel der Beschäftigten in Deutschland machen Überstunden und sind auch zu einem Ortswechsel für ihren Arbeitgeber bereit, glaubt man einer länderübergreifenden Studie der Unternehmensberatung Towers Perrin. Und in der letzten Krise sanken die Krankenstände in Deutschland, weil sich viele Arbeitnehmer nicht mehr trauten, krank zu werden. Um überhaupt erst eine anspruchsvolle Stelle zu ergattern, arbeiten wiederum viele junge Leute nach dem mehrjährigen Studium erst mal ein Jahr als Praktikant.

Manchmal entscheiden heute jedoch nicht Können oder Einsatz, sondern Beziehungen und das Vermögen darüber, wer einer spannenden Arbeit mit viel Sozialprestige nachgehen kann. So wie bei der verheirateten Kunstwissenschaftlerin, die umsonst in einer Kölner Galerie arbeitet, weil ihr Mann ausreichend verdient und sie es einfach interessant findet – auf zusätzliches Geld kommt es ihr gar nicht an. Gerade um gesellschaftlich anerkannte Tätigkeiten ist ein harter Wettbewerb im Gange, und dabei sind die Menschen auch bereit, umsonst tätig zu sein.

Zumindest vordergründig motiviert die Menschen jedoch immer noch stark das Geld. „Tatsächlich lässt sich feststellen, dass Individuen oft härter arbeiten, wenn sie besser bezahlt werden", sagt der Psychologieprofessor Tom Tyler, der sich seit langem an der New York Universität mit dem Thema beschäftigt. Dabei geht es jedoch keinesfalls nur um die Höhe der Bezahlung. Für Arbeitnehmer zählt auch, dass sie den Lohn als fair empfinden, beispielsweise im Vergleich zu Kollegen. Ohnehin ist der Einfluss der Gehaltshöhe auf die Motivation begrenzt: Wenn Beschäftigte besonders gute Arbeit leisten, dann liege dies vor allem an ihrem inneren Antrieb, schreibt Tyler. Wer sich für eine Sache aus freien Stücken entscheidet, weil sie ihm sinnvoll erscheint, widmet sich ihr eben gewöhnlich mit aller Kraft und Freude.

Die Frau des Besserverdienenden hilft umsonst in einer Galerie.

Der US-Glücksforscher Mihaly Csíkszentmihályi ist sogar davon überzeugt, dass der Mensch dann am glücklichsten ist, wenn er ganz in seiner Arbeit aufgehe und so das Gefühl habe, Teil von etwas Bedeutenderem als ihm selbst zu sein. Grundsätzlich sind Menschen mit einem höheren verfügbaren Einkommen zwar glücklicher als Ärmere – dies belegen diverse Studien.

Allerdings steigt nur bei den weniger Verdienenden mit zusätzlichem Einkommen das Glücksempfinden. Wissenschaftler sehen die Schwelle, von der an Lohnzuwachs nichts bringt, schon bei 20 000 Dollar Jahreseinkommen.

Sehr unglücklich macht auf der anderen Seite der Verlust des Jobs, das Selbstbewusstsein leidet. Der amerikanische Wirtschaftswissenschaftler Jeremy Rifkin schlägt Alarm: Wer keine oder nur noch gelegentlich eine Erwerbsarbeit findet, fühle sich häufig nutz- und wertlos – viele würden sogar krank. In seinem Buch *Das Ende der Arbeit* zitiert er Wissenschaftler, die einen großen Teil der zunehmenden Zahl an Depressionen und psychotischen Erkrankungen in den USA mit Arbeitslosigkeit erklären. Langzeitarbeitslose zeigten „pathologische Symptome, die denen Sterbender ähneln", heißt es.

In Deutschland gibt es ebenfalls Belege dafür, dass Arbeitslose kränker werden. Ablesen kann man dies beispielsweise am Arzneimittelatlas. Herzkrankheiten, Diabetes und Übergewicht treten in Regionen mit hoher Arbeitslosigkeit überdurchschnittlich oft auf. Für viele Menschen, die keinen neuen Job finden, bedeutet das extremen Stress, weil sie sich selbst für ihre Lage verantwortlich fühlen. Mit der Realität hat dies indes selten etwas zu tun: Die Arbeitslosigkeit ist in den Industrieländern im Wesentlichen wegen des Erfindungsreichtums der Unternehmer und des damit verbundenen Produktivitätszuwachses gestiegen.

Einige große Rationalisierungsschübe haben seit den 1970er Jahren zu einer drastischen Reduzierung der Erwerbsarbeit in vielen Branchen geführt. Ökonomen schätzen, dass erst ein länger anhaltendes Wirtschaftswachstum von durchschnittlich drei Prozent zur Entstehung einer wirklich nennenswerten Zahl neuer Jobs führen würde. Das Durchschnittswachstum aller Industrieländer im 20. Jahrhundert betrug jedoch nur 1,5 Prozent.

Wachsender Wohlstand mit immer weniger Erwerbsarbeit – könnte das nicht ein paradiesischer Zustand sein, zumal es jenseits der Erwerbsarbeit viele Dinge gibt, die in unserer Gesellschaft nicht erledigt werden? Arbeit, das ist schließlich viel mehr als die Arbeit, für die man bezahlt wird. Schlägt man das Wirtschaftslexikon Gabler auf, liest man: Arbeit ist jede „zielgerichtete, soziale, planmäßige und bewusste, körperliche und geistige, typisch menschliche Tätigkeit". Was Arbeit ist, entscheidet der arbeitende Mensch also zunächst einmal selbst. Im Alltag begreifen wir unter Arbeit – zumal in Deutschland – meist jedoch nur noch die Erwerbsarbeit.

Dabei zählte das Statistische Bundesamt 2010 insgesamt 40,48 Millionen Erwerbstätige, aber nur 27 Millionen sozialversicherungspflichtig Beschäftigte. Das ist bloß ein Drittel der Bürger Deutschlands. Klassische Erwerbsarbeit ist also die Ausnahme, keinesfalls die Regel. Die meisten anderen Menschen arbeiten aber auch: Sie kümmern sich beispielsweise um ihre Kinder. Laut dem Mikrozensus des Jahres 2004 gibt es 2,1 Millionen alleinerziehende Mütter und fast 400 000 alleinerziehende Väter in Deutschland. Und dann engagiert sich noch ein Drittel der Deutschen über 14 Jahren irgendwo freiwillig, arbeitet ehrenamtlich im Sportverein, einer Umweltgruppe oder einer Kirche. Der Sozialstaat und die Arbeitsgesellschaft haben das ehrenamtliche Engagement der Menschen also nicht verdrängt, obwohl der Stress der Beschäftigten enorm zugenommen hat.

Warum aber kümmern sich Menschen unentgeltlich um andere, lesen fremden Kindern Märchen vor, versorgen alte Menschen mit Essen auf Rädern oder engagieren sich bei der freiwilligen Feuerwehr? Lange Zeit dachten Ökonomen, dass Menschen auch bei einem ehrenamtlichen Einsatz Nutzen und Kosten für sich abwägen. Der Wirtschaftswissenschaftler Bruno Frey fand aber heraus, dass dieser Erklärungsansatz in der Realität versagt. So ergab eine Umfrage in der Schweiz, dass drei Viertel der Bürger ihren freiwilligen Einsatz reduzieren würden, wenn der Staat für diesen eine Entschädigung zahlte. Entlohnung verringert also die Motivation, etwas um seiner selbst willen zu tun.

Viele empfinden offenbar einen finanziellen Vorteil als unangemessenen Eingriff des Staates. Diese Arbeiten erledigen die Menschen einfach, weil sie es für sinnvoll halten. Selbst wenn man mit diesen Tätigkeiten bei Party-Plaudereien nicht so toll angeben kann wie mit einem hochbezahlten Managerjob.

Götz Werner hat vor 39 Jahren den ersten dm-Drogeriemarkt gegründet. Heute kämpft er für eine fairere Gesellschaft.

Mehr für Müllmänner, weniger für Manager

Der Unternehmer Götz Werner propagiert das bedingungslose Grundeinkommen für alle Bürger. Die Folge davon wäre, dass die Gehälter für harte, unattraktive Jobs deutlich steigen VON CASPAR DOHMEN

Schlachter, Müllmann und Hilfskraft in der Großküche bekommen einen deutlich höheren Lohn als heute, Manager, Lehrer oder Computerexperten müssen Abstriche hinnehmen. Was wie eine verkehrte Welt klingt, könnte die Einführung eines Grundeinkommens bewirken. Davon jedenfalls ist Götz Werner überzeugt, der landauf, landab Vortragssäle füllende Wanderprediger für ein bedingungsloses Grundeinkommen in Deutschland. „Schlechte Arbeitsbedingungen würden kompensiert durch bessere Bezahlung", schreibt der Gründer der Drogeriemarktkette dm in seinem Buch *Einkommen für alle*. Schließlich wäre niemand mehr gezwungen, harte Jobs zu übernehmen, allein um sein Auskommen zu haben.

Ginge es nach Werner, würde ein Bürger in Deutschland jeden Monat 1500 Euro Grundeinkommen vom Staat erhalten. Es würde alle anderen Sozialleistungen ersetzen und wäre an keine Bedingungen und keinen Arbeitswillen geknüpft. Hartz IV würde der Vergangenheit angehören. Finanzieren will Werner sein Alternativmodell über höhere Konsumsteuern. Schon seit Jahrhunderten haben Menschen darüber diskutiert, jedem Bürger einen Grundbetrag zu zahlen. Bereits 1526 regte der spanische Humanist Juan Luis Vives eine Grundversorgung für alle an. Der italienische Philosoph Tommaso Campanella griff den Gedanken in seiner Utopie *Der Sonnenstaat* auf, der Frühsozialist Thomas Paine leitete ein Anrecht auf einen Grundbetrag aus dem Naturrecht ab.

Die alten und jungen Modelle heißen Sozialdividende, negative Einkommensteuer oder Grundeinkommen. Im Kern geht es immer darum, dass der

Staat jedem Bürger eines Landes ohne Bedarfsprüfung einen bestimmten Betrag auszahlt. Die Motive der Befürworter sind unterschiedlich: Der US-Ökonom Milton Friedman wollte so die Bürokratie abbauen und den Markt entfesseln; dagegen sah der Schriftsteller Erich Fromm darin einen Weg, die Abhängigkeit jedes Einzelnen vom Markt zu überwinden – gegensätzlicher geht es kaum. Bis heute kommen Befürworter und Gegner aus den unterschiedlichsten politischen Lagern. Götz Werner zum Beispiel ist überzeugter Unternehmer. Er machte vor 39 Jahren den ersten dm-Drogeriemarkt auf. Heute beschäftigt er in elf Ländern und 2400 Geschäften 38 000 Mitarbeiter.

Dass er das Grundeinkommen unterstützt, hat einiges damit zu tun, dass er die Schriften von Rudolf Steiner, des Begründers der Anthroposophie, studiert hat. Ein zentrales Anliegen war Steiner, der in diesem Jahr 150 Jahre alt geworden wäre, die Entwicklung jedes Individuums in Freiheit. „Mit einem Grundeinkommen, da können sie Lebensunternehmer werden", sagt Werner. Er steht an diesem sonnigen April-Morgen in einem Hörsaal der Universität Potsdam und redet vor einigen hundert, meist jungen Teilnehmern eines Kongresses für Gründer neuer Unternehmen aus dem sozialen und kulturellen Bereich.

> **Einige Wissenschaftler halten die Idee für komplett falsch.**

Seine Botschaft: Ausgestattet mit einem Grundeinkommen könnten die Menschen jener Arbeit nachgehen, welche sie für sinnvoll erachten. Niemand müsse mehr arbeiten, um seine Existenz zu sichern. Sinnstiftende Jobs bräuchten weniger gut bezahlt zu werden, weil sie ohnehin gefragt sind. Unattraktive Arbeit dagegen, die heute schlecht bezahlt und wenig sinnstiftend sei, müsse fortan gut bis sehr gut bezahlt werden, damit sich noch Arbeitnehmer für diese Jobs finden, sagt Werner. Sicher stiege so auch der Anreiz für Unternehmen, einen möglichst großen Anteil dieser Arbeit von Maschinen erledigen zu lassen.

„Die Drecksarbeit würde bald von intelligenten Maschinen erledigt, um die hohen Löhne für menschliche Arbeit einzusparen. Die Arbeit würde sich also weiter verbessern", erwartet Werner. Nach der Einführung des Grundeinkommens hätten die Menschen den Kopf frei zum Nachdenken über den „tieferen Sinn von Arbeit, über Befriedigung und Lebenssinn, über Verantwortung in der Produktion, über die ökologischen Folgewirkungen unseres Tuns oder über nationale wie weltweite Verteilungsgerechtigkeit".

Das Grundeinkommen ist für Werner jedoch keine Einbahnstraße, er spricht von einem kategorischen Imperativ jedes Einzelnen in einer Gesellschaft. „Die Gemeinschaft gibt, nach dem Motto: Jetzt zeig' mal, was du kannst. Grundeinkommen ist nicht die Hängematte", sagt er. Fordern kann man viel, aber wie würden sich die Menschen tatsächlich verhalten? Im Auftrag von Werner hat der Wirtschaftswissenschaftler Friedrich Schneider, der mit seinen Studien zur Schwarzarbeit bekannt geworden ist, mehr als 2000 Bürger befragt, wie sie auf die Einführung eines Grundeinkommens reagieren würden: 31 Prozent antworteten, dass sie wohl gleich viel arbeiten würden. 45 Prozent gaben an, dass sie weniger arbeiten würden. Befürworter eines Grundeinkommens sehen sich durch die Umfrage bestätigt. Sie belege, dass die Menschen nicht scharenweise der Erwerbsarbeit den Rücken kehren würden.

Andere Ökonomen halten aber die Methodik der Umfrage für zweifelhaft, weil den Befragten keine Höhe eines Grundeinkommens genannt worden sei.

Einige Wissenschaftler kritisieren die Idee eines Grundeinkommens grundsätzlich – so wie Clemens Fuest, der als Vorsitzender des wissenschaftlichen Beirats des Bundesfinanzministeriums die Regierung berät. Er spricht von „zwei grundlegenden Irrtümern" des Grundeinkommens: Es gebe in unserer Gesellschaft nicht zu wenig Arbeit; vielmehr gebe es viele Arbeiten, die unerledigt blieben, beispielsweise im Dienstleistungsbereich. Zudem rechnet er nicht damit, dass die Grundeinkommensbezieher – so wie von Werner vorhergesagt – beginnen, freiwillig kreativ und sinnstiftend zu arbeiten, wenn sie dazu wirtschaftlich nicht mehr gezwungen sind. Auch der Wirtschaftswissenschaftler Richard Hauser geht davon aus, dass durch ein Grundeinkommen der Arbeitsanreiz deutlich sinken würde.

Werner widerspricht: „Alle sozialen Berufe würden sehr bald einen Boom erleben, und die Entlastung bei personalintensiven Aufgaben wäre dramatisch." Die „vielbeschworene Dienstleistungsgesellschaft" könnte endlich kommen. Er rechnet damit, dass viel mehr Menschen in Bereichen wie Bildung, Kultur und Pflege arbeiten würden. Er hält das ohnehin für nötig, weil er erwartet, dass ein Großteil der klassischen Erwerbsarbeit in den Industrien aufgrund von Produktivitätsfortschritten entfallen wird. Die Innovationszyklen neuer Produkte würden immer kürzer, die „absolute Neuheit von morgen wird meist schon übermorgen ein billiges Massenprodukt sein. So spricht aus meiner Sicht eher wenig dafür, dass neue Güter, ja nicht einmal dass gänzlich neue Industrien in großem Umfang neue Arbeitsplätze schaffen oder auch nur die alten ersetzen werden".

Auch der Schriftsteller Erich Fromm ging nicht davon aus, dass das Grundeinkommen den Arbeitsanreiz senken und dadurch Probleme schaffen würde. Mitte der 1960er Jahre schrieb er in seiner *Psychologie eines bedingungslosen Grundeinkommens*: „Die allermeisten (Menschen) würden aber dringend darum bitten, arbeiten zu dürfen, selbst wenn sie nichts dafür bezahlt bekämen."

Die Soziallehre der Kirchen

Arbeit ist Teilhabe am Schöpfungswerk Gottes, schreibt Papst Johannes Paul II. in seiner Sozialenzyklika *Laborem exercens* von 1981. In dieser abendländischen Tradition ist der Mensch dazu berufen, schöpferisch tätig zu sein. Arbeit ist Teil seiner Selbstentfaltung. Doch wie lässt sich das Recht auf Arbeit angesichts hoher Arbeitslosigkeit einfordern? Wo bleibt die Würde der Arbeit, wenn einfache Tätigkeiten in den Industrieländern nicht mehr gebraucht werden?

Der „Amby"-Kult

Er gilt als indischer Mercedes: der Hindustan-Ambassador. Das Auto wurde von den Briten in den 1950er Jahren ausgemustert. Es ist bis heute auf Kalkuttas Straßen zu sehen, denn immer wieder erlebte der Wagen in den Hindustan-Werken eine Neuauflage. In Indien ist der „Amby" Kult und bei Taxifahrern und Behörden beliebt. Die indischen Arbeiter sind stolz auf ihre Leistung. Doch die Bedingungen, unter denen sie arbeiten, sind oft schlecht. Nur etwa acht Prozent aller Beschäftigten des Landes haben ein vertragliches Arbeitsverhältnis. Die übrigen 92 Prozent sind weder gegen Krankheit oder Arbeitsunfälle abgesichert, noch haben sie Anspruch auf eine Altersversicherung. Wegen der Hitze in der Fabrik muss sich dieser Arbeiter auf dem Bild von 1989 vor die Ventilatoren stellen, um Kühlung zu bekommen.

Mehr Mensch

Die christliche Sozialethik hat eine unvergleichliche Stärke: Sie kann der globalisierten Wirtschaft eine globale Ethik zur Seite stellen VON MATTHIAS DROBINSKI

Die Welt schien aus den Fugen geraten zu sein. Millionen Menschen verließen ihre Dörfer. Sie zogen in die Städte, dorthin, wo die großen Fabriken standen, wo Kohlegruben sich in die Erde fraßen und das Meer der Mietskasernen das Ackerland überflutete. Sie arbeiteten am Tag und in der Nacht, sie atmeten Staub, bis sie Blut spuckten, in Lärm und Hitze. Der Lohn der Proles war gering, die Nachkommen waren das einzige Kapital dieser neuen Stadtmenschen, viele Kinder in zu engen Wohnungen, wo die Erwachsenen den Schmerz und die Monotonie des Tages mit Alkohol betäubten und die Gewalt am Küchentisch saß. Immer mehr Arbeiter glaubten, erst der Umsturz und die Enteignung der Fabrikanten würden ein neues Leben in Gerechtigkeit schaffen. Konnte dies Gottes Wille sein?

Es konnte Gottes Wille nicht sein, davon war Papst Leo XIII. überzeugt. Die Menschen sollten ihren natürlichen Platz im Leben haben. Sie sollten in ihren Familien leben, geleitet von der Lehre der katholischen Kirche – und nicht entwurzelt in der Anonymität der sittenlosen Großstadt. Sie sollten Wert und Würde aus einer Arbeit ziehen, die sie nicht krank macht, sollten für gute Arbeit fairen Lohn erhalten. Aber sich auch nicht auflehnen gegen die Obrigkeit. Und schon gar keinen Sozialismus wollen.

Ein antimodernes Weltbild leitete Papst Leo, als er 1891 das Rundschreiben *Rerum Novarum* verfasste, die erste katholische Sozialenzyklika. Damit die Schöpfung nicht aus den Fugen gerät, trat er für einen Ausgleich zwischen Arbeit und Kapital ein – und für die Würde des Arbeiters und seiner Arbeit. Es gehe nicht an, schrieb der Papst, dass hartherzige Arbeitgeber die Menschen „nicht wie Menschen, sondern als Sachen behandeln". Die Arbeit ist für Papst Leo mehr als Gelderwerb. Sie ist Teil des Menschseins. Aus dem gleichen Grund hatte schon ein halbes Jahrhundert zuvor der evangelische Sozialreformer Johann Hinrich Wichern den Wert der Arbeit in seinem *Rauhen Haus* gepriesen: Sie „wurde der erste Ableiter der rohen Kräfte und führte bei den meisten dahin, dass die rohen verwüstenden Kräfte in heilsame verwandelt wurden." Die Arbeit erhebt den Menschen über das Tier.

Von Beginn an hatte im Christentum die Arbeit auch eine religiöse Dimension (obwohl Jesus den Berichten der Evangelisten zufolge keiner geregelten Erwerbsarbeit nachgegangen war). Die Arbeit erinnerte daran, dass das Paradies verloren war und der Schweiß im Angesicht zum Los des Menschen gehört. Sie verband die Gemeinschaft der aus dem Paradies Vertriebenen: „Wer nicht arbeitet, soll auch nicht essen", heißt es beim Apostel Paulus, und es ist kein Zufall, dass der gleiche Satz auch bei Karl Marx steht: Arbeit ordnet ein in die Gemeinschaft, sie ist notwendig, um ins himmlische oder irdische Paradies zu gelangen. Faulheitsbewegungen waren den Christen wie den Sozialisten von jeher fremd. Ora et labora! Bete und arbeite! Das schrieb Benedikt von Nursia in die Regel seines Ordens – betend und arbeitend machten die Benediktiner Europa nach der Völkerwanderung wieder urbar. Im 16. Jahrhundert predigte der Reformator Johannes Calvin: Im Erfolg zeigt sich, ob jemand Gnade vor Gott gefunden hat. Er begründete jene calvinistische Arbeitsethik, in der Max Weber, der Soziologe, den Ursprung des Kapitalismus sah.

Die Industrialisierung zerstörte das Bild von der geordneten Arbeit in einer geordneten Welt. Schon immer war dies ein Idealbild gewesen; es blendete die Mühsal der vorindustriellen Wirtschaft aus, die auf die Hungerkrisen der frühen Neuzeit keine Antwort hatte – und manchmal war es auch ein furchtbares Zerrbild, das auch dazu führte, dass den Juden die angeblich ehrbaren Handwerksberufe verboten wurden. Doch was im 19. Jahrhundert geschah, war tatsächlich neu: die Verdichtung der Arbeit in Fabriken, ihre Zerteilung in kleine Produktionsschritte, die Spaltung in wenige Kapitalbesitzer und viele, die nichts hatten als ihre Arbeitskraft. Marxisten und christliche Sozialethiker fanden denselben Begriff für diesen Prozess – Entfremdung. Für die Marxisten bedeutete das: Der Arbeiter schuftet für das Kapital der anderen. Für Christen hieß es, dass sich die Arbeit ihres Sinns beraubte, ihrer anthropologischen, ethischen und moralischen Dimension.

Gegen die Entfremdung und für den Sinn der Arbeit – das ist seit dem ausgehenden 19. Jahrhundert der Kern der katholischen Sozialehre und der evangelischen Sozialethik.

Zunächst traten die Kirchen und ihre Arbeitervereine für bessere Arbeitsbedingungen ein, für den Schutz der Sonn- und Feiertage und für einen gerechten Lohn: Auch die Arbeiter sollten Privateigentum bilden können. Bis heute gehört der sogenannte Investivlohn zu den Forderungen katholischer Sozial-Erklärungen: Mit einem Teil des Lohns erwerben die Arbeitnehmer Anteile an dem Unternehmen, für das

Die lebenslangen, sicheren Arbeitsverhältnisse verschwinden.

sie arbeiten. Die Massenarbeitslosigkeit in Europa und den USA als Folge der Weltwirtschaftskrise von 1929 rückte die Frage nach einem Recht auf Arbeit ins Zentrum. Erwerbsarbeit gehört zum Menschsein, schrieb Papst Pius XI. 1931 in seiner Sozialenzyklika *Quadragesimo Anno*, 40 Jahre nach *Rerum Novarum*, deshalb dürfen Kapitalinteressen nicht darauf abzielen, dass Menschen massenhaft von der Erwerbsarbeit ausgeschlossen werden.

Die Arbeit steht vor dem Kapital – keiner hat den Gedanken so klar formuliert wie Papst Johannes Paul II. in seinem Rundschreiben *Laborem exercens* von 1981. Die Enzyklika spiritualisiert in höchstem Maß den Wert der Arbeit: „Die Arbeit ist ein Gut für den Menschen – für sein Menschsein –, weil er durch die Arbeit nicht nur die Natur umwandelt und seinen Bedürfnissen anpasst, sondern auch sich selbst als Mensch verwirklicht, ja gewissermaßen ‚mehr Mensch wird'". Der Gedanke prägt die Haltung der Kirchen zur Arbeit, zum Beispiel im gemeinsamen Sozialwort der Kirchen in Deutschland von 1997: „Aus christlicher Sicht ist das Menschenrecht auf Arbeit unmittelbarer Ausdruck der Menschenwürde. Der Mensch ist für ein tätiges Leben geschaffen."

Doch: Die Arbeit hat sich gewandelt. Den Arbeiter am Fließband gibt es immer seltener. Die Arbeitswelt hat sich vielmehr gespalten. Es gibt die hochqualifizierten, flexibel arbeitenden Menschen, die immer mehr leisten müssen. Und es gibt die hoffnungslos schlecht qualifizierten Menschen und solche in prekären Arbeitsverhältnissen, die sich in der Grauzone zwischen Arbeitslosigkeit und Beschäftigung ein Leben lang von Job zu Job hangeln; auch Studierte sind unter ihnen. Es gibt Frauen, die allzu gern eine qualifizierte Arbeit hätten, fänden sie nur eine Kinderbetreuung – und Menschen, die bewusst ihre Arbeitszeit reduzieren; Rentner, die fit genug sind, um sich sozial zu engagieren. Es verschwinden die lebenslangen, gesicherten Arbeitsverhältnisse, auf die sich die christliche Lehre bezieht. Der Arbeitsmarkt ist global geworden – was zählt da noch die Rede von der Würde der Arbeit?

Wieder einmal gibt es Res Nova, neue Dinge. Wie vor 120 Jahren, als Papst Leo zur Feder griff, droht die Arbeitswelt aus den Fugen zu geraten. Wer arbeitet, muss sich der weltweiten Konkurrenz stellen und einer entgrenzten Flexibilisierung unterwerfen, sich weiterbilden, um mithalten zu können. Strukturen der Solidarität werden schwach und verschwinden, weil die Arbeit sich individualisiert, und Gewerkschaften auch nur mäßig befriedigende Antworten haben. Papst Benedikt XVI. hat in seiner ersten Sozialenzyklika *Caritas in veritate* (Die Liebe in der Wahrheit) dies angesprochen, ohne tatsächlich die erste Globalisierungs-Enzyklika der katholischen Kirche zu schreiben; auch die evangelischen Erklärungen haben das noch nicht geschafft.

Dabei hat die christliche Sozialethik eine unvergleichliche Stärke: Das weltweite Christentum kann der globalisierten Wirtschaft eine globale Ethik zur Seite stellen. Sie kann die Würde des Einzelnen einfordern, wenn es um den gerechten Lohn, um gute Arbeitsbedingungen, um den Rhythmus von Arbeit und Ruhe geht. Sie kann die Solidarität dort fördern, wo der flexibelindividuelle Arbeitnehmer glaubt, er stünde alleine da – und die weltweite Solidarität der Arbeitenden in den armen und den reichen Ländern. Und sie kann, wo auch immer, erklären: Arbeit ist mehr als Broterwerb, sie ist Teil des Menschseins, des Lebenssinns. Deshalb kann nicht egal sein, was und wie der Mensch arbeitet. Die alten, konservativen Gedanken des dreizehnten Leo-Papstes: Sie klingen heute sehr modern, geradezu postmodern.

„Wir werden ein neues Verhältnis von bezahlter und ehrenamtlicher Arbeit finden müssen", sagt Theologe Schneider.

„Geld kann man nicht essen"

Nikolaus Schneider, Ratsvorsitzender der Evangelischen Kirche in Deutschland, über den Wert menschlicher Arbeit, Gewerkschaften und sein Leben als Pfarrer in Rheinhausen INTERVIEW: MATTHIAS DROBINSKI

Nikolaus Schneider, tritt als Vorsitzender des Rates der Evangelischen Kirche in Deutschland und Präses im Rheinland für eine solidarische, liberale Gesellschaft ein.

SZ: *Herr Präses, Sie waren Sozialpastor und Pfarrer im Stahlarbeiter-Ort Duisburg-Rheinhausen. Wert und Würde der Arbeit – ist das ein Thema für einen, der am Hochofen steht und froh ist, wenn er am Schichtende dem Staub und der Hitze entkommt?*
Nikolaus Schneider: Aber sicher. Ich habe sehr viele Menschen kennengelernt, die aus einfacher, harter Arbeit Selbstbewusstsein bezogen haben, die stolz waren auf das, was sie machen. Ich bin Malocher, ich kann was, ich werde gebraucht – das sagen zu können hat mit Menschenwürde zu tun. Oft ist nicht harte Arbeit das Problem. Es ist die entwürdigende Arbeit, die Menschen kaputt ma-

chen kann. Entwürdigend, weil sie krank macht, nicht anerkannt wird oder so schlecht bezahlt wird, dass einer seine Kinder nicht aus eigener Kraft ernähren kann.

Dann sollten mehr als 10 000 Menschen entlassen werden. Sie haben dagegen demonstriert. Darf man das als Mann der Kirche?
Was heißt demonstriert? Die Nachricht ging wie ein Lauffeuer durch meine Gemeinde, die Mitglieder waren zu 90 Prozent bei Krupp beschäftigt. Eine Frau aus dem Gemeindevorstand hat bei mir geklingelt: Hast Du gehört? Die wollen 11000 Leute entlassen! Und dann hat sie noch gesagt, dass sich jetzt alle an der Hauptverwaltung versammeln. Da bin ich hin. Ein Pfarrer gehört zu seinen Leuten und steht ihnen besonders in schweren Situationen bei.

Es zerbrach die alte Arbeiterlegende, bei einem Unternehmen zu lernen und ihm treu verbunden zu bleiben.

Ja, da ist etwas zerbrochen. Was die Arbeiter verletzte und so empörte, war das Gefühl der Untreue. Kruppianer, das war ein Ehrentitel, der ganze Stadtteil war Krupp-bestimmt, die Arbeits- und Lebensverhältnisse waren aufeinander bezogen. Und wenn dann die kühle Mitteilung kommt, wir sorgen für euch, aber hier geht es nicht weiter, dann ist das wie eine Scheidung. Da schwankt auch das Vertrauen, dass es einen gerechten Ausgleich zwischen Arbeit und Kapital geben kann. Wenn nur die Interessen der Anleger zählen, dann ist auch ein menschenverachtender Umgang mit den Beschäftigten möglich. Aber da sehe ich Gott sei Dank eine Neubesinnung: Unternehmer erkennen, dass es ihr Unternehmen kaputt macht, wenn sie nur auf den Shareholder Value schauen.

Das klingt nett, aber unrealistisch.

Nein, das klingt nicht nur nett. Dieses Wissen ist notwendig für eine humane Gesellschaft. Arbeit ist eine personale Beziehung. Unternehmer sind Menschen, die etwas geben, damit sie von den Menschen, die Arbeitnehmer sind, etwas erhalten. Wo das nicht mehr gilt, verrohen die Sitten, im Arbeitsleben und damit in der Gesellschaft insgesamt.

Papst Johannes Paul II. hat gesagt: Arbeit steht vor dem Kapital. Können Sie ihm zustimmen?

Absolut. Der Mensch muss im Mittelpunkt des Wirtschaftens stehen. Mir ist selbstverständlich bewusst, dass Unternehmer auch eine Verantwortung für das Kapital haben. Aber das Kapital muss dem Menschen dienen.

Das Kapital entscheidet, wo zu welchen Bedingungen gearbeitet wird.

Gerade deshalb dürfen wir diesen Anspruch nicht aufgeben. Es ist ja auch nicht naiv, was wir sagen. Geld generiert nicht aus sich heraus Geld – außer beim Glücksspiel. Wohin ein Finanzsystem führt, das nach den Regeln eines Glücksspiels funktioniert, das haben wir 2009 gesehen. Es ist die menschliche Arbeit, die Produkte und Werte schafft. Geld kann man nicht essen. Wenn man das vergisst, gefährdet man den sozialen Frieden und letztlich die Demokratie.

Wie das?

Wir sind derzeit ein sozial befriedetes Land – ein Generalstreik ist bei uns kaum vorstellbar. Das war in der Weimarer Republik anders. Da kämpften Arbeitgeber und Gewerkschaften gegeneinander. Nach dem Zweiten Weltkrieg übernahmen die Arbeitgeber auch soziale Verantwortung, die Gewerkschaften öffneten sich wirtschaftlich verantwortlichem Denken. Das hat unsere Gesellschaft und Wirtschaft stark gemacht.

Aber ist dieses Modell nicht auf eine nationale Wirtschaft hin ausgerichtet, mit einem überholten Begriff vom Arbeitnehmer und seiner Arbeit?

Im Grundsatz ist das nicht überholt. Die Grundlagen müssen auf veränderte Verhältnisse angewendet werden. Das geschieht ja auch, seit es die evangelische Sozialethik gibt. Vor hundert Jahren dachte sie patriarchalisch, wollte den Arbeiter bessern und sollte so die Gewerkschaften überflüssig machen – Gedanken, die uns heute fremd sind.

Wie verändert die Individualisierung der Arbeit die Sozialethik?
Wir müssen sehr viel mehr unterschiedliche Arbeitsverhältnisse in den Blick nehmen: Zeitarbeiter, Heimarbeiter, die klassischen Fabrikarbeiter, die zunehmende Zahl der Scheinselbständigen. Und wir müssen gegen die Selbstüberschätzung der Arbeitnehmer argumentieren. Der Erfolg der Gewerkschaften

> „Wir werden
> noch stärker
> um gemeinsame
> freie Zeiten
> ringen."

war auch einer ihrer größten Feinde, denn irgendwann sagten die Leute: Es ist normal, dass ich einen Tariflohn habe, Kündigungsschutz, einen Urlaubsanspruch. Ich muss mich nicht mehr in einer Gewerkschaft engagieren. Dagegen sagen die Kirchen: Die Solidarität der Menschen sichert Wert und Würde der Arbeit. Aber dafür gibt es nach meiner Beobachtung ein wachsendes Bewusstsein, seit auch Menschen arbeitslos werden, die immer dachten: Mir

kann das nicht passieren, seit es in fast allen Familien jemanden gibt, der weiß, wie es ist, arbeitslos oder prekär beschäftigt zu sein. Ein Zug zur Individualisierung wird bleiben. Das finde ich auch gar nicht schlecht. Es heißt ja auch, die Eigenverantwortung des Einzelnen zu stärken, seine Möglichkeiten besser zu fördern.

Wie wird die Arbeit der Zukunft aussehen?
Die Computertechnologie wird eine noch größere Rolle spielen, die Ansprüche an die Arbeitnehmer werden weiter steigen. Deshalb müssen wir alles tun für die Ausbildung der Leute. Die Individualisierung wird weitergehen, weil man auch immer öfters die Anwesenheit im Büro nicht mehr braucht – oder will. Die soziale Arbeit wird zunehmen, weil es mehr Alte gibt und die Kraft der Familien seltener reicht, diese Menschen zu versorgen, weil Familienstrukturen überhaupt brüchig werden. Da werden wir auch ein neues Verhältnis von bezahlter und ehrenamtlicher Arbeit finden müssen. Und wir werden noch stärker als heute um gemeinsame freie Zeiten ringen. Der freie Sonntag wird gefährdet bleiben. Aber er wird immer wichtiger werden, weil der Sonntag freie Zeit garantiert. Der Mensch braucht eine feste freie Zeit, in der er anderen Menschen begegnen kann und so ein menschlicher Mensch wird. Gott hat den Menschen auf den Sonntag hin geschaffen, damit er sich nicht ausschließlich über seine Arbeit definiert.

Der Manchester-Kapitalismus

Die englische Industriestadt Manchester steht als Synonym der industriellen Revolution. Dort haben sich die Umbrüche im 19. Jahrhundert besonders stark ausgewirkt. Die negativen Folgen blieben nicht aus: Die Arbeiter verelendeten. Die Zustände in der Textilproduktion waren für Karl Marx und Friedrich Engels beispielhaft bei ihrer Analyse der Arbeiterklasse. Sie forderten eine gerechtere soziale Ordnung. Heute scheint der Sozialismus gescheitert zu sein. Die Industrieländer vertrauen auf eine Politik, die auf den Markt setzt.

Webe, Mädchen, webe!

Auf dem Weg von der Plan- zur Marktwirtschaft musste die kasachische Textilindustrie viele Schwierigkeiten überwinden. Die Währung war nichts mehr wert, sodass importierte Maschinen nicht repariert oder ersetzt werden konnten; auch Fabriken wurden nicht modernisiert. Die Textilfabrik auf dem Foto aus dem Jahr 1991 hat mehr als tausend Webstühle. Sie erinnert ein wenig an die Industriebetriebe Mitte des 19. Jahrhunderts – denn die Erfindung der Webmaschine war ein wichtiger Meilenstein der industriellen Revolution. Heute strebt Kasachstan die wirtschaftliche und soziale Modernisierung an. Die Abhängigkeit von den Rohstoffen, insbesondere vom Erdöl, soll verringert werden. Ziel ist es, die hightech- und wissenschaftsintensive Industrie rasch aufzubauen und die Infrastruktur zu verbessern.

Hölle auf Erden

Warum die Weltverbesserer Karl Marx und Friedrich Engels in vielem richtiglagen, sich aber auch kolossal irrten VON ANDREAS OLDAG

Es war eine graue Industrielandschaft in Manchester, die der junge Friedrich Engels 1843 als „Hölle auf Erden" beschrieb. Angewidert blickte er von der Ducie Brücke auf die schmutzige Brühe des Flusses Irk. Tausende Arbeiter wohnten in Slums – in unmittelbarer Nachbarschaft von Spinnereien, Gerbereien, Färbereien und Knochenmühlen. Die Schlote der Betriebe stießen Tag für Tag ihren schwarzen Rauch aus.

Engels war der Sohn eines wohlhabenden Textil-Fabrikanten aus Barmen, das heute zu Wuppertal gehört. 1842 reiste er nach England zur Filiale seines Vaters in Manchester, der Firma Ermen & Engels. Dort wollte der damals 22-Jährige seine kaufmännische Ausbildung fortsetzen, aber auch seine gesellschaftspolitischen Studien vorantreiben, die Karl Marx in seinem Monumentalwerk *Das Kapital* verarbeitete.

In der britischen Industriestadt erwachte der Kapitalismus, dessen soziale Folgen Engels in seiner 1845 veröffentlichten Schrift *Die Lage der arbeitenden Klasse in England* eindringlich und authentisch beschrieb: „Der erste Hof unterhalb Ducie Bridge heißt Allen's Court und war zur Cholerazeit in einem solchen Zustande, dass die Gesundheitspolizei ihn ausräumen, fegen und mit Chlor ausräuchern ließ." Es war das Bild vom „Manchester-Kapitalismus" – ein Wirtschaftssystem, das auf freie, ungehinderte Entfaltung des privaten Unternehmers setzte. Der Preis dafür war die Ausbeutung eines Proletariats, das ein Leben am Existenzminimum fristete.

Die ungezügelte Laissez-faire-Wirtschaft setzte enorme Produktivitätsfortschritte frei. Großbritannien war damals als Vorreiter der industriellen Revolution dem europäischen Kontinent weit voraus. Die ersten Dampfmaschinen fauchten hier und trieben kostengünstig die Spinnereimaschinen an. 1830 nahm die erste fahrplanmäßige Eisenbahn zwischen Liverpool und Manchester ihren Betrieb auf.

Würde Engels heute auf der Ducie Bridge stehen, müsste er sich sicherlich verwundert die Augen reiben. Von der einstigen Industrielandschaft zeugen nur noch ein paar alte Schornsteine. Die Elendsquartiere sind verschwunden. Eine Schnellstraße mit Lärmschutzwänden überspannt das Flusstal. Ansonsten erheben sich schmucklose Bürobauten.

Sichtbar sind die Narben der untergegangenen Industrielandschaft mit ihren 2,5 Millionen Menschen. Doch Manchester hat wie kaum eine andere Stadt mit der Vergangenheit gebrochen, um sich zu einem Dienstleistungszentrum zu entwickeln. Am ausgeprägtesten zeigt sich dies in den alten Lagerhäusern der Textilbarone im Süden der Stadt. Dort sind schicke Lofts entstanden, in denen junge Designer, Werbeleute und Internetunternehmer ihr Domizil haben.

Was ist aus der Vision von Marx und Engels geworden, dass sich das Proletariat seiner Ketten befreit und eine neue, gerechtere soziale Ordnung schafft? Ein Grundfehler der Pioniere der marxistischen Gesellschaftslehre liegt darin, dass sie die Hegelsche Dialektik in ein Korsett geschichtlicher Entwicklungsstufen zwängten. Alles läuft auf ein Heilsversprechen hinaus, dass Lohnarbeit überflüssig wird, sobald die Ausgebeuteten die Produktionsmittel in die eigenen Hände nehmen. Doch die Frage bleibt, ob die Arbeiterklasse willens und in der Lage ist, ihre historische Mission zu erfüllen.

Bezeichnenderweise hatte Engels Zweifel an seiner Prophezeiung. Während sein Freund Marx am Platz Nummer sieben im großen Leseraum der Bibliothek des Britischen Museums in London am *Kapital* arbeitete, beschrieb Engels die Folgen einer europaweiten Krise in der Textilindustrie. Überproduktion, Rohstoffpreis-Erhöhungen und Kreditkürzungen der Banken hatten die Branche erschüttert. Allein in Manchester zogen 1865 mehr als 125 000 arbeitslose Textilarbeiter durch die Straßen.

Doch von Aufstand keine Spur. „Da waren nur wenige Anzeichen einer Revolution", notierte Engels. Die lange vorherige Phase wirtschaftlicher Prosperität habe die Arbeiter demoralisiert. Statt Revolution herrschte Lethargie.

Zur Tragik der Utopie des Sozialismus gehört es auch, dass die selbsternannten Exekuteure von Engels und Marx – allen voran Wladimir Iljitsch Lenin mit seiner These von der Avantgarde der Arbeiterklasse – die unterdrückten Volksmassen zu ihrem Glück zwingen wollten. Kommunistische Kader-Parteien schwangen sich im 20. Jahrhundert zu Hütern der reinen Lehre auf. Dies endete in der Perversion einer Emanzipationsbewegung: von den Arbeitslagern der stalinistischen Diktatur in der Sowjetunion bis hin zu den Schädel- und Knochenfeldern des Pol-Pot-Regimes in Kambodscha.

Statt zum Ende der Ausbeutung kam es zur menschenverachtenden Sklaven- und Kommandowirtschaft. Die dogmatische europäische Linke hat leider bis heute eine erstaunliche Fähigkeit entwickelt, diese Verbrechen im Namen des Sozialismus zu ignorieren oder als Betriebsunfall der Geschichte zu verharmlosen.

Was folgt daraus für die von Marx und Engels begründete Gesellschaftslehre? Erstens lässt sich zu ihrer Verteidigung anführen, dass die Gesellschaften, die im vergangenen Jahrhundert das Experiment Sozialismus wagten – Russland, China – nicht reif waren, weil sie im Wesentlichen noch vorindustrielle, agrarische Staaten waren. Dies begünstigte Deformationsprozesse, die zur Ausschaltung demokratischer Strukturen führten und Ein-Parteien-Diktaturen förderten.

Zweitens zeigt gerade die jüngste Krise, dass der moderne Kapitalismus keineswegs seine innere Krisenanfälligkeit überwunden hat. Die Marktwirtschaft, die aus Sicht der liberalen Volkswirtschaftstheorie am besten dafür sorgen kann, jedem einen fairen Anteil am gesellschaftlichen Reichtum zu sichern, offenbarte ihre hässliche Seite: Es waren die Steuerzahler, die für die gefährlichen Spekulationsgeschäfte der Bankenkonzerne aufkommen mussten. Es waren die Lohn- und Gehaltsempfänger, die infolge des Konjunktureinbruchs ihre Jobs verloren und auf der Straße landeten.

> **In den alten Lagerhäusern der Textilbarone sind schicke Lofts entstanden.**

Es ist zweifelhaft, ob der moderne Kapitalismus Vollbeschäftigung sichern kann. In der Globalisierung wird Arbeit neu verteilt. Kapital ist beweglich. Unternehmen produzieren dort, wo die Lohnkosten niedrig sind.

Bereits im *Kommunistischen Manifest* beschrieben Marx und Engels dies: Der Kapitalismus hat durch die „Exploitation des Weltmarkts" der Industrie den „nationalen Boden unter den Füßen weggezogen".

An „Stelle der alten lokalen und nationalen Selbstgenügsamkeit" tritt ein „allseitiger Verkehr, eine allseitige Abhängigkeit der Nationen voneinander".

Doch so durchaus treffend Marx und Engels die umstürzlerischen Folgen der Globalisierung beschrieben, so irrten sie sich in der historischen Rolle des Proletariats. In allen fortgeschrittenen kapitalistischen Staaten ist die Revolution ausgeblieben. Dem liegt auch ein soziologischer Prozess zugrunde, den die beiden Weltverbesserer unterschätzten. In der modernen Dienstleistungsgesellschaft hat sich die Arbeiterklasse zersplittert. Sie existiert nicht als monolithischer Block, geschweige denn als politisch handelnde Einheit.

Arbeitnehmerorganisationen verlieren an Macht und Einfluss. Der körperlich hart arbeitende Kohlekumpel oder der schweißtriefende Stahlkocher, für die es Pflicht war, Gewerkschaftsmitglied zu sein, sind zur aussterbenden Spezies geworden.

Großbritannien als Geburtsland des Manchester-Kapitalismus ist für diesen Wandel ein Paradebeispiel. Drei Viertel aller Briten arbeiten heute im Dienstleistungssektor. Es sind geringer qualifizierte Kellner, Putzfrauen, Telefonisten in Call-Centers und Hamburger-Brater in Schnellrestaurants, aber auch hoch bezahlte Anwälte, Broker, Banker und Werbemanager.

„Die Briten haben den Sozialismus aufgegeben." Mit diesem Schlachtruf verordnete Margaret Thatcher nach ihrer Wahl zur britischen Premierministerin 1979 der kränkelnden Wirtschaft einen Reformschub. Die eiserne Lady startete das größte Privatisierungsprogramm in der Geschichte der Insel. Nach den leidvollen Erfahrungen mit schwerfälligen Staatsunternehmen wie beispielsweise dem Autohersteller British Leyland oder dem Stahlhersteller British Steel, die den Steuerzahler Milliarden-Subventionen kosteten, brachte Thatchers Rosskur durchaus beachtliche Erfolge. Die Privatisierung von British Telecom und British Airways lieferte die Blaupause für ein neues Wirtschaftsmodell in Europa, das den Konsumenten durch mehr Wettbewerb bessere und billigere Dienstleistungen bescheren sollte.

Es lässt sich darüber streiten, inwieweit die fortschreitende De-Industrialisierung auf lange Sicht mehr Vor- oder Nachteile für die Briten brachte. Die Dominanz des von Thatcher geförderten Bankensektors erwies sich in der jüngsten Finanzkrise als Hindernis für einen raschen Konjunkturaufschwung. Nur: Einen Weg zurück zur alten Industrie gibt es nicht. Dadurch hat sich auch die Arbeitswelt für immer verändert.

DIW-Chef Gert Wagner plädiert
dafür, dass der Staat und die
Gewerkschaften Unternehmen
auch Grenzen setzen.

„Die Macht einzelner Unternehmen wird zu groß"

DIW-Chef Gert Wagner über die Ängste vor einer Rückkehr des ungezügelten Kapitalismus, die Lehren aus Manchester und Hilfen für Langzeitarbeitslose INTERVIEW: MARKUS BALSER

Gert G. Wagner, ist Chef des Deutschen Instituts für Wirtschaftsforschung (DIW) in Berlin. Er leitete viele Jahre das Sozio-oekonomische Panel (SOEP), eine der wichtigsten gesellschaftlichen Langzeitstudien des Landes. Wagner hält die Angst vor wachsender sozialer Unsicherheit in Deutschland für falsch, warnt aber vor einer Rückkehr des Manchester-Kapitalismus durch die Globalisierung.

SZ: *Herr Professor Wagner, der Manchester-Kapitalismus löste im 19. Jahrhundert in England beispiellose Produktivitätsfortschritte und großes Wirtschaftswachstum aus. Trotzdem verarmten viele Menschen. Was können wir heute lernen aus dem ungezügelten Anfang der Industrialisierung?*

Gert Wagner: Die industrielle Revolution brachte ja nicht nur die Fabrik und den modernen Kapitalismus hervor. Sie machte auch die Grenzen des Gewinnstrebens klar: Geht es einseitig zu Lasten der Arbeitnehmer, kann das nicht von Dauer sein. Den Arbeitern, die im England des 19. Jahrhunderts in diesen ersten Fabriken arbeiteten, drohte oft der gesundheitliche Ruin. Das dauerte zum Glück nicht lange, denn sonst hätte der Kapitalismus seine eigene Grundlage ruiniert: die Arbeitskraft.

In Deutschland hat der radikale Manchester-Liberalismus nie richtig Fuß fassen können. Warum nicht?
Die Industrialisierung begann später. Man konnte aus den Fehlern lernen. Unternehmen wie Siemens oder die

Farbwerke achteten ja schon früh darauf, ihren Beschäftigten vernünftige Unterkünfte und deren Kindern Ausbildung zu bieten.

Kann ein Wirtschaftssystem, das allein auf freie, ungehinderte Entfaltung des privaten Unternehmers setzt, überhaupt gut funktionieren?
Nein, wohl kaum. Denn die Marktmacht einzelner Unternehmen wird dann einfach zu groß. Ohne dass der Staat und Gewerkschaften Grenzen setzen, könnten auf längere Sicht wieder ähnliche Zustände ausbrechen wie in Manchester. Unternehmen sitzen oft am längeren Hebel. Das zeigt, wie wichtig die Gegengewichte sind. Gerade die Gewerkschaften spielen da eine wichtige Rolle, denn sie kennen die Nöte der Beschäftigten viel besser als der Staat.

Auch an unserem Modell gibt es Zweifel. Dass mittlerweile 1,3 Millionen Menschen neben ihrem Erwerbseinkommen Hartz IV beziehen, wird in Deutschland als Beleg dafür gewertet, dass der Manchester-Kapitalismus wieder um sich greift und Arbeitgeber Lohndrückerei betreiben. Das Rentenalter soll wieder erhöht werden. Droht der Gesellschaft ein Rückfall in vergangene Zeiten?
Unsere DIW-Langzeitstudie, das sozio-oekonomische Panel (SOEP), zeigt, dass es den Deutschen, was ihre Arbeitssituation angeht, im Durchschnitt nicht schlechter geht, als Mitte der 1980er Jahre. Es gibt keine generelle Hire-and-Fire-Mentalität. Die Betriebszugehörigkeit liegt in Westdeutschland bei zehn Jahren. Ziemlich exakt da lag sie auch schon in den 1980er Jahren. Wir leben also heute in Deutschland nicht generell

in einer Risikogesellschaft. Richtig ist aber auch: Es gibt einen Teil der Gesellschaft, der immer mehr vom allgemeinen Wohlstand abgekoppelt ist.

Was genau meinen Sie?
Ein Vergleich macht das deutlich: Während die Arbeitslosenquote der Uni- und FH-Absolventen seit 1975 von zwei auf vier Prozent gestiegen ist, hat sich die der Erwerbspersonen ohne Abschluss im gleichen Zeitraum vervielfacht. Sie stieg von sechs Prozent 1975 auf mehr als 25 Prozent dreißig Jahre später. Es ist diese Zweiteilung, die zum Problem wurde. Weil sich die nicht oder schlecht ausgebildeten Menschen kaum noch selbst helfen können.

Was muss der Staat tun?
Er muss für bessere Bildungs- und Ausbildungschancen im bildungsfernen Milieu sorgen. Auch mit höheren Bildungsausgaben, die – so meine ich – mit höheren Steuern und Studiengebühren finanziert werden sollten. Das wird sich im Übrigen letztlich für alle rechnen, denn es kann verhindern, dass jahrelang Sozialtransfers gezahlt werden müssen, wenn Menschen ohne Abschluss in die Langzeitarbeitslosigkeit abrutschen. Und es hilft, die Spaltung der Gesellschaft zu überwinden.

Marx und Engels hatten die Vision, eine neue, gerechtere soziale Ordnung zu schaffen. Warum hat sich auch dieser Gegenentwurf – die Produktionsmittel in die Hände der Arbeiter zu legen – nicht durchgesetzt?
Das lag vor allem daran, dass marxistische Politiker dieses Ziel mit einer Zentralverwaltungs-Wirtschaft

erreichen wollten. Dieses Modell kann aber einfach nicht funktionieren. Es überfordert die Planungsmöglichkeiten des Staates und schafft keine produktiven Anreize. Andere Formen der Mitarbeiterbeteiligung am Firmenkapital sind ja heute sehr modern und erfolgreich. Nehmen sie das Beispiel Großkanzleien, wo es um hochqualifizierte Beschäftigte geht: Dort wird Partner, wer lange und erfolgreich mitgearbeitet hat. Mitarbeiter werden also für Treue belohnt. Dadurch arbeiten sie im Sinne des Unternehmens, obwohl es auf dieser Ebene schwer ist, die individuelle Leistung zu messen und fair zu bezahlen.

Getrieben von der Globalisierung, entwickelte sich die Wirtschaft mancherorts wieder stark in Richtung Manchester-Kapitalismus. Die Arbeitsbedingungen in der IT-Branche in Asien zum Beispiel ähneln den Zuständen in Englands Fabriken des 19. Jahrhunderts. Erleben wir eine Rückkehr des Phänomens?
Leider ja. In vielen Ländern gibt es weder wirksame Vorschriften des Staates noch Gewerkschaften, die den Schutz der Arbeitnehmer sicherstellen. Man kann nur hoffen, dass sie rasch aus den Erfahrungen der al-

ten Industrienationen lernen und das ändern. Es gibt da ja kaum Möglichkeiten, von außen einzugreifen.

Dass Beschäftigte keine Gewerkschaft brauchen, ist eine Illusion.

In Deutschland kommen die Gewerkschaften derweil aus der Mode. Viele verlieren Mitglieder. Warum?
Viele Beschäftigte hatten das Gefühl, dass sie die Gewerkschaften nicht mehr brauchen und sich individuell besser selbst vertreten können. Aber das ist eine Illusion. Die Lohnentwicklung der vergangenen Jahre zeigt das sehr deutlich: Die vermeintliche individuelle Freiheit hat dazu geführt, dass für viele Beschäftigte in Deutschland die Reallöhne gesunken sind.

Die digitale Revolution

Der technische Fortschritt kennt kein Pardon. Die digitale Revolution führt zu Krisen und Umbrüchen. Sie verändert die Arbeitsbedingungen und Lebensumstände der Menschen. Wie lässt sich dieser Übergang gestalten? So grundlegende und tiefgreifende Verwerfungen gab es zuletzt in der industriellen Revolution im 19. Jahrhundert: die wirtschaftlichen und sozialen Verhältnisse wandelten sich massiv. Heute fordert die globale Wirtschaft den flexiblen Menschen, die neuen Kommunikationsmittel liefern das Rüstzeug dazu.

Die letzte Wäsche

Im Westen der Vereinigten Staaten von Amerika liegt South Dakota. Die Bevölkerungsdichte ist gering. Die industrialisierte Landwirtschaft gibt vielen Menschen Lohn und Brot. Der Schlachthof John Morrell in Sioux City war in den 1980er Jahren einer der wichtigsten Arbeitgeber der Region. Doch das ist lange her, denn die Geschäfte liefen immer schlechter, Mitarbeiter mussten entlassen werden. In seiner besten Zeit schlachtete der Betrieb täglich mehr als tausend Rinder und mehrere tausend Schweine. Auf dem Foto aus dem Jahr 1988 werden die Schweine gewaschen, bevor sie in die Schlachthalle kommen. Der Schlachthof wandte das Herstellungsprinzip von Henry Ford an: Massenproduktion, Fließfertigung und Standardisierung waren die Merkmale des amerikanischen Autoproduzenten.

Die Angst vor dem Verlust des Arbeitsplatzes

Viele Menschen befürchten, dass die Automatisierung sie überflüssig macht. Diese Sorge könnte künftig berechtigt sein VON NIKOLAUS PIPER

Auf dem Weg zum Jupiter läuft die Maschine Amok. Der Computer HAL 9000, von Menschen so konstruiert, dass er keine Fehler machen kann, beginnt plötzlich ein gefährliches Eigenleben: Er meldet Fehlfunktionen, wo keine sind und gefährdet so die gesamte Mission; an Bord des Raumschiffs Discovery bricht ein mörderischer Kampf aus. Dieser Kampf zwischen HAL 9000 und dem Astronauten David Bowman aus Stanley Kubricks Film *2001 – Odyssee im Weltraum* gehört zu den klassischen Sequenzen der Kinogeschichte. Er symbolisiert auf geniale Weise eine uralte Angst des Menschen – dass seine Produkte ihn eines Tages beherrschen oder ganz überflüssig machen. Kubrick drehte seinen Film 1968. Heute, über 40 Jahre später grassiert die Angst mehr denn je. Die Maschine könnte, wenn uns schon nicht versklaven, so doch unsere Arbeitsplätze bis auf kümmerliche Reste zerstören. Anlass dieser Angst ist die digitale Revolution, die die Verhältnisse auf der Welt so rasant verändert, dass viele Menschen bei dem Tempo nicht mithalten können.

Der amerikanische Computerwissenschaftler und Software-Unternehmer Martin Ford veröffentlichte ein Buch mit einer wahrhaft furchterregenden Perspektive: Die Leistungsfähigkeit der Computer wachse so schnell, so behauptet er in *The Lights in the Tunnel*, dass sie irgendwann selbstgenügsam werden und ohne Menschen funktionieren.

Das Ergebnis: 75 Prozent Arbeitslosigkeit noch in diesem Jahrhundert. Im Jahr 1995, als die meisten Menschen noch nicht wussten, was das Internet ist, hatte der amerikanische Außenseiter-Ökonom Jeremy Rifkin das „Ende der Arbeit" vorausgesagt. Der Ingenieur und Zukunftsforscher Ray Kurzweil prophezeit sogar einen Zustand, den er „Singularität" nennt. Der technische Fortschritt wird so schnell, dass er sich selbst nährt: Maschinen bauen Maschinen, die immer besser werden, der Mensch wird zum Teil der Maschine.

Die Spekulation über das nahe Ende der Arbeit ist eine Sache von Ingenieuren, Zukunftsforschern, Philosophen und Science-Fiction-Autoren. Die Zunft der Ökonomen bleibt davon, mit wenigen Ausnahmen, unberührt. Der Grund ist einfach: Die These vom Ende der Arbeit durch Automation – welcher Art auch immer – ist in über 200 Jahren Wirtschaftsgeschichte eindrucksvoll widerlegt worden. Maschinen haben zwar immer wieder Berufe verschwinden lassen. Aber im Endeffekt hat die gestiegene Arbeitsproduktivität dazu geführt, dass die Produkte billiger und besser wurden, dass die Löhne stiegen und neue Arbeitsplätze an anderer Stelle entstanden.

Zum Beispiel in den frühen Jahren der Industrialisierung in England. Im Jahre 1811 organisierte ein Mann namens Ned Ludd in Nottingham Textilarbeiter, um die neuen mechanischen Webstühle und Baumwollspinnereien zu zerstören, die, so glaubte Ludd, am Elend der Arbeiter Schuld waren, weil sie traditionelle Arbeitsplätze für Weber zerstören und deren Löhne drückten. Die Bewegung der „Maschinenstürmer" wurde so mächtig, dass die Regierung sie mit militärischen Mitteln niederschlug und unzählige Ludditen hinrichtete oder deportierte.

Tatsächlich lagen die Ludditen falsch; Ökonomen sprechen heute vom „Ludditischen Trugschluss". Die Mechanisierung der Textilindustrie war die Voraussetzung dafür, dass praktische Baumwollkleidung zum billigen Massenprodukt wurde, die erhöhte Produktivität schuf Wohlstand. Der Ökonom Hilmar Schneider von Institut Zukunft der Arbeit (IZA) in Bonn nennt ein anderes Beispiel: Früher wurden Lasten auf Kanälen mühsam von Treidelknechten gezogen, die auf Treidelpfaden am Ufer entlanggingen. Die Einführung des Schiffsmotors zerstörte den Beruf des Treidelknechts. „Würden wir heute noch treideln, könnte man allein damit über 15 Millionen Vollzeitarbeitsplätze schaffen. Wir hätten bloß keine Zeit mehr, das was getreidelt werden soll, zu produzieren."

Den Zusammenhang zwischen Automatisierung und Massenkaufkraft machte sich der Autopionier Henry Ford zunutze. Ford führte in seinen Fabriken die Fließbandarbeit ein; sie war für die betroffenen Arbeiter stumpfsinnig und oft brutal. Aber Ford verdoppelte auch die Löhne und verkürzte die Arbeitszeit auf acht Stunden. Seine Arbeiter sollten sich seine Autos leisten können. „Autos kaufen keine Autos", sagte Ford.

Trotzdem wuchsen immer wieder Zweifel daran, ob diese Wohlstandsmaschine wirklich immer weiter funktionieren konnte. Ein Beispiel ist der Ökonom John Maynard Keynes.

1930 veröffentlichte Keynes seinen Essay *Ökonomische Chancen für unsere Enkel (Economic Possibilities for our Grandchildren)*. Darin heißt es: „Wir haben es mit einer neuen Krankheit zu tun, von der viele Leser noch nicht einmal den Namen kennen, von dem sie aber in den kommenden Jahren viel hören werden: technologische Arbeitslosigkeit. Gemeint ist damit eine Arbeitslosigkeit, die dadurch entsteht, dass unsere Möglichkeiten Arbeit einzusparen, schneller zunehmen als wir neuen Gebrauch für Arbeit finden." Keynes' Rezept war Arbeitszeitverkürzung: Drei-Stunden-Schichten und eine 15-Stunden-Arbeitswoche.

Bis jetzt hat sich diese technologische Arbeitslosigkeit immer nur für kurze Zeit nachweisen lassen, irgendwann führte der technische Fortschritt immer zu neuen Produkten und zu neuen Jobs. Die große Frage lautet: Ist es diesmal anders? Löst die digitale Revolution die lange befürchtete technologische Arbeitslosigkeit aus? Martin Ford sagt ja und belegt dies mit „Moore's Gesetz". Der Mitbegründer von Intel, Gordon Moore, hatte bereits 1965 postuliert, dass sich die Leistungsfähigkeit integrierter Schaltkreise alle 18 bis 24 Monate verdoppeln werde, aus heutiger Sicht eine erstaunlich akkurate Voraussage. Ford verallgemeinert Moore's Gesetz jedoch: Die Leistungsfähigkeit der Technik insgesamt verdoppelt sich alle zwei Jahre. Er fragt: „Kann eine Maschine bis in alle Zeiten immer besser werden, ohne eines Tages autonom zu sein?"

> **Der technische Fortschritt führte immer zu neuen Produkten und neuen Jobs.**

Tatsächlich hat die digitale Revolution die Arbeitsmärkte in vielen Ländern auf brutale und unerwartete Weise umgewälzt. Nach einer Studie der Organisation für wirtschaftliche Zusammenarbeit und Entwicklung (OECD) von 2006 hat Automatisierung zum Verlust von mehr IT-Jobs in Industrieländern geführt als die Verlagerung in Billiglohnländer. Apple, ein Unternehmen, das die meisten bis vor kurzem nur als Computerfirma wahrgenommen haben, gefährdet dank seines iPhone massenhaft Jobs in der Handyproduktion bei Nokia in Finnland. Das Internet hat zum Verlust von Tausenden von Journalistenstellen auf der ganzen Welt geführt. Bedroht sind heute zunehmend auch sehr qualifizierte Jobs. Martin Ford erwähnt ein instruktives Beispiel: Er vergleicht die Berufschancen von Radiologen und Haushaltshilfen. Die Kernkompetenz eines Radiologen liegt in der Analyse komplexer Bilder, auf denen er Tumore und andere Krankheiten erkennt. Genau diese Tätigkeit kann jedoch relativ leicht von Bilderkennungssoftware geleistet werden. Die Technik gibt es. Ford glaubt, dass eine erhebliche Anzahl von Radiologenstellen auf absehbare Zeit verschwinden wird.

Die Tätigkeiten einer Haushaltshilfe dagegen, etwa ein Bücherregal abzustauben, den Kühlschrank mit den richtigen Produkten auffüllen, oder den Boden mit dem richtigen Putzmittel aufzuwischen, erfordert eine komplexe Kombination von Erkennen und Handeln. Theoretisch könnte man dies vermutlich durch einen Roboter nachbilden. Der wäre jedoch so teuer, dass niemand auf die Idee kommt, ihn wirklich einzusetzen. Der Job einer Haushaltshilfe, selbst wenn er auf dem informellen Sektor angeboten wird, ist also sicherer als der eines Radiologen.

Aber bedeuten all diese Umbrüche, dass uns die Arbeit ausgeht, wie Jeremy Rifkin und andere schreiben? Dafür gibt es in der Statistik nicht den geringsten Hinweis, im Gegenteil. In Deutschland sind heute mehr Menschen in Arbeit als jemals zuvor seit der Wiedervereinigung. Der Arbeitsmarkt der Vereinigten Staaten ist zwar heute in einem wesentlich schlechteren Zustand als der deutsche. Dies lässt sich jedoch leicht auf traditionell ökonomische Weise erklären: Die USA haben sich im vergangenen Jahrzehnt auf gefährliche Weise auf Pump finanziert. Dies wird jetzt korrigiert, und so lange dies geschieht, bleibt der Arbeitsmarkt niedergedrückt. Das Konstrukt der technologischen Arbeitslosigkeit braucht man nicht.

Bisher haben also die herkömmlichen Ökonomen mit ihrer Beschreibung des Zusammenhangs von Technik und Arbeitsmarkt Recht. Deren Aussage, dass Rationalisierung im Endergebnis neue Jobs schafft, ist kein Naturgesetz, es ist jedoch eine ziemlich verlässliche Richtschnur, auch in der digitalen Revolution.

Im Sechzig-Sekunden-Takt: Jeder Arbeiter fährt jeweils vier Autolängen auf dem Fließband mit und erledigt seine Handgriffe.

Wie im Jurassic Park

Das historische BMW-Stammwerk in München ist keine Fabrik wie andere – es steht mitten in der Stadt, ist eng, produziert in mehreren Etagen und die Autoarbeiter kommen mit dem Omnibus VON THOMAS FROMM

Zuerst stehen sie nur reglos da und warten. Ein paar Sekunden Ruhe vor dem Sturm. Dann geht es los. Es zischt, blitzt, ächzt und surrt, wenn sich 14 Roboterarme gleichzeitig auf eine Autokarosserie stürzen. Es wird gelötet, geschweißt, gepresst, geschraubt. Sie werfen sich auf alles, drehen sich dabei um die eigene Achse wie kleine Dinosaurierhälse. Auf Ränder, Fugen, Leisten. Filigrane Instrumente, die aussehen wie riesige Zahnarztbohrer, bearbeiten das Blech. Das Spektakel dauert knapp zwei Minuten, dann lassen die Roboterarme wieder ab von der Karosserie und schnellen zurück in ihre Ausgangsposition. Sie warten auf die nächste Karosserie.

Im Bereich „Karosseriegerippe", sieht es ein bisschen aus wie im Jurassic Park. Dinosaurier in verschiedenen Größen, mit verschiedenen Köpfen, mit verschiedenen Aufgaben. Einige Leute, die hier im BMW-Stammwerk am Münchner Olympiapark arbeiten, nennen den Jurassic Park auch „Roboter-Ballett". Weil die Roboter so herumtänzeln, während sie mit ihren Schwingarmen an der Autokarosserie arbeiten. Hier gleich um die Ecke findet auch der Höhepunkt jeder Autoproduktion statt – die „Hochzeit". Jener Moment, in dem der untere Antriebsstrang des neuen Autos mit der oberen Karosserie zusammengelegt wird. Die mechanischen Trauzeugen dieser einmaligen Zusammenkunft sind – wie sollte es anders sein – hochsensible Roboter.

Nur Arbeiter sieht man hier kaum. Wer hier arbeitet, ist Experte für die Steuerung der Roboter. Früher, als alles noch per Hand ging, arbeiteten hier Tausende von Menschen. Heute reichen gerade einmal tausend Leute für diese Abteilung. Nur noch die Türen werden per Hand eingebaut – Maßarbeit von Menschenhand.

Es hat sich vieles verändert, seit BMW 1916 auf dem Münchner Oberwiesenfeld mit dem Bau von Flugmotoren begann. 1922 wurde das heutige Werk errichtet; seit Anfang der 50er Jahre des vergangenen Jahrhunderts werden hier Autos gebaut. Zuerst die großen Limousinen der 500er Reihe und Kleinwagen wie die legendäre Isetta. Heute ist es das Stammwerk der BMW-3er-Reihe, die hier für den europäischen und den amerikanischen Markt produziert wird. Eines der wichtigsten BMW-Werke also.

Bilder aus den frühen 20er Jahren des vergangenen Jahrhunderts zeigen noch ein kleines Werk, umgeben von Feldern. Oberwiesenfeld, das war damals ländliches Vorland von München. Heute stehen gleich hinter dem Werk der Olympiaturm, das Olympiastadion, alles im Olympiapark. Das BMW-3er-Stammwerk liegt heute also mitten in der Stadt, nur einige U-Bahn-Stationen vom Marienplatz entfernt. „Wir sind nicht auf der grünen Wiese, sondern in der Stadt, das ist schon eine logistische Herausforderung", sagt Werksleiter Thomas Lehmann, der gleich neben dem zentralen Tor 1 sein Büro hat.

Ein Ingenieur würde es so sagen: Die Grundfläche pro gebautem Auto ist in diesem Werk gering im Vergleich zu anderen Werken von BMW – etwa im bayerischen Dingolfing oder im US-amerikanischen Spartanburg. Beide wurden auf der grünen Wiese konzipiert und können jederzeit ausgebaut werden.

Anders München. Grundstücksfläche 400 000 Quadratmeter, produziert werden die über 200 000 Autos pro Jahr aber auf 700 000 Quadratmetern. Das heißt: In München produziert man auf mehreren Etagen gleichzeitig. Eine ganz besondere Situation mit ganz besonderen Herausforderungen.

An der Wand in Lehmanns Büro hängt ein bunter Plan, eine Skizze der gesamten Anlage. Hier ist alles aufgezeichnet, man sieht, wie alles auf engstem Raum zusammenliegt. Presswerk, Lackiererei, alle Schritte bis hin zur finalen Abnahme der Autos auf dem Prüfstand. So weiß Lehmann immer, wann wo was passiert. Die Fabrik ist ein lebendiger Organismus, ständig wird neu justiert. Ein neues Presswerk hat sich der Autobauer im vergangenen Winter einbauen lassen und dafür 200 Millionen Euro investiert. Es soll mitten in München nachbarschaftsverträglich zugehen, wenn Bleche gepresst werden. Immer wieder war es zu Erschütterungen gekommen.

Ein ganz normaler Tausch: Die Enge zwingt die Ingenieure ständig dazu, technische Innovationen schnell umzusetzen, um trotz der Enge noch produktiver zu sein. Und es zwingt sie zur Nachhaltigkeit. Nachhaltigkeit, die fängt schon mit der Anreise der Schichtarbeiter an.

BMW kümmert sich selbst um die Fahrten. Reisebusse sammeln die Arbeiter aus ganz Oberbayern ein, bringen sie im Morgengrauen zur Frühschicht, holen um Mitternacht die Spätschichtler ab. Der öffentliche Transport ist fortschrittlich und modern, dabei ist er aus der Not geboren: Tausende von Mitarbeitern bräuchten sonst einen Parkplatz – und dafür ist mitten in München kein Platz.

Unter dem Werk, da wo im Krieg mal ein Tunnelsystem als Bunker für die Arbeiter angelegt wurde, soll demnächst eine BMW-eigene U-Bahn verkehren und Teile für den Karosseriebau transportieren. Das erspart einen Großteil der Logistik per Bus auf dem Werksgelände.

Vor dem Werk hängen Bilder, die zeigen, wie es hier früher mal ausgesehen hat. Arbeiter, die schweißen, Karosserieteile schleppen und über ihren Köpfen zusammenschrauben. In der modernen Autofabrik gilt die sogenannte „Über-Kopf-Arbeit" inzwischen als Tabu. Zu anstrengend, zu belastend, schlecht für Rücken und Schultern. Heute wird per Schwenkmontage gearbeitet.

Karosserien schweben wie Rinderhälften über das Band, die Arbeiter stehen daneben, einige sitzen auf rollenden Bürostühlen, während sie schrauben und schweißen. Es ist eine Art Skilift-System und es gilt als besonders fortschrittlich: Gearbeitet wird im 60-Sekunden-Takt, jeder Arbeiter fährt vier Autolängen mit einem Wagen auf dem Rollband mit und erledigt so seine Handgriffe. Am Ende läuft er wieder zurück an den Anfang und nimmt sich das nächste Auto vor.

Auf diese Weise, sagen die Arbeitswissenschaftler, entstehe weniger schnell der Eindruck von Monotonie; auch weil Arbeiter immer wieder mit ihren Kollegen rotierten. „Das alles ist eine logistische Perlenkette, die man aneinanderreihen muss", sagt Helmuth Schwartz, Leiter der Karosseriemontage.

Irgendwann gegen 16.45 Uhr am Nachmittag dann schallt ein lauter Schrei mitten in die Perlenkette hinein. Die Spätschicht geht in die erste Pause. Brote, Flaschen, Zigaretten werden ausgepackt. Einige lesen Zeitungen. Deutsche, türkische, kroatische. Andere schauen sich Urlaubsbilder an. Die Pausenräume sind rings um die Produktionsbänder verteilt. So sind es immer nur ein

> # Über-Kopf-Arbeit war gestern. Heute gibt es die Schwenkmontage.

paar Arbeiter, die um die Tische herum sitzen. Der Eindruck von Enge wird so vermieden.

Wer genau zuhört, erkennt viele Sprachen. Denn auch hier ist das Münchner BMW-Werk modern: 50 verschiedene Nationalitäten arbeiten im Innenstadt-Werk. „Es ist ein Querschnitt durch die gesamte Gesellschaft", sagt Werksleiter Lehmann. Das allein schon sorge „für eine ganz besondere Werkskultur".

Die Wissens-gesellschaft

Theoretisches Wissen wird zur wichtigsten Ressource in der postindustriellen Gesellschaft, schrieb der US-Soziologe Daniel Bell schon vor vierzig Jahren. Längst prägt Wissen das soziale und wirtschaftliche Zusammenleben in der westlichen Welt. Noch nie war daher lebenslanges Lernen so wichtig wie heute, Weiterbildung spielt eine immer größere Rolle. Doch welche Chance haben gering qualifizierte Menschen? Welche Jobs gibt es für sie in der Wissensgesellschaft?

Exakt berechnet

Im Schiffbau unterscheiden sich militärische und zivile Schiffe kaum voneinander – auch wenn die Nutzung der Endprodukte sehr verschieden ist. Wichtig ist technisches Wissen. Auf der Militärwerft im französischen Brest wurde 1987 der Bau des atomaren Flugzeugträgers Charles de Gaulle begonnen. Er gilt als größtes Schiff der französischen Marine und ist mehr als 260 Meter lang, fast 65 Meter breit und 75 Meter hoch. Der Flugzeugträger ist ein Aushängeschild französischer Militärtechnik. Auf dem Foto wird das Material für die großen Lüftungsrohre zurechtgemacht. Zur Berechnung der Krümmung werden Holzmodelle angefertigt. Viel Geschick ist dazu nötig. Die Platten mit Hilfe von Sauerstoffflamme und hydraulischer Presse dann zu krümmen, bereitet dagegen weniger Probleme.

Von Informations-Butlern und Problemlösern

Die Wissensflut steigt täglich. Um von ihr nicht überrollt zu werden, brauchen Arbeitnehmer Orientierung – und den großen Überblick VON MARKUS ZYDRA

Manchmal möchte man die technischen Segnungen des Internets auch verfluchen, neulich etwa bei einem Vortrag. Der Redner ist gut im Fluss, spricht gewandt über den großen britischen Ökonomen John Maynard Keynes und streut dabei en passant das Todesjahr des großen britischen Ökonomen ein: 1948.

Das hätte er nicht tun sollen, denn die Korrektur aus dem Publikum kam postwendend. Ein junger Mann mit Laptop auf dem Schoß – und augenscheinlich im Internet mit dem Suchwort „Keynes" unterwegs, der rief: „Das war 1946". „Ach ja, danke", sagte der Redner. Doch schwang bei seiner Intonation dieser Worte auch „Klugscheißer" mit. Dabei hat es der andere doch nur gut gemeint.

Die Wissensgesellschaft kann grausam sein. Wahrscheinlich war sie das schon immer, auch bevor der amerikanische Soziologe Daniel Bell 1973 den Begriff „Informationsgesellschaft" prägte – eine Ökonomie, in der Forschung und Wissen die entscheidende Erfolgsdeterminante sind.

Dabei ist die Erzeugung und Pflege von Wissen keine Errungenschaft der modernen Gesellschaft. Womöglich sind Leistungen wie die des griechischen Mathematikers Pythagoras sogar höher zu bewerten als viele moderne Einsichten in die Welt der Technologie. Doch in der Menschheitsgeschichte galt Wissenschaft lange als ketzerisch, die Verbreitung wichtiger Einsichten stand unter Strafe, denn sie gefährdete die Macht der Kirche und Fürsten.

Erst der Buchdruck und die spätere Demokratisierung mit staatlicher Bildungspolitik im Schlepptau machte das Wissen für die Allgemeinheit zugänglich. Das Bonmot „Wissen ist Macht" hat seither auch einen ökonomischen

Impetus erhalten. Man kann es auch so formulieren: Ganz früher waren wir Bauern, dann Fabrikarbeiter, jetzt Dienstleister – und künftig noch mehr Wissensarbeiter. Der muss es sehr genau nehmen; der Hinweis auf das exakte Todesjahr von Keynes mag in dieser Situation zwar etwas schlaumeierisch wirken, andererseits können kleinste Fehler bei Berechnungen und Annahmen im Maschinenbau zu schlimmen Katastrophen führen.

Unternehmen sind auf korrekte Informationen angewiesen. Angestellte sollten deshalb auf mögliche Fehler hinweisen, auch wenn der eigene Vorgesetzte dabei ist, die Sache zu verbocken.

„Die Produktivität hängt heute von Ideen ab, von der Zusammenarbeit mit anderen Wissensarbeitern und von der eigenen psychischen Verfassung", sagt der Zukunftsforscher Erik Händeler.

Über den französischen Utopisten, Sozialisten und Philosophen Saint-Simon wird berichtet, dass seine Schüler damals, im 18. Jahrhundert, die Jackenknöpfe auf dem Rücken trugen. Das hatte den wunderbaren Effekt, dass sich niemand allein anziehen konnte; die jungen Leute kapierten, dass sie auf Hilfe der anderen angewiesen waren.

Kooperation also. In dieser Welt? Kooperiert ihr Kollege? „Umgang mit Wissen ist immer auch der Umgang mit anderen Menschen, die ich unterschiedlich gut kenne, unterschiedlich gerne mag, und mit denen ich unterschiedlich viele berechtigte Interessenkonflikte habe", sagt Händeler. „Die Firmen, denen es mit ihrem Sozialverhalten am besten gelingt, Wissen zusammenzuführen, die werden am erfolgreichsten sein." Doch wie motiviert man Teams, ihr Wissen uneingeschränkt und gefiltert mitzuteilen?

„Nur wenigen Managern gelingt es, ein motivierendes Umfeld zu schaffen. Echte Motivation entsteht dann, wenn Menschen sich einbringen können, ermutigt werden und neue Anregungen bekommen", sagt Eberhard Hauser, Vorstand des Deutschen Bundesverbands Coaching. „Dazu gehört eben auch, dass mal was schief geht. Wer engagierte und motivierte Mitarbeiter will, der kann nicht immer auf Nummer Sicher gehen." Genau das aber, so Hauser, sei das große Problem: die zunehmende Komplexität und daraus resultierende Verunsicherung führe zu immer mehr Kontrolle und Absicherung bei den Verantwortlichen – auch in Bereichen, in denen es eigentlich gar nicht nötig wäre.

Die Verbreitung von Einsichten gefährdete die Macht der Kirchen.

Es geht also um den perfekten Chef, vielleicht so eine Art „Babba Hesselbach", Firmenchef in der gleichnamigen Fernsehserie aus den sechziger Jahren. Ein bodenständiger und gleichzeitig weltoffener Boss, der seine Entscheidungen immer richtig dosiert zwischen väterlicher Güte, objektiv fachlicher Hilfestellung und Autorität. Gleichzeitig hat er natürlich immer ein Ohr für die Nöte des Mitarbeiters.

Verlangt man da nicht zu viel? Oder anders herum gefragt: Springen Mitarbeiter erst an, wenn man sie ermutigt und lobt? Wenn ja, wie begegnet man dann der drohenden Selbstzufriedenheit? Wie wichtig ist dabei der eigene, intrinsische Antrieb? Vielleicht ist schon viel gewonnen, wenn Mitarbeiter einfach mit Respekt behandelt werden. Denn auf sie kommt es heute an, fast nur auf sie.

„Früher lag die Fachkompetenz oben in der Hierarchie, aber bei der heutigen Wissensflut und den ausdifferenzierten Kompetenzen sind die einzigen, die sich fachlich noch auskennen, auf der unteren, operativen Ebene angesiedelt", sagt Händeler. Kein Chef der Welt hat die Zeit, fünf Fachbücher durchzulesen, um ein vertracktes Problem zu lösen. Er muss jemanden kennen, der diese fünf Fachbücher durchgelesen und durchdacht hat und ihm in fünf Minuten sagen kann, was die Lösung ist. „Wir sind auf das Wissen anderer angewiesen, deswegen werden sich Gummi-Hierarchien herausbilden, je nach tagesaktuell geforderter Kompetenz", sagt Händeler.

Wir merken die zunehmende Komplexität im Alltag. Die Birne des Autoscheinwerfers auswechseln? Viel Spaß beim Freilegen des Lichtkastens. Ein neues Fernsehgerät, einfach anschalten und es funktioniert wie gewünscht? Wohl kaum. Auch im Büro droht die alltägliche Überforderung. „Immer wieder müssen Wissensarbeiter zwischen verschiedenen Kontexten hin und her wechseln, weil ihnen neue wissensintensive Aufgaben übertragen werden", sagt Andreas Dengel, Professor am Deutschen Forschungszentrum für Künstliche Intelligenz (DFKI). Dieses Multitasking führe dazu, dass sich das Gehirn ständig mit wechselnden Zusammenhängen auseinandersetzen müsse. Die Konzentration lasse nach, die Produktivität sinke.

Dengel entwickelt technische Lösungen zur Bewältigung der steigenden Wissensflut. Er nennt diese Filter salopp „Informations-Butler" und meint einen Assistenten, „der meine Wissensbedürfnisse kennt, in einem bestimmten Kontext, zu einer bestimmten Zeit." Ein Beispiel ist der Klinikarzt auf Visite. Der Mediziner untersucht den Patienten und benötigt Daten, die ihm eine Diagnose erlauben. „Bei der direkten Interaktion mit beispielsweise einem Röntgenbild via Stift oder Finger, werden ihm dann relevante Information, ähnliche Fälle oder Patientendaten pro-aktiv zur Verfügung gestellt", sagt Dengel.

Das klingt sehr anspruchsvoll, gehört der moderne Wissensarbeiter zu einer kleinen, aber sehr erfolgreichen Elite? „Wir sprechen häufig von der Spitze der Wissensgesellschaft, von den Talentierten, Kreativen und Intellektuellen", sagt Josef Schmid, Professor für Politikwissenschaft an der Universität Tübingen, und er warnt vor diesem Hang zur Überhöhung. „Diese Wissensgesellschaft wird auch nach unten hin ausdifferenziert, natürlich wachsen damit auch die Ansprüche an die Malocher", so Schmid. Der Anforderungsdruck werde weiter wachsen. „Die Wissensgesellschaft hat nicht nur Auftriebskräfte, wer nichts kann, der kommt nicht mehr mit."

Der Soziologe Ulrich Beck sagt: „Eltern müssen erfahren, dass ihre Kinder trotz guter Ausbildung nicht denselben Status halten können wie sie selbst." Beck erwartet eine „Brasilianisierung" der westlichen Welt, in der Vollbeschäftigung bedeute, dass Menschen mehrere unsichere und zeitlich befristete Jobs haben werden. Viele Jobs, ständiges Lernen und Leistungsdruck, schaffen wir das noch? „Burn-out und Depressionen kosten die deutsche Volkswirtschaft rund 22 Milliarden Euro jährlich", so eine Studie der Allianz-Versicherung.

„Wir leben in einer Zeit, in der das schnelle Machen der Machenden den Horizont bildet", schrieb die Unternehmensberaterin Betty Zucker schon 1999. „Die gegenwärtige Welt wird permanent umgewälzt." Dieser Befund hat Gültigkeit bis heute. Was bedeutet das für den Wissensarbeiter? „Er muss die Fähigkeit haben, Aufgaben schnell und gut zu lösen – wenn sie aktuell sind und zwar subito", schreibt Zucker. Diese Problemlöser gelten als wahre Könner.

Dieter Frey beklagt einen Mangel an Führungskompetenz.

„Eltern sollten eine Ausbildung in Menschenführung erhalten"

Wer als Kind zu Vater und Mutter aufblicken kann, wird später ein guter Chef, meint der Psychologe Dieter Frey. Und die Rolle der Vorgesetzten wird immer wichtiger INTERVIEW: DAGMAR DECKSTEIN

Dieter Freys Forschungsschwerpunkte sind das Entscheidungsverhalten in Gruppen, Führung, Erhöhung von Kreativität und Motivation. An Motivation, sagt er, mangelt es vielfach. Frey ist Professor für Psychologie an der Ludwig-Maximilians-Universität München (LMU), Akademischer Leiter der Bayerischen Eliteakademie und Leiter des LMU Centers für Leadership und People Management.

SZ: *Herr Professor Frey, wie führt man Wissensarbeiter?*
Dieter Frey: Grundsätzlich anders. Wissensarbeiter sind anspruchsvoller und durch schlechte Führung

noch leichter zu demotivieren als das bei der Arbeiterschaft der traditionellen Industriewirtschaft der Fall war. Im heutigen wissensgesteuerten Betrieb ist die Belegschaft weit wichtiger als alle modernen Anlagen und Maschinen. Diese Wissensarbeiter brauchen eine Führungskultur, die ihre Motivation und Kreativität nicht nur erhält, sondern auch noch steigert. Sie müssen das, was sie tun, ihren Fähigkeiten und Fertigkeiten entsprechend, auch mögen und können. Und dieses Wissen und Können der Beschäftigten, ihre Bedürfnisse, müssen gute Führungskräfte nicht nur richtig einschätzen, sondern sie sollten sie auch wertschätzen.

Wertschöpfung durch Wertschätzung also?
Genau, auch wenn es banal oder trivial klingt. Mitarbeiter müssen das Gefühl haben, dass sie wichtig sind. Sie und ihre Leistung müssen wahrgenommen werden. Es gibt zwar nicht den einen, besten Führungsstil für alle Fälle und alle Menschen, denn gute Führung ist immer situativ und individuell. Grundsätzlich ist aber bei hoch motivierten Mitarbeitern mit exzellenten Fähigkeiten der partizipative Führungsstil angeraten. Am wichtigsten finde ich, dass sich Wissensarbeiter in ihrer Abteilung und in ihrer Firma geborgen fühlen, und zwar geborgen im Sinne von sozialer Wärme. Im Optimalfall wird das eigene Team als eine Art zweite Familie erlebt.

Na, das klingt aber verdächtig nach Kuschelromantik am Arbeitsplatz .
Von wegen! Falsche oder mangelnde Führung kann gravierende Schäden verursachen. Wenn Führung versagt, so liegt ja nun einmal das gesamte, wertvolle Potential der Mitarbeiter brach. Warum wohl häufen sich die psychischen Erkrankungen am Arbeitsplatz wie Depression, oder Burn-out, von der sogenannten inneren Kündigung gar nicht zu reden? Sowohl in vielen sozialen und kommerziellen Organisationen als auch in anderen gesellschaftlichen Institutionen wie Schulen und Universitäten wird gar nicht oder nur schlecht geführt. Viele Führungskräfte sind sich ihrer Vorbildfunktion, ihrer Verantwortung und Verpflichtung

gar nicht bewusst. So aber wird das Potential an Humanressourcen verschleudert. Das ist ein Problem, das sich in der Wissensgesellschaft noch verschärfen wird.

Wie erklären Sie sich die mangelnde Führungskompetenz?
Viele Unternehmensberater und Experten gehen davon aus, dass jede zweite Führungsposition falsch besetzt ist – nämlich besetzt von Narzissten, Egoisten, Machiavellisten und Opportunisten, die ihre machtpolitische Selbstverwirklichung hö-

> **„Frauen leiden unter der Doppelbelastung durch Familie und Karriere."**

her einstufen als die Zukunft der Organisation. Außerdem, so auch meine häufige Beobachtung, unterliegen zahllose Auswahlgremien dem Irrtum, die besten Fachkräfte seien auch die besten Führungspersonen. Das stimmt aber nicht. Es müssen vielmehr die geeignetsten Persönlichkeiten ernannt werden: Menschen, die sowohl fachkompetent als auch sozialkompetent und wertegeleitet sind. Daraus ergibt sich, dass Führungskräften, die ihre Verantwortung nicht wahrnehmen, und bei denen vielmehr die eigene macht-politische Selbstverwirklichung im Vordergrund steht, die Personalverantwortung wieder entzogen werden muss.

Es gibt doch Führungstrainings wie Sand am Meer. Keiner kann sagen, er wüsste nicht, wie gute Führung geht.
Ach was, diese Trainings streifen doch oft nur die Oberfläche. Nach wie vor ist eine gründliche Ausbildung in Führung, im Gegensatz zur Ausbildung in der jeweiligen Fachdisziplin, meist entweder überhaupt nicht gegeben oder aber unterbelichtet. In einem Land, das nur den Rohstoff Geist hat und angewiesen ist auf Kreativität und Innovation, ist die Vermittlung von Schlüsselqualifikationen in Führung eigentlich unabdingbar. Deutschland benötigt darum eine flächendeckende Ausbildung für Führungskräfte in Sachen Menschenführung, und zwar sowohl am Arbeitsplatz als auch in den Familien.

Wie bitte, Führungskräfteschulung soll in der Familie beginnen?
Aber sicher. Die Familie ist der Ausgangspunkt für die Entwicklung der nachfolgenden Generationen. Sie ist verantwortlich für deren Wertebildung und letztlich auch dafür, ob und wie Menschen lebensfähig werden. Wenn in der Familie keine Werte vorgelebt werden, dann wird es sehr schwierig, diese zu einem späteren Zeitpunkt noch einzupflanzen. Gemessen an dieser schwierigen Aufgabe wird zu wenig getan, damit Familien diese Aufgabe bewältigen können. Infolgedessen werden Familien auch immer fragiler. Wirtschaft

und Politik haben die Relevanz der Familie für Werteentwicklung – und was man dafür tun muss – noch gar nicht begriffen.

Wenn aus den Kindern nichts wird oder ein Chef-Tyrann, ist eh immer die Mutter schuld.
Nein, keineswegs. Besonders Frauen leiden ja heute unter der Doppelbelastung durch Kind und Karriere. Von einer Frau wird heutzutage nicht mehr nur erwartet, Frau zu sein, sondern sie muss im Berufsleben auch zunehmend maskuline Eigenschaften annehmen, um sich in einer von Männern dominierten Welt durchsetzen zu können. Dies kann zur Rollendiffusion führen. Notwendig wäre, dass sich auch die Männerrolle der veränderten Entwicklung anpasst. Das stellt unsere Gesellschaft vor die Aufgabe, ihre Stereotypen zu überdenken. Jeder Beitrag zur Stabilisierung der Familien bewirkt, dass sie ihre genuine Aufgabe der Werteentwicklung nachfolgender Generationen besser übernehmen und Orientierung und Halt geben können.

Also kurz gesagt: Nur wer gute Eltern-Vorbilder hatte, kann auch als Chef ein gutes Vorbild sein .
Richtig. Auch viele Eltern fühlen sich ohnmächtig in ihrer Führungsrolle. Das ist verständlich, da sie nie für diese Aufgabe ausgebildet worden sind. Die Qualität von Familie und Arbeit steht und fällt aber mit der Qualität von Führung in beiden Systemen. Deshalb sollten alle Eltern eine Ausbildung in Menschenführung erhalten, sozusagen um Grundlagen für den Umgang mit

Menschen zu erlernen. Jeder Angler muss Grundkenntnisse im Angeln besitzen und nachweisen, um angeln zu dürfen. Bei Führung im Elternhaus braucht man dagegen keine Ausbildung.

Und wer soll ihnen das beibringen?
Es gibt jede Menge Programme, die nachweislich die Erziehungskompetenz von Eltern erhöhen können. Sie fördern bei den Eltern realistischere Einstellungen zu Schwangerschaft, Geburt und Erziehung, mehr Ver-

ständnis für die Kindesentwicklung. Es geht letztlich auch um die Vermittlung von Wissen und Kompetenzen im Umgang mit schwierigen Kindern und Situationen. Noch nehmen allerdings zu wenige Eltern solche Angebote wahr. Und natürlich wäre es wünschenswert, wenn in den Medien mehr Wissen darüber und Handlungskompetenzen vermittelt werden. Wünschenswert wäre, dass alle werdenden Eltern ein derartiges Programm durchlaufen.

Mythos der ständigen Erreichbarkeit

Durch die digitalen Kommunikationsmittel sind Menschen an jedem Ort der Welt erreichbar. Es entsteht eine „Rund-um-die-Uhr-Verfügbarkeit", bis zur kompletten Aufgabe der Privatheit. Die Mobilität prägt die beruflichen und privaten Beziehungen. Die globale Wirtschaft fordert diesen flexiblen Menschen und eine Volkswirtschaft braucht ein gewisses Maß an Mobilität. Die Menschen selbst benötigen aber ein Mindestmaß an Privatheit, an Selbstbestimmung, Regeneration und sozialen Kontakten. Stimmt die Balance nicht, drohen Überforderung und Burn-out. Wenn kranke Mitarbeiter längere Zeit ausfallen, dann kostet das die Unternehmen viel Geld. Wie also gelingt der Ausgleich, die Balance zwischen Spannung und Entspannung, zwischen Mobilität und Ruhe?

Im Glauben stark

Der Hai, den die Menschen über dieser Straße von Trapani auf Sizilien aufgehängt haben, scheint die Schutzheiligen der Fischer zu bedrohen. Doch die Italiener wehren dem „Bösen". Sie sind stark im Glauben (Foto aus dem Jahr 1991). Die Vorbereitungen für die Mattanza, die traditionelle Methode des Thunfischfangs im Mittelmeer, fallen alljährlich mit den religiösen Festen zur Karwoche zusammen. An den Feiern nehmen die Fangmannschaften aus der Hafenstadt Trapani und dem nahe gelegenen Bergdorf Erice teil. In der Ostermesse werden die Schutzheiligen der Fischer angerufen. Aus Urkunden, Stichen und Gemälden geht hervor, dass der Brauch der Mattanza bis ins Mittelalter zurückgeht. Der Brauch verschwindet allmählich. Heute werden vom Hubschrauber aus Thunfischschwärme aufgespürt.

Weit weg und doch ganz nah

Laptop und Blackberry können das Arbeiten erleichtern oder erschweren – es liegt an uns, das Beste daraus zu machen VON SILKE BIGALKE, SIBYLLE HAAS UND THORSTEN RIEDL

Der Manager steckte in einem echten Zwiespalt, als er Rat bei der Psychotherapeutin Dagmar Ruhwandl suchte. Er wollte wegfahren, mal ausspannen. Sein Chef hatte ihm jedoch gesagt, er solle auch im Urlaub erreichbar sein. Ruhwandl, die eine Praxis für Burn-out-Prävention leitet, hört solche Geschichten häufig. „In dieser Situation muss jeder für sich eine Kosten-Nutzen-Rechnung aufstellen", sagt sie. „Was bringt es mir, stets erreichbar zu sein, für die Karriere und privat?" Der Manager hat schließlich seine Sekretärin zum Nadelöhr gemacht: Sie soll nun alle Anfragen sammeln und nur die wichtigen an ihn weiterleiten.

Hartnäckig hält sich die Annahme, Arbeitnehmer müssten jederzeit erreichbar sein, wenn sie ein Dienst-Blackberry oder -Mobiltelefon besitzen. Chefs lassen ihre Mitarbeiter gerne in diesem Glauben. Doch es ist ein Trugschluss: „Arbeitnehmer müssen nicht rund um die Uhr bereit stehen", sagt Frank Achilles, Fachanwalt für Arbeitsrecht bei der Kanzlei Heisse Kursawe Eversheds in München. Denn es gibt das Arbeitszeitgesetz. „Danach darf jemand höchstens zehn Stunden am Tag arbeiten und maximal 48 Stunden in der Woche. Auch Sonntagsarbeit bleibt verboten", betont er. Natürlich gibt es Ausnahmen. Die gelten etwa für Krankenschwestern und Ärzte.

Selbst für Führungskräfte gilt das Arbeitszeitgesetz. „Nur weil jemand weisungsbefugt ist, bedeutet nicht, dass für ihn andere Regeln gelten", meint der Jurist. Anders ist das bei leitenden Angestellten oder Geschäftsführern. Von diesen werde oft verlangt, dass sie ihre „gesamte Arbeitskraft" zur Verfügung stellen. Steht so ein Passus im Vertrag, dann impliziere dies auch eine „lückenlose Verfügbarkeit", erklärt Achilles.

Es sei sinnvoll, in Betriebsvereinbarungen Handy- oder E-Mail-freie Zeiten festzulegen, sagt der Anwalt. „Denn wenn die Mitarbeiter durch die Kommunikationsmittel ständig erreichbar sind, können sie sich auch selbst überfordern. Das blinkende Blackberry kann die Menschen krank machen", sagt Achilles.

Was technisch problemlos möglich ist, kann für Menschen zur Überlastung werden. „Die Grenzen zwischen Arbeit und Freizeit sind aufgeweicht, wir können nicht mehr abschalten", sagt Therapeutin Ruhwandl.

Erholung ist wichtig. Wer es nicht schafft, Zeit dafür zu schaffen, wird früher oder später krank. Die ersten Warnsignale sind bei jedem anders: „Der eine kann nicht mehr schlafen, der andere hat Rückenschmerzen, Magenschmerzen oder ein Rauschen im Ohr", sagt Ruhwandl. Am Ende stehen Depression und Burn-out. Solche Erkrankungen nehmen zu, bei jedem fünften Erwerbstätigen wurden bereits psychische Störungen diagnostiziert, ergab eine Erhebung der Techniker Krankenkasse (TK) Anfang 2011. Die TK macht dafür in erster Linie die ständige Erreichbarkeit, Termindruck und eine Flut an Informationen verantwortlich. Jeder zehnte Fehltag war 2010 auf psychische Erkrankungen zurückzuführen, ergab auch eine Analyse der AOK.

Nicht nur unterwegs, auch am Schreibtisch werden Mitarbeiter durch E-Mails und Anrufe überflutet. Weil längst nicht mehr genug Zeit für alles ist, müssen wir viele Dinge gleichzeitig machen. „Es ist ein Trugschluss zu glauben, wir könnten das", sagt Arbeitspsychologe Thomas Rigotti. „Wenn wir telefonieren und gleichzeitig eine Mail schreiben, läuft das nur pseudoparallel. In Wahrheit switchen wir innerlich im Sekundentakt hin und her. Das ist nervenaufreibend und nicht effektiv." Jede Unterbrechung schneidet den Arbeitsfluss ab und wir müssen jedes Mal neu entscheiden, mit welcher Aufgabe wir weiter machen. Das kostet viel Zeit. „Am Ende des Tages ist man nicht fertig geworden, ist unzufrieden mit sich selbst und denkt auch nach Feierabend mit Sorge an den nächsten Tag", sagt Rigotti.

Friedrich Roman ist in einer Branche tätig, die feste Arbeitszeiten nur auf dem Papier kennt. Er berät als Partner bei Booz & Co. vor allem Firmen aus der Telekommunikationsbranche. Nicht nur eine geregelte Tätigkeit ist ihm fremd, auch sein Büro sieht er selten. „Einen festen Schreibtisch gibt es, aber der hat immer weniger Bedeutung", sagt er. „Ich bin häufig beim Kunden vor Ort." Erreichbar sein muss er trotzdem. In der Woche wird schnelle Antwort auf E-Mails erwartet, fast rund um die Uhr. Er bearbeitet die Anfragen, wie sie kommen, dank Blackberry und Notebook: „Im Taxi, am Flughafen oder beim Kunden." Roman hat seinen Takt gefunden: Ständige Erreichbarkeit in der Woche, nur in Notfällen am Wochenende. „Das haben wir bei Booz & Co. nicht festgeschrieben", sagt er. „Aber klar ist, dass man Ruhezeiten zur Entspannung und für die Familie benötigt." Das sehen sogar die Kunden ein.

Andere Firmen regeln den Umgang mit E-Mails. So hat die Deutsche Telekom im vergangenen Jahr eine Richtlinie erlassen. „Ein Unternehmen darf nicht komplett über die Zeit seiner Mitarbeiter verfügen", sagt Thomas Sattelberger, Personalvorstand der Telefongesellschaft. Blinkt der Blackberry der Telekom-Angestellten in der Freizeit und zeigt so den Empfang von E-Mails an, besteht keine Pflicht zur umgehenden Antwort, außer in dringenden Situationen, „in denen ein unmittelbares Handeln erforderlich ist", erklärt ein Sprecher.

Die Arbeitsrechts-Expertin beim Deutschen Gewerkschaftsbund (DGB), Martina Perreng, hält solche Vereinbarungen „für überflüssig, weil ein Arbeitnehmer seine Arbeitsleistung ohnehin nur in der Arbeitszeit erbringen muss". Auch Rufbereitschaft in Notfällen könnten Arbeitgeber nicht so einfach anordnen, betont Perreng. Rufbereitschaft müsse im Arbeitsvertrag geregelt werden, erklärt sie. „Allerdings ist es einem Abteilungsleiter eher zuzumuten, dass er in Notfällen einspringt, als einem einfachen Angestellten", sagt die DGB-Frau.

Dagegen findet Jurist Achilles die Telekom in diesem Fall beispielhaft. Arbeitgeber hätten eine Fürsorgepflicht für ihre Mitarbeiter. Sie müssten dafür sorgen, dass arbeitsfreie Zeiten eingehalten und die Balance von Arbeit und Entspannung gehalten wird. „Es ist nicht im Sinne des Arbeitgebers, wenn sich Mitarbeiter aufarbeiten und dann vielleicht durch ein Burn-out für lange Zeit ausfallen", betont der Anwalt. Ziel müsse es sein, die Beschäftigten dauerhaft leistungsfähig zu halten. „Das senkt die Krankheitsquote und damit auch die Kosten", sagt er.

Die E-Mail ist inzwischen nur noch ein Teil des Problems. Die erste Mail wurde vor 40 Jahren verschickt, es handelt sich um eine Technik des vergangenen Jahrtausends. Die jungen Absolventen der Hochschulen, die jetzt ihren ersten Job bei Unternehmen beginnen, kommunizieren ganz anders. Sie schreiben in Kurznachrichten auf Twitter, wie es ihnen gerade geht, oder befreunden sich mit ihren Vorgesetzten auf dem sozialen Netz Facebook. Firmen reagieren auf die neue Generation von Arbeitnehmern: Beim Softwarehaus SAP gibt es SAP-Talk, das Twitter ähnelt, Chiphersteller Intel setzt auf Planet Blue, ein Intranet-Portal ähnlich zu Facebook, und bei der Telekom gibt es Wikis, in denen jeder Mitarbeiter sein Wissen einstellt. „Jeder kann mitmachen und seine Ideen mit anderen teilen", sagt ein Sprecher.

Digital Natives wird die junge Angestellten-Generation auch genannt: Eingeborene der digitalen Welt. Sie sind mit dem Netz aufgewachsen – und mit der Informationsflut. Sie haben gelernt, damit klarzukommen. Laut Studie des Hightech-Branchenverbandes Bitkom fühlen sich 61 Prozent aller Deutschen durch die Vielzahl der Informationen gestresst. Bei den unter 30-Jährigen sind es weniger: nicht mal 30 Prozent. „Für die Jungen verwischen die Grenzen zwischen privater und beruflicher Kommunikation", sagt Booz-Berater Roman. Sie seien ständig im Netz, always on, unabhängig von Vorgaben des Arbeitgebers. „Das ist Teil des Lebensgefühls. Die Alten werden da von den Jungen lernen."

So spricht die Jugend

Das erste Telefongespräch liegt 120 Jahre zurück. Die erste E-Mail verschickte Ray Tomlinson schon 1971. Etwa 20 Jahre später wurde die erste SMS-Kurzmitteilung von einem Computer an ein Mobiltelefon gesendet. Viele von uns kommunizieren noch mit Technik aus dem vergangenen Jahrtausend. Die Jugend von heute nutzt andere Wege – und bringt ihre Kommunikationswerkzeuge mit in die Betriebe. Wikis beispielsweise sind erst vor einigen Jahren in Mode gekommen. Es handelt sich um Web-Seiten, die nicht nur jeder lesen, sondern auch jeder verändern kann. Die bekannteste ist Wikipedia, inzwischen die weltweit größte Enzyklopädie, geschrieben von jedem, der Lust dazu hat. Blogs dienen Mitteilungen in eine Richtung. Viele Firmenchefs bloggen inzwischen – oder lassen die Nachrichten von ihren Öffentlichkeitsarbeitern verfassen. Rückmeldungen gibt es nur über die Kommentarfunktion, die abgeschaltet werden kann. Twitter wird auch als Microblogging-Dienst beschrieben. Auf nur 140 Zeichen kann hier jeder der Welt schreiben, was ihn bewegt. Diese Kurznachrichten werden von den Nutzern oft weitergeleitet oder direkt beantwortet. Die Interaktion ist also deutlich höher als bei Blogs. Facebook hat versucht, Twitter ein wenig nachzuahmen, auch dort sind Status-Mitteilungen möglich. Jugendliche und Junggebliebene nutzen die Seiten des führenden sozialen Netzes vor allem, um sich anzufreunden und sich auf dem Laufenden zu halten. Viele Firmen bieten firmenintern inzwischen vergleichbare Werkzeuge wie Twitter oder Facebook.

Sein Rat ist gefragt: Der Philosoph Michael Bordt, empfiehlt, das Mobiltelefon öfter mal beiseitezulegen.

„Manche flüchten mit dem Blackberry aus der Realität"

Michael Bordt ist Jesuit und war bis 31. August 2011 Rektor der Hochschule für Philosophie in München. Er sagt, Manager müssten wieder lernen Spannungen auszuhalten und Konflikte zu bewältigen INTERVIEW: SIBYLLE HAAS

SZ: *Herr Professor Bordt, manche Menschen haben zu ihrem Blackberry oder iPhone ein innigeres Verhältnis als zu ihrem Partner. Was ist passiert?*

Michael Bordt: Die neuen Kommunikationsmittel haben unser Leben drastisch verändert. Wir sind mit einer Überfülle an Informationen konfrontiert und müssen ständig erreichbar sein. Das führt bei den meisten Menschen zu einer ständigen inneren Unruhe. Viele haben Angst, etwas zu verpassen. Gerade Führungskräfte meinen, sie könnten ins Hintertreffen geraten. Deshalb kümmern sich manche um ihren Blackberry mehr als um den Partner.

Aber ist die Angst nicht sogar begründet, da auch die Konkurrenten ständig mit dem Blackberry hantieren?

Die Angst ist nur teilweise begründet. Wer jede neueste Information auf dem Blackberry, per SMS oder im Internet bekommen will, handelt ineffizient. Informationen müssen priorisiert werden, damit man sie sinnvoll verwerten kann. Führungskräfte müssen sicherstellen, dass sie nur jene Informationen bekommen, die für ihre Entscheidungen wichtig sind. Der Rest stiehlt ihnen die Zeit. Es ist doch nicht die Aufgabe von Managern, sich selber möglichst viele Informationen zu besorgen.

Funktioniert das?

Ja. Um Informationen zu priorisieren, braucht man aber eine Struktur.

Das können Mitarbeitergruppen, zum Beispiel E-Mail-Verteilergruppen sein, die nur ganz bestimmte Informationen bekommen. Andere Gruppen bekommen andere Infos. Dazu braucht man aber Leute, die dieses elektronische Raster festlegen, über das die vielen Einzelinformationen zugeordnet und gefiltert werden. Führungskräfte müssen vor allem dafür sorgen, dass ihnen ihre Mitarbeiter die richtigen Informationen liefern.

Nun finden es manche Menschen aber schick, sich ständig mit dem Blackberry zu präsentieren. Werden die neuen Kommunikationsmittel zur Droge?
Durchaus. Durch das ständige Hantieren mit dem Blackberry soll oftmals beruflicher Druck abgebaut werden. Doch das ist eine Illusion. Das Bedürfnis, nur keine Information zu verpassen, erzeugt innere Spannungen. Die will man reduzieren, indem man handelt und wieder auf den Blackberry schaut. Den Blackberry beiseitezulegen, bedeutet, den Druck auszuhalten. Wer sich in einer Konferenz langweilt, sollte das mal ohne Blackberry durchstehen. Konflikte im Unternehmen oder zähe Verhandlungen und Sitzungen sind manchmal notwendig. Damit wird die Möglichkeit für ausgereifte und kluge Entscheidungen geschaffen und genau die bringen eine Firma wirklich weiter.

Wie gelingt der Entzug?
Manche Menschen flüchten mit dem Blackberry aus der Realität. Sie müssen wieder lernen, Spannungen auszuhalten. Sie sollten sich bewusst machen, was in ihnen abläuft, warum sie vor sich davonlaufen und

warum sie Konflikte scheuen. Sie müssen lernen, die Kommunikationsmittel zu ihrem Nutzen und damit klug einzusetzen. Sonst kleben sie wie Getriebene daran fest.

... und werden zum Opfer des Fortschritts?
Wenn Führungskräfte meinen, dass sie ständig erreichbar sein müssen, um ihr Unternehmen zu führen, dann fühlen sie sich gerne als Opfer. Wenn man sich als Opfer sieht, dann hat man keine Verantwortung. In Wirklichkeit sind solche Menschen aber oft Täter. Sie sagen, die Kommunikationsmittel raubten ihre Zeit. Sie könnten nicht in Ruhe gründlich über Dinge nachdenken und entschuldigen damit Fehlentscheidungen. Das ist Täterschaft in der Opferrolle.

Brauchen wir mehr Disziplin beim Umgang mit den neuen Kommunikationsmitteln?
Ja, man muss öfter hinterfragen, ob man ausgerechnet jetzt in den E-Mail-Kasten schauen muss oder ob man gerade jetzt auf das blinkende oder brummende Blackberry reagieren will. Hier wird Eile suggeriert, die in Wirklichkeit gar keine ist. Wenn man konzentriert und in Ruhe arbeiten muss, dann sollte man sich ohnehin vom Netz nehmen. Manchmal muss man offline sein.

Werden wir von den Kommunikationsmitteln terrorisiert?
Nein. Den Terror machen sich die Menschen selbst.

Einigen schmeichelt es, wenn sie am Wochenende beruflich gefragt sind. Was ist mit solchen Leuten los?

Ich glaube, diese Menschen brauchen das. Man kann unter dem Vorwand, jetzt arbeiten zu müssen, Konflikten aus dem Weg gehen. Viele flüchten sich am Wochenende in die Arbeit, um den Ansprüchen ihrer Familie auszuweichen. Wenn die Kinder etwas von einem möchten und man seine Ruhe haben will, dann hat man eben gerade viel zu tun.

Nun verlangt aber die Wirtschaft immer mehr Flexibilität von den Mitarbeitern. Durch Mobiltelefone und Laptops haben wir das geschafft. Wo ist die Grenze?
Wenn es an die Gesundheit geht, wenn die Familie darunter leidet, wenn soziale Bindungen auf der Strecke bleiben, dann sollten Mitarbeiter etwas dagegen tun. Beschäftigte können sich dem entziehen, indem sie die ständige Verfügbarkeit zum Thema in ihrem Unternehmen machen.

Die Grenze zwischen Beruf und Privatleben verschwimmt. Berufliche Mails kommen auch am Abend. Wie schafft man einen ausgewogenen Lebensstil?
Das ist individuell unterschiedlich. Wenn jemand Schwierigkeiten in Beziehungen oder kaum soziale Kontakte hat, dann ist die Arbeit

natürlich besonders wichtig für ihn. Durch die Arbeit spürt er vielleicht, dass er gebraucht wird. Andere Menschen leben in einer Partnerschaft, haben Familie und neben der Arbeit noch viele weitere Interessen. Vorgesetzte müssen diesen Anspruch auf Freizeit akzeptieren, auch bei Führungskräften.

Können es sich Manager überhaupt leisten, unterwegs nicht erreichbar zu sein?
Auch bei Führungskräften sollte geregelt sein, wann sie gestört werden dürfen. In Notfällen sind doch sowieso die meisten Menschen bereit, in der Freizeit zu arbeiten. Doch Abschalten und Entspannen ist wichtig, um die Arbeit gut zu machen.

Ist Stille zum Luxus geworden, die man heute nur noch hinter Klostermauern findet?
Stille ist kein Luxus, den sich nur noch wenige Menschen leisten können. Es liegt an jedem selbst, Stille zuzulassen. Manchmal braucht es dazu auch Mut, weil die Konfrontation mit der Stille auch eine Konfrontation mit sich selbst sein kann. Aber diese Konfrontation ist gerade für eine Führungskraft auch unerlässlich.

Der Nine-to-Five-Job

Die globale Wirtschaft fordert den flexiblen Menschen. Zeitgrenzen lösen sich auf: Festgezurrte Arbeitstage, die um neun Uhr beginnen und um 17 Uhr enden, werden zur Seltenheit. Immer mehr Menschen arbeiten selbstbestimmt, legen Arbeitszeit und Freizeit in Eigenregie fest. Doch wie viel Flexibilität verträgt der Mensch? Und wie viel Flexibilität braucht die Wirtschaft? Wie wichtig werden Arbeitszeitkonten? Wie frei sind die Menschen wirklich in der Gestaltung ihrer Arbeit?

Volkssport Fahrradfahren

Die chinesische Fahrradindustrie hat die Mobilität der Menschen in dem bevölkerungsstarken Land erhöht. Heute ist in China das Fahrradfahren so etwas wie ein Nationalsport geworden. Noch immer steigen viele Menschen lieber auf das Fahrrad als ins Auto. Mit dem Fahrrad kommt man schneller voran als mit dem Auto. Deshalb werden nach wie vor viele Transportprobleme mit dem Fahrrad gelöst – neuerdings zunehmend mit einem Zweirad mit Elektromotor. Es dient der Anlieferung von Waren und viele Chinesen fahren auch heute noch mit dem Fahrrad zur Arbeit. Das Foto aus dem Jahr 1989 entstand kurz nach einem Schichtwechsel auf einer Straße in Shanghai: Die Beschäftigten haben ihren Dienst beendet und fahren nach Hause.

Mittags in der Sonne, nachts am Schreibtisch

Stechuhr und feste Altersgrenzen haben im Berufsalltag der Zukunft keinen Platz mehr – es wird mehr Spielraum und weniger Freizeit geben VON ALEXANDRA BORCHARDT

Es ist einer der härtesten Jobs, die Deutschland zu vergeben hat. Einsatzbereitschaft rund um die Uhr, Sitzungen bis spät in die Nacht, ständige Kontrolle von Wort und Mimik, Schlafmangel, Jetlag, keine Zeit für sportliche Bewegung, dafür üppige Gelage – wer Bundeskanzler ist, muss einiges auf sich nehmen.

Der SPD-Mann Peer Steinbrück ist einer, dem einige den Job zutrauen – und er wäre die wandelnde Mahnung an seine Partei, dass die Verlängerung der Lebensarbeitszeit nicht bei der von vielen Sozialdemokraten nur widerwillig akzeptierten Rente mit 67 aufhören muss. Wenn im Jahr 2013 der Bundestag neu gewählt wird, wäre der Kandidat Peer Steinbrück immerhin schon 66 Jahre alt.

Ruhestand mit 65, Feierabend um 17 Uhr – in der Berufswelt verändern sich die Zeitgrenzen. Statt der Uhr, dem Kalender werden zunehmend Aufgaben, Ziele und Kräfte, manchmal tatsächlich sogar die Lust den Arbeitseinsatz bestimmen. Vormittags raus in die Sonne gehen, dafür nachts am Schreibtisch sitzen; in den Dreißigern den Feierabend mit dem Schulschluss der Kinder takten, dafür in den Sechzigern noch einmal richtig aufdrehen – für die Stechuhr-Generation kann das wie ein süßes Versprechen klingen. Nach Freiheit, zum Beispiel.

Es kann. Aber in der Konsequenz wäre das Ende des Nine-to-Five-Jobs eine kleine Revolution. Denn die moderne Gesellschaft ließe mit den festen Arbeitszeiten auch Errungenschaften los, die Gewerkschaften und Sozialpolitiker mit der Industrialisierung im 19. Jahrhundert und später für viele Generationen von Arbeitnehmern erstritten hatten.

Der Unterschied zwischen Arbeitszeit und Freizeit, so mickrig letztere auch in den Anfangszeiten ausgefallen sein mag, ist eng verknüpft mit der Entstehung der Fabrik. Anders als in der Landwirtschaft, wo Leben und Arbeiten an einem Ort stattfanden, wo die Tiere, das Wetter und die Jahreszeiten die Arbeitszeiten bestimmten, gab die industrielle Revolution der Erwerbs- und der Hausarbeit getrennte Räume.

Da die Arbeiter in der Fabrik nicht schlafen konnten, musste es irgendwann einen Feierabend geben. Ein Privileg, das Bauern und Hausfrauen niemals hatten. Nach und nach wurden die Freizeiten ausgeweitet, es gab Urlaub. Sowohl von der Erkenntnis getrieben, dass der Mensch ohne Ruhephasen vorzeitig verschleißt und zuweilen zum Protestieren neigt sowie zur Auslastung der Maschinen wurde der Schichtbetrieb erfunden.

Der Deal war, dass der Mensch Stücke seiner Lebenszeit an den Arbeitgeber verkauft, sie wurde damit zur Arbeitszeit. Genau dies spiegelt der englische Begriff Work-Life-Balance wider, der eigentlich genau das Gegenteil meint. Denn dessen Zielrichtung ist, dass die zwei getrennten Welten wieder zusammenfinden. Dass die Zeit mit den Kindern, im Haushalt, bei der Pflege der Eltern wenn nicht gleichgewichtig, so doch gleichberechtigt steht

> **Es ist an der Zeit, mehr Flexibilität von den Firmen zu verlangen.**

neben der Zeit im Büro, an der Maschine, in der Werkstatt. Mehr Work-Life-Balance, die Forderung impliziert für die meisten, dass die Zeit für das Leben wieder mehr Gewicht bekommen soll, jene für den Job weniger. Aber in diesem Modell ist es wie bei einer Waage: Die Waagschalen werden niemals zusammenfinden.

Was aber, wenn sich Arbeit und Leben verschränken? Wenn der Mensch die Arbeit als Leben begreift, die Lebensaufgabe in der Arbeit sieht? Das betrifft nicht nur Künstler oder Unternehmer, die mit Leidenschaft ihre Geschäfte verfolgen. Auch wer eine Familie versorgt, arbeitet so – unentgeltlich zwar, aber dafür im Notfall rund um die Uhr. Er ist verantwortlich dafür, dass alle satt und versorgt sind, die Wohnung aufgeräumt, das Einkommen gesichert ist.

Die Chancen sind groß, dass die Arbeitswelt von morgen der Agrargesellschaft von einst mehr ähneln wird als der Industrie- und Büroarbeitergesellschaft von heute. Dass der Arbeitnehmer nicht mehr seine Zeit verkauft, sondern seine Leistung. Dass nicht mehr die Stunden, die Tage, die Jahre zählen, die abgeleistet werden, sondern die Ergebnisse. So wie in der Landwirtschaft müssen die Aufgaben in Beruf und Familie erledigt werden – aber wann und wie das geschieht, wer diesen und wer jenen Teil übernimmt, das liegt in der

Verantwortung des Einzelnen oder der Gemeinschaft, in der er lebt. Neue Technologien machen das zunehmend möglich.

Es wird mehr Gestaltungsfreiheit geben, aber weniger Feierabend. Und der 90-Jährige kann vielleicht nicht mehr auf drei Jahrzehnte als Rentner zurückblicken, sondern nur noch auf zwei oder eines – mit einem zweiten Karrierestart mit Mitte 50, wo es bislang ans Frühverrenten ging. Sollte der Fachkräftemangel kommen wie beschworen, wird das für solche Menschen eine schöne Perspektive sein, die heute in voller Kraft stehend ausgemustert werden würden.

Der schwäbische Werkzeugmaschinenbauer Trumpf gehört zu den ersten Unternehmen in Deutschland, die ihrer kompletten Belegschaft „maßgeschneiderte Arbeitszeiten" zubilligen. Nicola Leibinger-Kammüller, Vorsitzende der Geschäftsführung, erklärte den Schritt bei der Einführung des Konzepts mit den veränderten Ansprüchen der Mitarbeiter an ihren Arbeitsplatz. „25-jährige Hochschulabsolventen möchten anders arbeiten als 40-jährige Väter oder Mütter. Wer auf den Hausbau spart, hat andere zeitliche Wünsche als jemand, der Angehörige pflegen muss", sagte sie.

Trumpf-Mitarbeiter können alle zwei Jahre selbst entscheiden, ob sie ihre Wochenarbeitszeit erhöhen oder absenken möchten. Und bis zu 1000 Arbeitsstunden können die Beschäftigten auf ein Konto einzahlen, und später abrufen. Das Modell klingt so bestechend, dass auch die Gewerkschaften mitziehen. Schon spezialisieren sich Versicherungen darauf, Arbeitszeitkonten abzusichern, so dass ein solches Guthaben auch im Pleitefall nicht verloren geht.

Freilich, flexible Arbeitszeiten gibt es schon lange. Doch bislang verlangen sie die Unternehmen von den Mitarbeitern. Morgens kommen, mittags heimgehen, abends wieder präsent sein – in der Gastronomie und im Hotelgeschäft ist das eine Selbstverständlichkeit. Produktionen werden im Wechselschichtbetrieb gefahren. Und wer dienstlich viel reisen muss, darf die Feierabende nicht zählen. Es ist an der Zeit, dass die Mitarbeiter Flexibilität von ihren Firmen verlangen können.

Noch mehr Vertrauen erfordert die Heimarbeit. Viele amerikanische Unternehmen lassen schon einen Großteil ihrer Belegschaften von zu Hause aus arbeiten. Selbst Jobs wie interne Kommunikation oder Personalbetreuung lassen sich dort Tausende Kilometer entfernt vom Hauptsitz der Firma aus erledigen.

Die Unternehmen kalkulieren, dass der eingesparte Büroraum ihnen unter dem Strich mehr bringt als die Tatsache, dass ihre Mitarbeiter daheim nicht exakt auf 38,5 Wochenstunden reine Arbeitszeit kommen – zumal die „reine Arbeitszeit" ohnehin schwer zu bewerten ist. Gehören der Schwatz mit den Kollegen und die ausufernde Konferenz eigentlich dazu, oder hält beides so sehr von der Arbeit ab, dass die Produktivität im Heimbüro deutlich höher ist? Bei vielen US-Konzernen denkt man wohl so.

Auch dem neuen grünen Zeitalter kommt die flexible Arbeitsweise zupass. Der Weg zur Arbeit, vorzugsweise allein im eigenen Auto, gehört zu den größten Energiesünden des Privatverbrauchers. Bleibt er ab und an im ohnehin beheizten Heim, schont das Klima und Energiebilanz. Für die Vereinbarkeit von Familie und Beruf bringen flexible Arbeitszeiten nicht unbedingt weniger Stress, aber sie machen den Wunsch nach Kindern plus Karriere zur Möglichkeit.

Dazu gehört allerdings auch die Erkenntnis in den Führungsetagen, dass der Chef nicht nur Chef ist, weil er immer da ist – manchmal aus Furcht, ein anderer könnte allzu schnell seinen Platz einnehmen. Wenn Vorgesetzte nicht vorleben, wie sich Arbeitszeit den Lebensphasen und Alltagsbedürfnissen anpassen lässt, werden die Mitarbeiter das beste Konzept nicht kaufen. Da gilt es also, auch mal die Mutter nach (oder gar vor) der Elternzeit oder den Vier-Tage-Manager zu befördern.

Es ist nicht unbedingt und nicht für jeden eine schöne neue Arbeitswelt, die sich da ankündigt. Dienstschluss, Wochenende, Urlaub – seit dem Kindheitserlebnis der Sommerferien, in denen kein Lehrer einen plagte, ist die garantierte Freiheit von der Arbeit eine wunderbare Erfahrung. Die wird es weiterhin geben, aber sie wird einem immer seltener vorgeschrieben werden. Man muss sie sich selber nehmen.

*Walter Mennekes und Betriebs-
ratschef Manfred Behle haben die
Firma Mennekes mit einem ungewöhnlichen Arbeitszeitmodell durch
die Krise gebracht.*

Aufbruch im Sauerland

Die Krise hat beim Mittelständler Mennekes den Firmenchef und seinen Betriebsratsvorsitzenden zusammengebracht: Das liegt vor allem an ihrem Arbeitszeitmodell, das auch viele Feinde hat VON DIETER SÜRIG

Ein weißer Sportwagen der Marke Tesla fährt fast geräuschlos über das Firmengelände und hält kurz inne, um dann an eine der ungewöhnlichen Zapfsäulen heranzufahren, die dort stehen. Es ist eine Strom-Ladestation, die das Unternehmen Mennekes jetzt mehr und mehr herstellt. Und der batteriebetriebene Sportwagen ist so etwas wie ein Symbol für die Aufbruchstimmung in Kirchhundem. Hier im Sauerland, eine gute Autostunde östlich von Köln gelegen, ist die Finanzkrise längst vergessen. Und auch eine zweite Krise, die fast den Zusammenhalt in dem 1935 gegründeten Familienunternehmen gekostet hätte.

Dass heute wieder alles gut ist, zeigt nicht zuletzt der Tesla, aus dem gerade zwei Geschäftskunden aussteigen. „Wenn wir denn schon arbeiten müssen, dann sollte man auch versuchen, das einigermaßen erträglich zu machen", pflegt Firmenchef Walter Mennekes zu sagen. So hält er es auch mit seinen Mitarbeitern, die er in der jüngsten Krise mit einem ungewöhnlichen Arbeitszeitmodell vor der Kurzarbeit bewahrte.

Man darf es also getrost als Spielerei abtun, wenn sich ein Mittelständler wie der 63-jährige Mennekes so ein Auto zulegt, um Besuchern zu zeigen, wie Elektromobilität funktioniert. Und um Tüfteleien testen zu können. Seinem Lebensmotto getreu, möchte Mennekes seinen Geschäftspartnern eben etwas Besonderes bieten. Und bei passender Gelegenheit dürfen auch seine Mitarbeiter ein paar Runden mit dem E-Flitzer drehen. So wie beim nächsten Firmenfest.

Nur in der Finanzkrise hatte es nicht mehr gereicht für die große Sause. Die Nachfrage nach Industriesteckern war eingebrochen, und Mennekes musste seiner Belegschaft schonend beibringen, dass es nun ans Eingemachte gehe.

„Schaut, dass Ihr den Gürtel enger schnallt, bereitet Euch auf Krisenzeiten vor und redet mit Euren Vermietern und Banken", rief er ihnen bei einer Betriebsversammlung zu. „Wir tun es auch". Wahrscheinlich hat jeder seiner damals 450 Mitarbeiter im Stammwerk in diesem Moment an das Schlimmste gedacht. Doch Mennekes meinte damit nicht etwa, dass er über Notkredite verhandele. Nein, er hatte Banken und Vermieter im Umkreis gebeten, Mennekes-Mitarbeitern Hauskredite und Mieten zu stunden.

Doch auch Kurzarbeit wollte Mennekes nicht akzeptieren. „Ich bin gegen staatliche Hilfen, wenn man sich selbst helfen kann." Er dachte an seine Mitarbeiter, die weniger Geld in der Lohntüte haben würden. „Wenn jemand mit 2000 Euro Monatslohn in die Kurzarbeit geht und ein Schulausflug der Kinder ansteht, dann haben die das Geld dafür einfach nicht. Ganz zu schweigen von Autoleasingrate, Miete und Krediten", so Mennekes. „Man durfte den Leuten nicht ans Geld gehen, da waren wir uns einig." Mit „wir" meint er auch den elfköpfigen Betriebsrat – insbesondere dessen Vorsitzenden Manfred Behle.

Im Jahr 2009 schlug Mennekes dem Betriebsrat also ein ungewöhnliches Arbeitskontenmodell vor: Er wollte die Mitarbeiter bei voller Gehaltszahlung zeitweise nach Hause schicken. Nach seinen Plänen durften sie bis zu 150 Fehlstunden ansammeln, ohne finanzielle Einbußen. Mennekes wollte dafür bis zu eine Million Euro vorstrecken, in guten Zeiten ein Prozent des Jahresumsatzes. Und beim nächsten Aufschwung sollte das Minus wieder abgebaut werden. „Wir haben sofort ja gesagt, es ist sehr positiv angekommen", resümiert der 56-jährige Behle, der auch im Vorstand der örtlichen IG Metall sitzt. Von dort sei nur Lob gekommen. Bald hätten Betriebsratskollegen aus ganz Deutschland angerufen, um sich zu informieren.

Dafür erntete Mennekes Kritik im Zentralverband Elektrotechnik- und Elektroindustrie (ZVEI), wo er im Vorstand sitzt. „Geht das denn gut, lehnst Du Dich nicht zu weit aus dem Fenster? Muss das denn sein?", musste er von den anderen Firmenchefs hören. Trotzdem habe es Nachahmer gegeben, „die heute ein ähnlich gutes Betriebsklima haben".

Von seinen 470 Mitarbeitern haben höchstens zehn Prozent die Höchststundenzahl erreicht, „weil die Krise doch eher vorbei ging, als wir glaubten", sagt Mennekes. Das A und O sei aber die Vertrauensbasis. Deshalb habe er die Belegschaft gemeinsam mit Behle in jedem Quartal über Auftragslage und Zukunftsperspektiven informiert. „So haben die Beschäftigten das Vertrauen, dass nicht gegen die Mitarbeiter gehandelt wird".

Das war vor 15 Jahren anders: Damals hatte Mennekes einen externen Manager geholt, um das Unternehmen auf Vordermann zu bringen. „Das war ein Kulturschock", sagt er heute. Der neue Manager habe außer Acht gelassen, „dass Unternehmenskultur nur mit den Menschen geht".

Und nicht gegen sie. „Herr Behle hat mich nicht mehr erkannt. Ich hatte den neuen Manager gedeckt, weil wir entwicklungstechnisch noch was tun mussten. Zeitweise haben wir uns nicht mehr gegrüßt." Nach drei Jahren beendete Mennekes den Spuk: „Ich habe die Reißleine gezogen, es war mein Fehler".

Die beiden Familienväter wirken ein bisschen wie ein Herz und eine Seele, wenn sie einem gegenüber sitzen. „Wir wissen heute, wie wir ticken und haben es gemeinsam geschafft, Marktführer zu werden", sagt Mennekes zu Behle, der die Mitarbeitervertretung schon fast 30 Jahre führt. Mittlerweile duzen sie sich und streiten vor allem über Fußball: Der Maschinenbauingenieur Mennekes sitzt im Verwaltungsbeirat des FC Bayern München, der Maschinenschlosser Behle ist eingefleischter Fan des FC Köln.

Was das Arbeitszeitmodell angeht, so gibt sich Mennekes bescheiden: „Wenn ich was gebe, kriege ich auch was zurück. Deswegen ist das nicht nur der soziale Gedanke, sondern es beruht auf Gegenseitigkeit." Behle gibt im roten T-Shirt ganz den Betriebsrat: „Das war auch ein kleines Zurückgeben, weil wir nicht nach Tarifvertrag 35, sondern 38,75 Stunden arbeiten". Letztlich habe er doppelt profitiert, kontert Anzugträger Mennekes: Trotz Fachkräftemangels kämen bestens qualifizierte Mitarbeiter von renommierten Unternehmen. Außerdem sei der Stundenlohn von 20 Euro auf 20,60 Euro gestiegen. „Ich habe also drei Prozent gewonnen", flachst er.

> „Wenn ich was gebe, kriege ich auch was zurück."

Tatsächlich konnte das Unternehmen 40 hoch qualifizierte Leute einstellen, um den Bereich Elektromobilität aufzubauen. Die Krise ist an der Aloys-Mennekes-Straße in Kirchhundem vorbei, die Arbeitszeitkonten können wieder aufgefüllt werden. Etwa 40 000 Fehlstunden sind zusammengekommen – im Schnitt 100 Stunden pro Mitarbeiter. Diese können sie samstags bei Sonderschichten abbauen. „Wer mehr als einen Samstag im Monat arbeitet, bekommt dafür aber den normalen Tariflohn", betont Behle. So müsse man die Samstage nicht nur für Fehlstunden verbraten. Das trägt auch zur Motivation bei.

Mennekes spricht von 100 Arbeitszeitmodellen, die je nach individuellen Wünschen und Schichtplänen umgesetzt werden. „Menschen werden wegen ihrer beruflichen und menschlichen Fähigkeiten eingestellt. Wenn sich das zeitlich einbauen lässt, müssen wir ihnen einen Rahmen geben, dass sie sich hier einbringen können." Und Behle hofft, dass die Zeitkonten bald wieder mit 40 Stunden im Plus stehen: „Als Puffer für Krisenzeiten".

Die digitale Boheme

Der technische Wandel hat Gewinner und Verlierer. Zu den Verlierern gehören jene, die mit dem Fortschritt nicht mehr mithalten können – oder wollen. Die Profiteure können gar nicht genug davon bekommen. Ihre Affinität zu den neuen Medien ist sehr stark. Sie gelten als Avantgarde der Arbeitsgesellschaft, als neue kreative Klasse, die gar keinen festen Job mehr will. Was sind das für Menschen, die auf diese Art arbeiten? Sieht so die künftige Arbeitswelt aus?

Fischer, komm' zur Ruh'

Die traditionelle Methode des Thunfischfangs im Mittelmeer vor den Küsten Siziliens ist die Mattanza. Heute verschwindet dieser Brauch allmählich. Der Thunfischfang ist eine Touristenattraktion geworden. Noch vor fünfzig Jahren beteiligten sich zahlreiche sizilianische Bootsmannschaften an der Mattanza. Doch mit der Zeit wurden es immer weniger. In ihren Glanzzeiten hatten die Fischer alle Hände voll zu tun. Der Kampf mit den Fischen, die um ihr Leben rangen, war hart. Ruhepausen waren rar. Die gab es höchstens einmal zwischen den Fangfahrten. Nur auf den ersten Blick erinnert das Foto ein wenig an den individualistischen Lebensstil der Künstler im 19. und 20. Jahrhundert. Doch der Fischer auf dem Foto aus dem Jahr 1991 ist müde. Er schläft auf den Netzen, die für den nächsten Fang bereitliegen.

Der Geschmack der Freiheit

Junge Selbständige suchen eine Existenz abseits der klassischen Firmenstrukturen. Nur manche verdienen gut, für viele andere wird es knapp VON ALEXANDER HAGELÜKEN

Sie hatte alles, was viele junge Deutsche wollen: Mit Anfang 30 eine feste Stelle, gut bezahlt. Nicht irgendwo, sondern im Architekturbüro Hans Kollhoff, das unter anderem den Backstein-Turm auf dem Potsdamer Platz baute. Sie hatte Renommee, Verantwortung und ein Jahresgehalt im höheren fünfstelligen Bereich. Samsarah Lilja tauschte das alles ein: Für eine freie Existenz. Für einen gemieteten Schreibtisch in einer ehemaligen Putzlappenfabrik. Für die Unsicherheit, ob sie nächsten Monat noch die Miete bezahlen kann.

Wenn Samsarah Lilja ihren Umstieg von der fest angestellten Architektin zur freien Designerin schildert, bilden sich keine Sorgenfalten im Gesicht. Sie lächelt: „Ich wollte aus der Festanstellung raus". Bereitwillig zählt die Berlinerin die Vorteile ihrer unsicheren Existenz auf: Dass sie den Arbeitstag mal später anfängt, wo sie doch frühmorgens ungern am Bildschirm sitzt. Dass sie mal ein paar Tage zu Freunden fährt und trotzdem was erledigen kann, weil sie nicht mehr vom Firmen-Server abhängt.

Samsarah Lilja, von Freunden einfach Samy gerufen, wirkt wie ein Poster-Girl für die Gruppierung, die 2006 zwei Berliner Autoren mit ihrem Buchtitel tauften: Die *Digitale Boheme* soll jene im weitesten Sinne Kreativen bezeichnen, die aus moderner Technologie mit Laptop und Internet ein Freiberuflertum schöpfen – das sie auch noch besser finden als die sozialversicherte Festanstellung, jenes Wunschziel des Mehrheits-Deutschen seit mindestens 1871.

Die Autoren Holm Friebe und Sascha Lobo (siehe Interview S. 117) postulierten die Digitale Boheme als Erfüllung und zugleich Ausweg für eine Generation Praktikum, die ohnehin auf immer weniger Festanstellungen rechnen kann. Wenn schon frei, dann selbstbestimmt und mit allen Vorzügen – als Programmierer, PR-Mensch, Online-Händler, Fotograf, Webdesigner, App-Entwickler oder was auch immer.

Mancher Festjob hat in Zeiten hoher Anforderungen und globaler Konkurrenz ohnehin klassische Vorteile gegenüber dem Vogelfreien eingebüßt. Bezahlter Urlaub? „Konnte ich im Architekturbüro kaum nehmen", erzählt Lilja. „Ein wirkliches Privatleben hatte ich auch nicht." Für junge Akademiker türmen sich die Wochenstunden häufig zu einer Pyramide, die jedem Tarifvertrag spottet. Eine Sackgasse für eine 33-Jährige, die vielleicht mal Familie haben möchte. Nun arbeitet sie 30 bis 80 Stunden die Woche, auch nicht wenig, aber eben eingeteilt, wie es ihr am besten passt.

Mitunter ringen die jungen Akademiker dem angeblich so gnadenlosen Markt Geschäftserfolge ab, für die es in keiner etablierten Firma Stellen gab, weil dort niemand auf diese Produkte kam oder sich nicht traute, sie anzubieten. Da ist der selbsterfundene Galerist, der Kunst über das Netz verkauft. Die Band, die auf keinen Plattenkonzern wartet, sondern ihre Songs via MP3-Dateien direkt an den Zuhörer bringt. Der Technik-Nerd, dessen Servicenotizen über ein bestimmtes Smartphone genug Leser fasziniert, um Anzeigen anzuziehen. Und, skurril genug, der Statist, der so hingebungsvoll über seine Einsätze als Leiche an Drehorten bloggt, dass er immer mehr Aufträge bekommt.

Das alles kann man als Hoffnungzeichen für eine wachsende Bevölkerungsschicht verbuchen: Es gibt inzwischen 2,3 Millionen Freiberufler ohne eigene Beschäftigte, womit diese Gruppe die klassischen Selbständigen (Metzger, Handwerker) überflügelt. Man könnte manches wie den Leichendarsteller als lockere Variante auf das ewige Lied von der harten neuen Arbeitswelt hören. Im sehr grundsätzlichen Deutschland wurden Friebe/Lobo gleich sehr grundsätzlich diskutiert – und abqualifiziert.

Da verweigern Firmen Festjobs, und dann sollen unfreiwillig Freie das auch noch feiern? Für traurige Selbstausbeuter-Jobs ohne Kantinenrabatt und Weihnachtsgeld? Nur etwas mehr als 10 000 Euro im Jahr melden freie Kulturschaffende im Schnitt als Jahreseinkommen bei der Künstlersozialkasse, kaum genug zum Leben, falls sie keine anderen Einnahmen haben.

So sah mancher Friebe/Lobo als nützliche Idioten des Neoliberalismus, die sich den Szeneberliner Latte Macchiato zu Kopf steigen ließen, bis sie genug steile Thesen für eine Buchauflage von inzwischen 30 000 zusammenhatten. Das linke Wochenblatt *Freitag* entlockte dem Autor Peter Plöger die passende Verdammung: „Digitale Boheme ist nur ein schickes Label für das sichtbare obere Siebtel des Eisbergs. Bei den anderen sechs Siebtel sieht es zum Teil sehr bitter

> **Mancher Festjob hat ohnehin die klassischen Vorteile eingebüßt.**

aus. Leute, seit Jahren selbständig und hoch qualifiziert, können sich keinen Zahnersatz leisten."

Inzwischen äußert sich Plöger differenzierter. Der Autor hat für Bücher im Hanser-Verlag über die neue Arbeitswelt vier Dutzend moderne Selbständige befragt: „Bei Friebe/Lobo kommt die Lage zu positiv rüber. Viele der Selbständigen fühlen sich von den Arbeitgebern verarscht und von den Politikern alleingelassen. Es gibt kein gutes und gerechtes Einkommen für alle." Plöger hat digitale Bohemiens getroffen, die sich keine 300 Euro Einstiegssatz für die Krankenkasse leisten können und sich deshalb illegal beim Ehepartner versichern – oder gleich auf Gesundheitsschutz verzichten.

Verallgemeinern möchte er das aber nicht. Zahlreiche Freiberufler jonglierten erfolgreich mit wechselnden Auftraggebern. Plöger gehört selbst dazu: Er verdient sein Geld abwechselnd als Autor, Sekretär für einen Schwerbehinderten und psychologischer Berater. „Wenn man sich für mehrere Sachen interessieren kann, ist das ein Glücksfall", findet er. Plöger will auch keine Verhaltensnoten verteilen, hier arme Arbeitnehmer, dort böse Arbeitgeber. „Viele Unternehmen hängen in wirtschaftlichen Zwängen", sie könnten nicht immer Festanstellungen auf Abruf produzieren. Plöger appelliert an die Politik, bessere Bedingungen für die wachsende Zahl von neuen Selbständigen zu schaffen, etwa durch maßgeschneiderten Krankenschutz.

Eines auf jeden Fall ist klar: Bis zur Rente sicher sind feste Stellen auch nicht mehr. Friebe und Lobo argumentieren, Aufträge von mehreren Unternehmen böten häufig genauso viel oder mehr Sicherheit wie die Abhängigkeit von einem einzigen Arbeitgeber, dessen Kündigung einen abstürzen lässt. Digitale Selbständige knüpfen ein Netzwerk vieler Knoten, die vor dem Absturz bewahren sollen.

Samsarah Lilja entwirft an ihrem Laptop viel Design für einen Klinikbetreiber. Dazu betreibt sie zwei Architekturportale, produziert elegante Visitenkarten und arbeitet an Websites kleinerer Firmen. Zum Arbeitsort hat sie sich bewusst das Betahaus in Berlin-Kreuzberg erwählt, in dem es vor Netzwerkern wimmelt. Auf drei Etagen der ehemaligen Putzlappenfabrik mieten 200 Digitalos tage- oder monatsweise Schreibtische oder, wenn ihr Start-up gewachsen ist, ganze Büros.

Lilja findet hier die Struktur wie in einer Firma vor, zu Hause wären der Kühlschrank oder das Herumsurfen gefährliche Verlockungen. Beim Cappuccino in der Bar im Erdgeschoss (auf Wunsch mit Kaffee-Flatrate) lässt sich entspannen oder mit anderen Selbständigen plaudern, wie sich die Herausforderungen des Freiberuflertums meistern lassen. Und vor allem fällt immer wieder mal ein Auftrag ab, all die Software-Entwickler, Online-Verkäufer, PR-Leute oder Layouter hier schanzen sich gegenseitig Arbeit zu. „Die Samy macht das", wird sie weiterempfohlen. Die drei Ex-Unternehmensberater im dritten Stock, die mit ihrem Start-up Coffee Circle Kaffee aus Äthiopien importieren und online verkaufen, lassen sie Flyer entwerfen und die Website designen.

Eine Studie der Deutschen Bank schätzt, dass am Ende des Jahrzehnts jeder siebte Euro Wertschöpfung durch temporäre Zusammenarbeit entstehen wird. Durch Kollaborateure wie im Betahaus, die sich untereinander vernetzen und für Auftraggeber Projekte übernehmen.

Am Ende des Arbeitstags werden die Gespräche in den Großraumbüros des Betahauses lauter, die Überlegungen zu den Vermarktungspotentialen von Social Media gleiten sanft in Erörterungen des Menüs des Libanesen zwei Straßen weiter über. Die jungen Freiberufler sprühen vor Energie. „Bei einer solchen freien Existenz ist der Glaube an einen selbst entscheidend", erklärt Samsarah Lilja. „Was kann mir passieren? Wenn es schlecht läuft mit meiner Firma, schaffe ich es zurück in ein Architekturbüro", davon ist sie überzeugt. 18.30 Uhr, viele Angestellte sind schon in den Feierabend gegangen. Samsarah Lilja bleibt noch.

Sie pfeifen auf den festen Job,
wollen selbstbestimmt arbeiten und
kreativ sein: Sascha Lobo (rechts)
und Holm Friebe.

„Wie eine Marionette im Firmen-Kasperltheater"

Die Autoren Holm Friebe und Sascha Lobo über die Risiken der Arbeitswelt, die Vorteile der Selbständigkeit und den notwendigen Spaß im Beruf INTERVIEW: ALEXANDER HAGELÜKEN

Vor fünf Jahren riefen Holm Friebe, 38, und Sascha Lobo, 36, die digitale Boheme aus: Möglichst freies Arbeitsdasein mit moderner Technologie. Jetzt sitzen sie in Berlin auf bequemen Sofas im Soho-Club, in der ehemaligen Parteizentrale der SED.

„Lange nicht gesehen", sagt Friebe zu Lobo zur Begrüßung. Ihre Berufswege trennten sich ein wenig: Während der gelernte Werbetexter Lobo als Interneterklärer durch Talkshows und Konzernzentralen tingelt, konzentriert sich Ökonom Friebe auf die Zentrale Intelligenzagentur, einem Mix aus Literatur, Veranstaltungen und Firmenprojekten, deren Kunden von Daimler bis zum Ingeborg-Bachmann-Preis reichen.

SZ: *Ihr Buch erntete abwechselnd Ablehnung, Interesse und Häme. Wie ist die Bilanz?*
Holm Friebe: Wir haben einen Nerv getroffen, nachdem erst einmal 14 von 15 Verlagen die Buchidee abgelehnt hatten. Wir bekamen viele Rückmeldungen von Leuten, die sagten: Das war der Anstoß, den wir brauchten, jetzt schmeißen wir unseren Job hin und machen uns selbständig. Insgesamt wächst die Zahl der Selbständigen, nachdem sie lange zurückging.
Sascha Lobo: Im 20. Jahrhundert hat die Individualisierung, das Selbstbestimmte, vor allem in der Freizeit oder beim Konsum stattgefunden. Jetzt soll es sie auch bei der Arbeit geben.

Das sind große Worte.
Friebe: Ob freie Jobs oder Festanstellung, es geht darum, diesen Präsentismus der Anwesenheit am Schreibtisch von neun bis 19 Uhr abzulehnen . . .
Lobo: . . . und den Sinn anzuzweifeln, denn es geht gar nicht nur um Produktivität. Deutsche Chefs neigen dazu, sich über die Kontrolle ständig präsenter Mitarbeiter zu definieren. Home-Office-Tage oder gar Teilzeit sind für die Karriere riskant.
Friebe: Weiter sind amerikanische Firmen wie der Online-Verkäufer Best Buy, wo es in großen Teilen nur noch Vereinbarungen über die Ergebnisse der Arbeit gibt. Wann und wo jemand die erbringt, ist egal. Aber das passt nicht zum männlichen Leistungskult, bei dem Karrieristen stolz sind, abends als Letzter im Büro das Licht auszumachen. Dabei lassen sich mit solcher Arbeit weder Familie noch soziales Engagement oder ernsthafte Hobbys verbinden.

Für viele Arbeitnehmer klingt der Begriff Flexibilität nach Ausbeutung ohne Festanstellung, Sozialschutz und Feierabend.
Lobo: Natürlich hat der Begriff beide Seiten, wie ungefähr alles. Einerseits verspricht Flexibilität ein selbstbestimmtes Leben nach eigenen Prioritäten, ein Pluspunkt, der in der hiesigen angstbestimmten Diskussion viel zu kurz kommt. Andererseits kommen einige Freiberufler nicht über die Runden: 150 000 Selbständige stocken ihren Verdienst mit Hartz IV auf, wirtschaftlich gesehen gibt es ein Ich-AG-Prekariat.

Und was ist die Antwort darauf?
Friebe: Die Selbständigen dürfen nicht gegenseitig ihre Preise herunter konkurrieren. In Berlin gibt es eine Initiative für eine Commitment-Kampagne für selbständige Kreative: 250 Euro Tagessatz, darunter soll man es nicht machen. Im Grunde ist es eine Aufgabe für die Gewerkschaften, die neuen Selbständigen zu unterstützen. Gewerkschaften waren ja immer gut darin, den Faktor Arbeit künstlich so zu verknappen, dass die Löhne angemessen bleiben.

Solche vagen Aussichten werden keinen Selbständigen beruhigen, der lieber einen sicheren Job hätte.
Friebe: Es hat doch keinen Sinn, gegen die Festung Festanstellung anzurennen, in die immer weniger reinkommen. Und wer sagt überhaupt, dass Festanstellungen noch so sicher sind? Jeder Konzern hat doch seine Entlassungswellen. Es ist eine Hochrisiko-Strategie, sein ganzes Humankapital in einen Arbeitgeber zu investieren. Ein diversifiziertes Portfolio an Auftraggebern macht einen dagegen unabhängiger.
Lobo: Und neue Technologien ermöglichen viel mehr als früher. Das ist mein Büro (er hält seine Tasche mit Laptop, zwei Smartphones und zwei iPads hoch). Freiberufler können durch intelligente Vernetzung erstaunliche Sachen schaffen. Cloud Computing, also zentrale Datenverarbeitung auf Servern und nicht auf dem eigenen Gerät, wird dem Ganzen nochmal einen großen Schub geben.

Auch im Netz werden Jobs in Billigländer ausgelagert, an indische Programmierer oder Texter.

Lobo: Zum einen ist das eine Chance, weil so Arbeiten ausgeführt werden, die sich hier einfach nicht finanzieren lassen. Eine massive Verlagerung muss man aber eher nicht befürchten. Nach meiner Erfahrung bleiben Konzeption, Koordination und Kommunikation hier.

Die Selbständigen-Produktion, die Sie ausmalen, besteht auffällig oft aus Kunst, Apps und anderem, was der Mensch nicht zum Überleben braucht. Woher wissen Sie, dass es dafür überhaupt genug Nachfrage gibt?
Friebe: Um jetzt mal den ökonomischen Klugscheißer heraushängen zu lassen: Es gibt ja die Maslowsche Bedürfnispyramide. Wenn die Grundbedürfnisse des Menschen wie Essen, Wohnen und so gedeckt sind, nimmt sein Bedarf an Kultur und Unterhaltung, aber auch an personennahen Dienstleistungen zu. Coaching und Caring werden wichtiger, die gesellschaftliche Arbeitsteilung nimmt weiter zu. Ich bin da optimistisch.
Lobo: Aber die Rahmenbedingungen sind noch immer ungünstig für Selbständige, besonders aus Kultur- und Kreativberufen. Das ist ungerecht.

Was heißt das?
Lobo: Es ist kein Zufall, dass Deutschland etwa bei innovativen Start-ups an 5837. Stelle steht. Oft wird Selbständigkeit eher behindert. Das fängt bei der Krankenversicherung an. Die Künstlersozialkasse nimmt Gaukler auf, aber keine Entwickler von Computerspielen.
Friebe: Ohne Festanstellung gibt es oft kein günstiges Girokonto, kei-

nen Mietvertrag und keinen Kredit. Start-ups bekommen in den ersten fünf Jahren keine Aufträge vom

Und wer sagt, dass eine Anstellung noch sicher ist?

Staat. Und dann gibt es da noch den Schweinezyklus der Finanzämter. Wenn du in einem Jahr gut verdienst, hauen sie Dir in den nächsten Jahren hohe Vorauszahlungen für das laufende und das kommende Jahr drauf.

Sascha Lobo, heute kriegen Sie dicke Honorare, aber Sie waren schon pleite.
Lobo: Mit einer Werbeagentur, als die New-Economy-Blase platzte. Ich habe ein paar Jahre gebraucht, um die Schulden zurückzuzahlen. Und ich habe gelernt, dass berufliche Unabhängigkeit einen sehr hohen Wert auch außerhalb des Berufslebens darstellt.
Friebe: Selbständigkeit macht einen zu einem vollständigeren Menschen. All die Widrigkeiten zu meistern und die Freiheit zu spüren, ist was ganz anderes als die Tretmühle Angestellten-Alltag. Wie eine Marionette im Firmen-Kasperltheater zu hängen, vermisse ich echt nicht.

119

Die Verdichtung der Arbeit

Der Konkurrenzkampf wird härter, die Jagd auf Marktanteile immer rasanter. Auch die Beschäftigten müssen stets schneller und besser werden. Höherer Leistungsdruck und Arbeitsverdichtung sind die Folge. Doch was geschieht mit den Menschen, wenn die Anforderungen steigen, das Leistungsniveau ständig angehoben wird? Wo sind die Grenzen, was verträgt der Mensch? Wann ist er ausgebrannt, und wann macht Arbeit krank?

Fahrradlenker für ein Milliardenvolk

Zeitdruck gibt es heute auch in China. Wer es sich leisten kann, fährt deshalb mit dem Auto. Das Auto ist das neue Statussymbol der Chinesen. Doch die Fahrradindustrie spielt trotzdem noch immer eine große Rolle. Forever Bicycles ist der Name der wohl bedeutendsten chinesischen Fahrradmarke. Das Unternehmen wurde in den 1940er Jahren des vorigen Jahrhunderts in Shanghai gegründet und zählt zu den wichtigsten Fahrradproduzenten des Landes. Fahrräder der Marke Forever Bicycles waren lange Zeit ein Prestigeobjekt in China. Sie galten als Statussymbol – so wie heute das Automobil. Das Foto aus dem Jahr 1989 zeigt die Lenkstangen-Montagehalle der Fahrradfabrik in Shanghai. Arbeiter sind mit kleinen, aber wichtigen Details – wie der Handbremse – beschäftigt.

Verhinderte Superstars

In einer Welt der scheinbar unbegrenzten Möglichkeiten stoßen immer mehr Menschen an ihre eigenen Grenzen VON ALEXANDRA BORCHARDT

Es sind Geschichten, wie man sie kennt. Geschichten von Menschen, deren Namen verändert oder zumindest abgekürzt sind, damit Kollegen und Chefs sie nicht identifizieren. Männer und Frauen, die eines Morgens nicht mehr aufstehen können, in der Sitzung zusammenbrechen, nächtelang wach liegen, verzweifeln an Herzrasen, Schweißausbrüchen, Übelkeit, Angstzuständen. Die plötzlich verschwinden aus dem Büroalltag, krankgeschrieben. „Burn-out", murmeln sich dann Kollegen zu, erschrocken, weil es oft die besonders Fleißigen, die besonders Fröhlichen trifft. Aber manchmal auch ein bisschen siegesgewiss wie der Läufer beim Marathon, der nicht allzu viel Mitleid haben darf mit denen, die auf der Strecke bleiben.

Und es sind Studien, wie man sie kennt, zum Beispiel von der Krankenkasse AOK: Jeder zehnte Fehltag am Arbeitsplatz sei 2010 mit akuter Erschöpfung und Depression begründet gewesen, meldete deren Wissenschaftliches Institut. Im Vergleich zu 1999 sei dies ein Anstieg um 80 Prozent. Das AOK-Institut rechnet hoch, dass damit im vergangenen Jahr knapp 100 000 der 34 Millionen gesetzlich krankenversicherten Beschäftigten insgesamt mehr als 1,8 Millionen Fehltage wegen der Diagnose Burn-out krankgeschrieben waren.

Aber wie kann das sein? Objektiv betrachtet ist das Arbeiten heute sicherer, menschengerechter und verschlingt weniger Zeit als noch vor Jahrzehnten. Bis Mitte der 50er Jahre war in Deutschland die Sechs-Tage-Woche die Regel. Auch danach noch quälten in vielen Fabriken Hitze, Lärm und monotone Handgriffe die Arbeiter. Körperliche Schwerarbeit war verbreitet, Unfälle waren häufig. Bestimmungen zum Arbeitsschutz und zur Ergonomie, bedürfnisgerecht optimierte Prozesse und ausgereiftere Maschinen haben den Arbeitsplatz seitdem – Ausnahmen gibt es – zu einem angenehmeren Ort werden lassen.

Gleichzeitig sank die dort verbrachte Zeit: Nach einer Auswertung der Bundeszentrale für Politische Bildung haben sich Arbeitsstunden und Arbeitsvolumen in Deutschland seit 1970 fast jedes Jahr verringert. Leistete damals noch jeder Erwerbstätige in Westdeutschland durchschnittlich 1966 Arbeitsstunden, waren es 1991 nur noch 1559 Stunden. Im Jahr 2007 lag der Wert in Gesamtdeutschland bei 1433 Stunden. Und nachdem Bundeskanzlerin Angela Merkel den rettungsbedürftigen Griechen, Spaniern und Portugiesen nahegelegt hatte, sie sollten weniger Urlaub machen und später in Rente gehen, wurde sie belehrt: Die Deutschen arbeiten weniger als die Südländer, schaffen dabei aber mehr. So verbesserte sich die Produktivität pro Arbeitsstunde zwischen 1991 und 2007 um etwa ein Drittel.

Wie passt das zur Burn-out-Statistik? Ein Teil davon mag tatsächlich erklärbar sein mit überforderten Ärzten, denen die Diagnose bei unklaren Krankheitsbildern ganz gelegen kommt. Zudem ist um das Syndrom herum eine Art Industrie entstanden – vom Burn-out-Resort für Topverdiener bis hin zur Burn-out-Beraterin um die Ecke –, die bedient werden will. Griffen früher viele, die sich vom Leben überfordert fühlten, eher zu Alkohol oder Tabletten, müssen sie sich ihrer Erschöpfung heute nicht mehr schämen. Und schließlich ist es manchmal schon der erste Schritt zur Besserung, wenn eine gesundheitliche Störung endlich einen Titel bekommt.

Trotzdem sind Burn-out-Geschichten keine Märchen. Wohlgemerkt: Gemeint ist hier nicht das Krankheitsbild der klinischen Depression, sondern eine tiefe seelische Erschöpfung. Deren Ursachen liegen nicht allein am Schreibtisch oder in der Fabrik – wenn sie auch dort besonders oft zu Tage treten. Der Zerfall von Familien und Gemeinschaften, Vereinsamung, fehlende Bindungen außerhalb der Erwerbsarbeit geben dem Job für viele Menschen eine überragende Bedeutung, ja die einzige Quelle für Lebenssinn. Läuft es dann dort nicht wie erwartet, lassen die Kräfte nach oder entwickelt sich übermäßige Konkurrenz, bricht so manch einer unter dem Druck zusammen.

Ein Rezept zum seelischen Gesundbleiben lässt sich deshalb bei den Vermögensberatern abschauen: diversifizieren. Wer neben der Arbeit Familie, Freunde und Hobbys pflegt und deren Bedeutung auch mal über die des nächsten Geschäftsabschlusses stellt, kann mit Rückschlägen in einem Bereich besser umgehen. Auch ein zweites Rezept weist Parallelen zur guten Anlagestrategie auf: sich mal mit weniger zufriedengeben. So wie es selten ist, dass der Aktionär beim Verkauf seiner Papiere den höchsten Kurs erwischt oder der Immobilienkäufer die niedrigsten Bauzinsen, so hilft im Berufsalltag die Einsicht, dass niemand überall perfekt sein kann, und die wenigsten es bis ganz nach oben schaffen.

Diese Erkenntnis ist für viele schwer zu verinnerlichen in einer Gesellschaft, in der schon Kindern suggeriert wird, dass jeder zum Superstar werden kann. Die Enttäuschung darüber, wenn das nicht klappt, kann der Seele zusetzen.

In einem zunehmend entgrenzten Leben müssen viele Menschen zudem lernen, selbst Grenzen zu ziehen. Früher definierten sozialer Status und Rollenerwartungen das, was erreichbar war. Erwerbsarbeit und Freizeit waren strikt getrennt, Kommunikation über weite Entfernungen war teuer und damit schwierig. Heute scheinen die Möglichkeiten in vielerlei Hinsicht unbegrenzt zu sein. Günstige Flugpreise machen Beziehungen über Tausende Kilometer hinweg führbar, der Anspruch ständiger Erreichbarkeit löst Feierabend und Urlaub auf, Multitasking ist fast schon Pflicht. Über das Internet lässt sich der vorletzte Winkel der Welt erschließen, und selbst mit Falten und zu groß geratenen Nasen muss sich niemand mehr abfinden, der ausreichend Geld zurücklegen kann. Zu sagen: „Ich schaff' das nicht", bevor man zusammenbricht, ist eine Kunst, die nicht jeder beherrscht. Die Erkenntnis, dass sich die Welt auch ohne einen weiterdreht, kann schmerzen. Und sie kann befreien.

Am Arbeitsplatz steigen die Ansprüche auch noch in anderer Weise. Der Grund dafür sind nicht ausschließlich Arbeitgeber, die aus jedem Mitarbeiter das Mögliche herausholen wollen. Ausgerechnet das Streben nach Gerechtigkeit führt viele Beschäftigte an die Grenzen ihrer Belastbarkeit. Dank professioneller Personalabteilungen werden Ziele vereinbart und Leistungen messbar gemacht, damit nicht die einen die große Last und die anderen nur ein Lastlein tragen. Wegducken geht nicht mehr. Dies allerdings stresst häufig alle: Die Leistungsträger wollen noch mehr erreichen, die Schwächeren fürchten um ihre Stellung, zumal die neue Transparenz auch zunehmend Konsequenzen hat. Ertrugen Abteilungen früher ihre besonders bequemen oder schusseligen Pappenheimer oft mit liebevoll-genervter Toleranz, werden solche Mitarbeiter heute nach Möglichkeit aussortiert. Wobei auch Unterforderung zur Erschöpfungsdepression führen kann. Wer sich nicht gebraucht und ausrangiert fühlt, verliert den Halt.

> **Alles wird messbar gemacht, Wegducken geht nicht.**

In der öffentlichen Wahrnehmung gilt Burn-out vor allem als Leiden von Top-Managern oder anderen Karrieristen. Ein Grund dafür ist, dass sich der Niedergang der einstmals Starken in Reportagen so schön macht. Auch Spitzensportler oder Showstars tragen zu diesem Bild bei, weil sie häufig besonders geräuschvoll von der Bühne abtreten, wenn die chronische Erschöpfung sie packt – der Wiedereintritt in die öffentliche Sphäre wird dann gerne mit einem Buch über den Zusammenbruch inszeniert.

In Wahrheit entwickelt sich das Krankheitsbild jedoch am häufigsten bei Berufsgruppen, die andere Menschen pflegen oder betreuen. Angestellte in der Krankenpflege, Heimleiter und Sozialpädagogen leiden am stärksten, wie das Institut der AOK ermittelt hat. Aber auch Mitarbeiter von Call-Centern, die nichts als unzufriedene Kunden betreuen, gelangen oft an ihre psychischen Grenzen. Und unter Lehrern ist die Burn-out-Quote ebenfalls hoch. Müssen doch viele in diesen Arbeitsfeldern Aufgaben übernehmen, die früher noch von der Familie gestemmt wurden. Die Häufung in den helfenden Berufen erklärt auch, warum Burn-out doppelt so oft Frauen wie Männer befällt.

Im Kampf gegen das Syndrom kommt Führungskräften eine Schlüsselrolle zu. Sie sollten ihre Mitarbeiter kennen und erkennen, wenn deren Belastung ins für sie Unerträgliche steigt. Das ist ein Gebot der Menschlichkeit und hilft außerdem dem Unternehmen. Firmen müssen interessiert daran sein, engagierte Mitarbeiter zu halten. Wer erst einmal den Ruf weg hat, Arbeitskräfte zu verheizen, wird bald keine guten mehr bekommen. Es ist die Pflicht der Unternehmen, passende Führungskräfte zu finden und entsprechend zu schulen.

Burn-out im Job ist allerdings nur eine Sache. Das größte Risiko für eine Erschöpfungsdepression hat derjenige, der seinen Arbeitsplatz verliert.

Wer die Arbeit von Beschäftigten wertschätzt, wird eine leistungsstarke Belegschaft haben, sagt Werner Fürstenberg.

„Viele halten das Tempo nicht mehr aus"

Die psychischen Belastungen am Arbeitsplatz nehmen zu, doch man kann sich darauf einstellen. Werner Fürstenberg und sein Team helfen Beschäftigten in Not INTERVIEW: SIBYLLE HAAS

Werner Fürstenberg, leitet seit 1989 das Fürstenberg-Institut in Hamburg. Er betreibt „externe Mitarbeiterberatung". Das heißt, Firmen kaufen seine Dienstleistung ein und bieten sie ihren Mitarbeitern kostenlos an. Die können sich bei beruflichen, gesundheitlichen und persönlichen Problemen anonym an das Institut wenden. Bezahlt wird pauschal: Drei bis vier Euro je Mitarbeiter muss die Firma im Monat berappen, und zwar für alle Beschäftigten – egal, ob sie den Service nutzen oder nicht. Mehr als 100 feste und freie Mitarbeiter arbeiten für das Fürstenberg-Institut, darunter viele Ärzte, Sozialwissenschaftler und Therapeuten. Sie unterstützten im Jahr 2010 etwa 6000 Menschen.

SZ: *Herr Fürstenberg, gibt es heute wirklich mehr psychisch belastete Arbeitnehmer, wie die Statistiken nahelegen?*

Werner Fürstenberg: Die psychischen Belastungen am Arbeitsplatz sind in der Tat gestiegen. In den vergangenen 20 Jahren hat die Geschwindigkeit in der Arbeitswelt so stark zugenommen wie noch nie. Viele halten das Tempo nicht mehr aus. Wir sind im Übergang von der Industrie- zur Informations- und Wissensgesellschaft und daher mental viel stärker belastet als vor 20 Jahren.

Ist es also die Schnelligkeit, die uns krank macht?
Ja. Immer mehr Beschäftigte fühlen sich unter Zeitdruck. Sie müssen in immer kürzerer Zeit immer mehr leisten. Die Arbeitsdichte hat massiv zugenommen. Wir erleben doch täglich, dass wir permanent erreichbar sein müssen. Wir sind mit unseren Blackberrys und Smartphones rund um die Uhr verfügbar und müssen eine Flut von E-Mails bewältigen.

Deshalb ist es wichtig, dass man Prioritäten setzt. Das haben wir aber weder in der Schule, noch in der Ausbildung gelernt. Auf diesen Lernprozess hat sich unser Bildungssystem leider noch nicht eingestellt.

Und wer soll uns das beibringen?
Unternehmen müssen im eigenen wirtschaftlichen Interesse die Mitarbeiter bei diesen Veränderungsprozessen begleiten. Firmen müssen dafür sorgen, dass ihre Mitarbeiter mental widerstandsfähiger werden. Es lohnt sich, in die Gesundheit der Mitarbeiter zu investieren, denn nur gesunde Mitarbeiter sind leistungsfähig.

Das klingt nett. Aber wie erkennt ein Vorgesetzter, dass ein Mitarbeiter auf dem Weg ist, krank zu werden, und was kann der Chef dann tun?
Führungskräfte brauchen Lebenserfahrung und gesunden Menschenverstand, um wahrzunehmen, dass sich Mitarbeiter in ihrer Persönlichkeit oder in ihrem Arbeitsverhalten ändern. Sie sind aber oft sehr unsicher, ob und wie sie das ansprechen sollen. Wichtig ist, in der Rolle des Vorgesetzten zu bleiben. Sie könnten sagen, ich mache mir in letzter Zeit Sorgen um Sie. Wenn es Ihnen gesundheitlich oder persönlich nicht gut geht, lassen Sie uns überlegen, wo Sie Hilfe bekommen können. Dazu gehören Respekt und Achtung vor dem Mitarbeiter, aber auch die Courage, ihn auf seine Auffälligkeiten anzusprechen.

Das kann man doch niemandem beibringen, so etwas lernt man im Elternhaus oder gar nicht mehr.
Natürlich gibt es Vorgesetzte, die tun sich da schwer, weil sie es nie gelernt

haben. Doch man kann Führungskräfte dafür sensibilisieren, etwa in Seminaren und Workshops. Immerhin müssen sie dafür sorgen, dass ihr Laden läuft. Und dazu gehört, dass jeder Mitarbeiter seinen Beitrag zur Gesamtleistung bringt. Leistung einzufordern und den Mitarbeiter zu fördern, ist eine sehr gute Mischung.

Haben wir eine gute Führung in deutschen Unternehmen?
Darüber kann man durchaus diskutieren. Man bekommt jedenfalls keine guten Vorgesetzten, wenn man ihnen lediglich einige Führungsmethoden vermittelt. Gute Führung ist eine Frage der Grundhaltung. Es geht darum, welches Menschenbild jemand hat und wie er mit seinen Mitarbeitern umgeht.

Man braucht nur das richtige Menschenbild, und alles wird gut?
So einfach ist es natürlich nicht. Aber die klassischen Führungsmodelle, bei denen es nur um kognitives Wissen geht, reichen eben nicht mehr aus. Die Mitarbeiter spüren sehr schnell, ob das Verhalten ihres Vorgesetzten authentisch ist oder nicht. Sie merken, ob er sich irgendetwas angelesen hat oder durch eigene Anschauung handelt. Wir wissen eigentlich alle, wie man auf zivilisierte Art mit Menschen umgeht. Deshalb ist die Grundhaltung so wichtig. Und das heißt, eine wertschätzende Kultur im Unternehmen zu schaffen.

An welchen Werten sollen sich Vorgesetzte orientieren?
Die wichtigsten Werte sind Respekt und Achtung vor den Menschen. Wenn man die Leistung der Mitarbei-

ter wertschätzt, dann werden sie mit Freude an die Arbeit gehen. Einem Unternehmen geht viel Geld verloren, wenn seine Mitarbeiter demotiviert und unzufrieden sind. Und das wer-

> **Gute Führung ist eine Frage der Grundhaltung.**

den sie, wenn sie das Gefühl haben, ihre Arbeit wird gar nicht wahrgenommen. Unternehmen sind aber zunehmend auf leistungsstarke Mitarbeiter angewiesen. Deshalb lohnt es sich, etwas für die Mitarbeiter zu tun.

Was denn zum Beispiel?
Vorgesetzte sollten es ihren Mitarbeitern ermöglichen, den Arbeitsalltag selbst zu gestalten. Wenn Beschäftigte das Gefühl haben, dass ihr Handeln Auswirkungen hat und dass Leistung registriert wird, dann werden sie sich für ihre Arbeit verantwortlich fühlen. Sie werden also versuchen, möglichst gut zu sein. Was will ein Unternehmen mehr?

Was raten Sie Menschen, die zu Ihnen kommen und sagen, ich fühle mich den Anforderungen nicht mehr gewachsen?
Wir gehen davon aus, dass jeder Mensch die Ressourcen hat, um seine Schwierigkeiten selbst zu lösen. Wir

verstehen uns als Moderatoren, damit der Mitarbeiter selbst zu einer guten Lösung kommt. Erfreulicherweise kommen auch Mitarbeiter zu uns, die sagen, „wenn ich so weiter mache, dann bekomme ich ein Burn-out". Diese Mitarbeiter übernehmen für sich selbst Verantwortung. Ihnen kann häufig sehr schnell geholfen werden. Aber wir haben es auch zunehmend mit Mitarbeitern zu tun, die unter Depressionen und anderen schweren psychosomatischen Erkrankungen leiden und in eine klinische Behandlung vermittelt werden müssen.

Sind die Deutschen ein Volk von Erschöpften?
Das würde ich so pauschal nicht sagen. Doch deutsche Arbeitnehmer gelten ja als besonders fleißig und perfektionistisch. Es ist in der Tat so, dass wir in unserer Beratungspraxis viel mit dem Phänomen der Erschöpfung, also mit Burn-out, zu tun haben.

Wie können sich Arbeitnehmer gegen diesen negativen Stress wappnen?
In turbulenten Zeiten sollte sich jeder vor Augen führen, dass Krisenzeiten vorübergehen und dass man auch früher schon schwierige Situationen gut gemeistert hat. Krisen gehören zum Leben und lassen Menschen wachsen.

Was kann der Einzelne tun, um fit und auf der Höhe der Zeit zu bleiben?
Er muss herausfinden, was für eine Persönlichkeit er ist, welche Stärken er hat und wofür sein Herz brennt. Am wichtigsten ist aber, eine ausgewogene Balance zwischen Arbeit und Freizeit zu finden. Die meisten geben 80 Prozent ihrer Energie in Arbeit, das ist ungesund. 60 Prozent reichen auch.

Arbeiten von unterwegs

Beschäftigte brauchen keinen festen Arbeitsplatz mehr. Sie können ihr Büro mit Laptop und intelligentem Handy überall aufschlagen – die neue Kommunikationstechnik ermöglicht diese Flexibilität. Was bringt das den Firmen, und was bedeutet es für die Mitarbeiter? Entsteht eine neue Elite, die in der Firmenzentrale die Fäden zieht? Welche Rolle spielt dann noch die Teamarbeit? Besteht die Gefahr, dass der Mensch im Beruf vereinsamt und seine soziale Kompetenz verliert?

Immer schneller

Ohne die Erfindung der Dampflok gäbe es keinen Transrapid, keinen ICE – und viel weniger Mobilität. Die Eisenbahn war ein Durchbruch für mehr Beweglichkeit: Große Mengen an Gütern werden schnell befördert, und Menschen kommen rasch an ihr Ziel. Sehr viel später dann revolutionierten die Hochgeschwindigkeitszüge in Frankreich den Bahnverkehr. Der TGV ist ein Paradebeispiel für den technischen Fortschritt, der auch Schattenseiten hat. Denn oft fallen Stellen weg. Als der TGV in Betrieb genommen wurde, gingen die Beschäftigtenzahlen bei der Bahn massiv zurück. Die Arbeit der Weichensteller wurde von Computern übernommen. Das Foto aus dem Jahr 1989 entstand auf der elektrifizierten Strecke zwischen Paris und Bordeaux, wo die Züge mit 200 Stundenkilometern fahren können.

Mobiles Einsatzkommando

Wer keinen festen Büroplatz hat, sondern von unterwegs aus arbeitet, gilt oft als kreativer Lebenskünstler. Dabei hat dieser Trend viele Nachteile **VON THOMAS FROMM**

Bindfaden-Regen in München, nasskalt, und das Mitte Juli. Anruf bei Thomas Pfaff in Italien. Feinster Sonnenschein, blauer Himmel, blaues Meer. Der Münchner PR-Berater arbeitet gerade von seinem Haus im ligurischen Ventimiglia aus. So wie Weihnachten, Pfingsten, Ostern und einen Großteil des Sommers sowieso. Gut, der Mann sitzt nicht am Strand, sondern an seinem Schreibtisch. Mit Laptop, Smartphone und allem, was man so braucht, wenn man mobil sein will. Aber heute Abend, da sitzt er wieder am Strand. Er sagt, dass es im Grunde auch egal sei, ob er seine deutschen Kunden nun von Ventimiglia oder von München aus berät. Ob er ihnen die Texte aus Oberbayern oder Ligurien schickt, mache keinen großen Unterschied. „Mir geht es um den Tapetenwechsel und das angenehme Klima", sagt er. In dieser Woche fliegt er aber für drei Tage nach Frankfurt: „Es gibt Situationen, da muss man mit dem Körper anwesend sein, da geht es gar nicht anders als präsent zu sein." Dann hoffentlich schnell wieder zurück ans Meer.

Mobile Arbeit, das ist Arbeit von irgendwoher, nur nicht aus dem Büro. Weit weg von Chefs, Kollegen, Partnern. Von der italienischen Terrasse, aus dem nächsten Starbucks in Hamburg-Eppendorf, aus der Flughafen-Lounge, vom Bahngleis im Hauptbahnhof. Und, wenn es Heimarbeit ist, auch aus dem eigenen Wohnzimmer in Gelsenkirchen. Arbeitswissenschaftler sprechen von mobilen Tätigkeiten, wenn Mitarbeiter mindestens zehn Stunden pro Woche außerhalb der eigenen Firma oder der eigenen Wohnung arbeiten. Seitdem Bürotechnik klein ist und transportabel, geht vieles. Laptop, Webcam für schnelle Videokonferenzen, Smartphone, Voicemail, Drucker. Täglich unterwegs, immer erreichbar, ständig vernetzt. Am Anfang waren es nur die klassischen IT-Berufe. Dann wurde die moderne Kommunikationstechnologie einfach Mittel zum Zweck für viele. Heute geht fast alles.

So wie beim selbständigen PR-Mann Pfaff. Sein mobiles Italien-Büro ist wahrscheinlich so etwas wie die gehobene, die idealtypische Form der mobilen Arbeit. Hoher Grad an Freiheit und Selbstbestimmtheit, mobil unterwegs, ein selbst gewählter Lebensmittelpunkt irgendwo zwischen München und Italien. Dazu der richtige Mix aus Sonne, Schreibtisch, Meeresrauschen und Autonomie. Soweit die Klischees. Soweit die eine Seite der Medaille.

Bei den meisten Menschen aber sieht es anders aus. Mobile Arbeitskräfte wissen, wie schwer es ist, im Alltag die Grenzen von Arbeit und Freizeit genau zu ziehen. Arbeit, das war früher die Zeit zwischen 9 und 17 Uhr. Die Zeit danach war Freizeit. Freie Zeit. Wer als digitaler Nomade mit Laptop-Tasche unterwegs ist, hat nur in der Wahrnehmung seiner Kollegen den ganzen Tag Freizeit. Er selbst dagegen hat meistens das Gefühl, 14 Stunden am Tag zu arbeiten. Und der Eindruck ist oft gar nicht so falsch. Bei permanenter Verfügbarkeit wird Arbeitszeit zu einer Frage der Eigenverantwortung. Schafft man es, seine Stunden über den Tag hin so zu organisieren, dass man am Ende wirklich freie Zeit für sich hat? Wann wird aus dem Mix aus zu viel Arbeit, schlechtem Gewissen, Verantwortung und zu hohem Anspruch an sich selbst eine versteckte Form der Selbstausbeutung? Das süße Versprechen der Freiheit ist groß. Aber oft ist auch der Preis, der dafür bezahlt wird, hoch.

Der Grat zwischen neu gewonnener Freiheit und Selbstausbeutung ist schmal. Der amerikanische Soziologe Richard Sennett hat das schon in seinem Werk *Der flexible Mensch* beschrieben; er schildert einen Lebensalltag, wie er hinter den Versprechungen von Freiheit und dem Ende hierarchischer Strukturen tatsächlich stattfindet. Im mobilen, dezentralen Büro ist die Macht unsichtbar. Kontrolle kaum spürbar. Wo früher soziale Bindungen den Alltag bestimmten, werden die Arbeit und ihre Erfordernisse zum alleinigen Taktgeber. Mobil sein aus Prinzip – und weil es effizient ist. Hauptsache, der Internet-Anschluss funktioniert, das Netz ist da – und man hat einen trockenen Platz zum Arbeiten gefunden.

„Die Entwicklung ist Fluch und Segen zugleich."

Dabei fängt es mit Kabeln, Modems und Funkverbindungen oft schon an. „Zu den größten Problemen gehört eine schlecht funktionierende Technik", sagt Hiltraut Paridon vom Institut für Arbeit und Gesundheit der Deutschen Gesetzlichen Unfallversicherung (DGUV) in Dresden. „Wenn ihr Computer oder ihr Handy vor Ort nicht funktioniert, macht das die Leute fertig, das ist für die der totale Stress."

Und selbst wenn alles funktioniert – der Stress beginnt oft mit einem Klick ins Netz. „Mobile Arbeit ist Fluch und Segen zugleich", sagt Daniel Ott von der Forschungsinitiative D21, einem Zusammenschluss von IT-Fachleuten aus Wirtschaft und Politik. „Es ist gut, weil man überall arbeiten kann. Und schlecht, weil Firmen auf diese Weise jede Lücke im Tagesablauf eines Mitarbeiters mit Arbeit füllen können." Und dabei das Geld für einen Büroplatz sparen. „Arbeitsverdichtung" nennen Arbeitssoziologen das Phänomen. Dazu gehört auch, dass Diensreisen nicht mehr unbedingt so ablaufen wie früher. Firmen sparen nicht an der Häufigkeit der Dienstreisen, sondern an deren Qualität. Bei Hotels darf es ruhig mal eine Nummer kleiner sein; bei Flügen bucht man gerne mal den Sieben-Uhr-Flug in der Früh, wenn der billiger ist als der um neun Uhr.

In den Chefetagen weiß man ja: Egal, ob in der Straßenbahn, im Auto, im Zug – gearbeitet werden kann mit Hilfe der neuen Technologien immer und überall. Früher war das ein Thema für IT-Leute. Heute sind alle mit ihren Laptops und Blackberrys unterwegs. Unternehmensberater, Versicherungsvertreter, Vertriebler, Sachbearbeiter. Festangestellte, für die normale Arbeitszeiten gelten, legten „abends oft noch einmal nach", sagt Ado Wilhelm, Bereichsleiter für IT-Themen bei der Dienstleistungsgewerkschaft Verdi. Die säßen dann noch daheim auf der Couch und beuteten sich selbst aus. Oder, wie es Daniel Ott von D21 formuliert: „Man ist nicht verpflichtet, aber man fühlt sich verpflichtet."

Vielleicht ist es kein Zufall, dass Menschen, die viel von unterwegs aus arbeiten, oft pessimistischer sind, wenn es um Themen wie Karriereplanung und Entwicklungsmöglichkeiten, Einkommensverbesserungen und Aufstiegschancen geht. Wer draußen arbeitet, verliert außerdem oft den Kontakt nach drinnen. Die mobilen Arbeiter können auf das Intranet ihrer Firma zugreifen, haben alle Daten vorliegen, stehen in Kontakt mit ihrer IT-Hotline. Aber es fehlt ihnen die tägliche Anbindung an das System, es fehlt das Team, es fehlen die täglichen Seilschaften, die engeren Bindungen zu den Kollegen, die Flurgespräche über das Neueste von der Etage. Es fehlen Nähe, Information und Kommunikation. Die Gewissheit und Verbindlichkeit des direkten Gesprächs. „Man muss unterscheiden, um welche Jobs es eigentlich geht", sagt Hiltraut Paridon vom DGUV-Institut. „Für denjenigen, der auf Montage ist und in einer gefährdeten Branche arbeitet, ist die Angst vor dem Arbeitsplatzverlust größer als bei Leuten, die ab und zu mal eine Dienstreise machen."

Der digitale Trabant stochert nicht selten im Nebel, und oft wird der, der draußen ist, zum reinen Dienstleister derjenigen, die drin sind. Ohne gestalterische Möglichkeiten, weit weg von Konferenzen, Hintergrundzirkeln und Hierarchien. Mobile Arbeiter eignen sich kaum für Führungsjobs. Weil die meisten Chefs einen Großteil ihrer Zeit nicht auf Bahnhöfen verbringen, sondern bei ihren Teams. So entsteht in Konzernen eine neue Elite. Es ist die immer kleiner werdende Gruppe derjenigen, die sich im Büro vereinigt. Ihr gegenüber steht die immer größer werdende mobile Einheit.

Viele große Unternehmen haben längst erkannt, dass sie ihre Mitarbeiter für die Probleme draußen sensibilisieren müssen – und bieten Schulungen zu Themen wie Zeitmanagement und Stress und Work-Life-Balance-Kurse an. „Niemandem ist geholfen, wenn die Leute reihenweise unter Burn-out leiden und umfallen", sagt Ott. Denn so viel steht fest: Es werden immer mehr, die sich an Bushaltestellen, auf Parkplätzen und in Cafés ins firmeneigene Intranet einklinken. Es geht um 160 Millionen Dienstreisen allein in Deutschland im Jahr. Vor ein paar Jahren waren es nur wenige Beschäftigte, aber Studien zufolge sollen es bis 2020 an die 80 Prozent sein, die mobil arbeiten. Mit Computern und Smartphones bewaffnete mobile Einsatzkräfte, die vor Bahngleisen sitzen und tippen.

Einig sind sich alle: Was viele Menschen da draußen eigentlich bräuchten, wäre mehr Unterstützung in Fragen der Lebensführung, wären etwa Kurse, wie sie manche Konzerne eben schon anbieten. „Als Puffer gegen die hohe Belastung", sagt Paridon. Nur – wie will man die organisieren, wenn diese Leute ständig auf Achse sind?

Als sie jung war, war Krieg, schlimmer konnte es kaum werden. Danach war man nicht so anspruchsvoll, sagt Stefanie Marschalek.

Zwölf Tage Urlaub im Jahr

Das Angestelltendasein war früher nicht besser als heute. Aber die Menschen waren damals anders. Ein Gespräch mit einer ehemaligen Lohnbuchhalterin VON MARIANNE KÖRBER

Sie war zwölf, als der Krieg anfing, und 18, als er zu Ende war. In dieser Zeit machte Stefanie Harbich ihren Abschluss an der Mittelschule, die damals in der Tschechoslowakei noch Bürgerschule hieß, und danach musste sie erst einmal auf einen Bauernhof. Das von den Nazis 1938 eingeführte Pflichtjahr war fällig, das alle Frauen unter 25 Jahren ableisten mussten. Die Arbeitsämter schickten die Mädchen in die Land- oder Hauswirtschaft, um sie auf ihre künftige Rolle als Hausfrau und Mutter vorzubereiten. Erst dann durften sie eine Lehre beginnen. Und die Lehrjahre waren damals hart, wie auch allgemein das Berufsleben deutlich mühsamer war als heute. Die Erlebnisse von Stefanie Harbich, die heute Marschalek heißt, zeugen davon.

Die junge Stefanie kam in die Heinrichsthaler Papierfabrik in Nordmähren. Dort waren schon Stefanies Vater und ihre Großeltern tätig, und sie erlernte den Beruf der Bürogehilfin. 30 Reichsmark gab es im ersten Lehrjahr, 40 im zweiten, zwölf Tage Urlaub. Ob sie den Beruf wollte? Das hat keiner gefragt. An den Ort kann sie sich gut erinnern: „Am Fabriktor war eine Uhr, und die Mädchen haben morgens immer darauf geschaut und gesagt: Lieber Gott, lass Abend werden, wenn möglich schon am Morgen." Aber sie habe sich in den zwei Jahren der Ausbildung viel Wissen angeeignet, sagt sie. Stefanie durchlief alle Abteilungen, kam in den Einkauf – und in die Lohnbuchhaltung, der Bereich, in dem sie schließlich ihr Leben lang arbeiten sollte.

Mit harten Zeiten wurden die jungen Menschen früh konfrontiert. Als Stefanie im Herbst 1944 in die Rüstung gesteckt wurde und für die Siemenswerke Motorenteile einbaute, hatte ihr Arbeitstag zwölf Stunden. Minderjährig oder nicht, sie musste Nachtschichten mitmachen. Auch samstags wurde geschuftet, und selbst vom fleißigen Arbeiten wurde man nicht gerade reich. Stefanie heiratete jung, wie es üblich war. Sie hieß nun Marschalek. Ein Kind kam zur Welt, es starb „in diesen schlechten Zeiten". Sie erzählt nicht viel darüber. Nach dem Krieg wurden die Marschaleks aus der Tschechoslowakei ausgewiesen, nach Württemberg. Wo sie und ihr Mann, ein Schlosser, einerseits gebraucht wurden, da es nach dem Krieg überall zu wenig Fachkräfte gab, andererseits aber waren sie als Fremde nicht sehr willkommen.

Stefanie ließ sich als Näherin in einer Wäschefabrik anlernen, um ein bisschen Geld zu verdienen. Das tat sie, bis es ihnen schließlich nach sieben Jahren gelang, von Württemberg wegzukommen und nach Kolbermoor in Bayern zu ziehen, in die Nähe der Eltern.

> „Lieber Gott, lass Abend werden, wenn möglich schon am Morgen."

In Rosenheim fand Stefanie eine Stelle, in der sie sich wohlfühlte. Sie kam in die Lohnbuchhaltung bei einem großen Hersteller von Damenoberbekleidung; dort wurden Mäntel und Kostüme geschneidert, fast ein reiner Frauenbetrieb. Die Näherinnen kamen oft von weit her, waren Stunden unterwegs, bevor sie anfangen konnten zu arbeiten. Das war um sieben Uhr früh. Vormittags gab es eine kurze Pause, mittags hat jeder seine mitgebrachte Brotzeit verzehrt. „Die haben unheimlich viel geleistet", sagt Marschalek, aber trotz allem, was man heute so Stress nennt, war das Arbeitsklima gut. Man war froh, eine feste Stelle zu haben. „Die Menschen waren damals nicht so anspruchsvoll, man war einfach bescheidener, zufriedener. Ich kann nicht verstehen, wie unzufrieden die jungen Leute heute oft sind", sagt die frühere Bürogehilfin.

Sie hatte einen verantwortungsvollen Job. Der andere glücklich machte, denn sie war nicht nur für die Lohnbuchungen, sondern auch für die Geldausgabe zuständig. Jeden Freitag gab es einen Vorschuss, einmal im Monat wurde abgerechnet. Bezahlt wurde in bar damals. „Wenn ich mit meiner Kiste mit den Lohntüten kam, da haben sich die Frauen gefreut", sagt Marschalek. Und sie haben nachgezählt, ob auch alles stimmt.

Lohnbuchhalterei war in den 1950er und 1960er Jahren weitgehend Handarbeit. „Die hatten nicht einmal eine Rechenmaschine, wir haben alles selbst gerechnet", erzählt Marschalek. Ob sie gut in Mathe war? Sie lacht, höhere Mathematik sei das nicht gerade gewesen. Aber mühevoll: „Wir hatten die Lohnsteuertabellen und die Sozialversicherungstabellen, das musste ja alles extra vorgearbeitet werden, jeder Arbeitnehmer hat eine andere Steuerklasse, das musste vom Bruttobetrag alles aus den Tabellen abgelesen und vorgetragen werden, und dann konnte das erst gebucht werden, das war noch diese Durchschreibebuchhaltung. Das kann man sich heute gar nicht mehr vorstellen." Das klingt verwirrend, kompliziert, umständlich. Doppelte Buchführung, per Hand?

Schwer vorstellbar ist auch, dass sie als Buchhalterin nie vom ersten bis zum zehnten eines Monats Urlaub machen durfte, denn in dieser Zeit war sie unabkömmlich. Aber das war in einer anderen Firma, bei Conradty in Kolbermoor. Dorthin war sie gewechselt, weil der Rosenheimer Textilhersteller 1971 aufgelöst wurde.

Dass sie genommen wurde, empfindet Marschalek heute noch als großes Glück. Denn damals war sie „schon 44, eigentlich zu alt fürs Büro", sagt sie, die Kolleginnen waren im Schnitt 15 Jahre jünger. Ihre Tätigkeit in der neuen Firma war ähnlich wie die vorherige, die Atmosphäre auch gut, aber anders. Denn Conradty, ein Hersteller von Kohle- und Graphitprodukten, war „ein Männerbetrieb". Schwere, schwarze Arbeit, sagt Marschalek, das färbt ab.

Viele Jahre hat sie dort noch gearbeitet, hat Vorarbeiten für die Lohnbuchungen gemacht, ohne Computer. Die Buchungen selbst wurden dann im Hauptwerk bei Nürnberg erledigt. Das Unternehmen gibt es noch, das Zweigwerk in Kolbermoor nicht mehr.

Stefanie Marschalek hat bei Conradty bis zum Rentenalter gearbeitet, das damals für Frauen noch bei 60 lag. Kurz vor dem Abschied aus dem Berufsleben wurde sie schwer krank, bekam Krebs, fühlt sich seitdem nicht mehr richtig fit.

Um sie herum hat sich vieles geändert, aber sie selbst ist sich treu geblieben: Sie wohnt immer noch in derselben Wohnung, in die sie vor 40 Jahren eingezogen waren, und die Einrichtung hat Marschalek auch so gelassen, nachdem ihr Mann gestorben war. Das war vor zehn Jahren. Einen Computer hat sie immer noch nicht, auch kein Handy, und den Haushalt macht sie auch mit 84 noch allein. Nach dem Austritt aus dem Berufsleben hat sie lange Angehörigen beim Papierkrieg geholfen, zum Beispiel bei der Steuererklärung. Dafür hatte sie eine schwere elektrische Schreibmaschine, doch die ist vor einigen Wochen kaputtgegangen. Ihr Neffe hat sie entsorgt. Nichts ist für die Ewigkeit.

Altwerden ist nicht schön, sagt sie, aber sie käme nicht auf die Idee, sich zu beschweren. Damals, als sie aufgewachsen ist, war man, wie gesagt, bescheidener. Das prägt. Ob das Leben früher besser war? Nein, das glaubt sie nicht, „da werden oft Märchen erzählt".

Der demographische Wandel

Die Menschen werden älter und sie bleiben länger gesund. Immer weniger Arbeitnehmer kommen für die Renten auf. Das kann nicht mehr lange gutgehen. Die Konsequenz: Das Renteneintrittsalter wird heraufgesetzt. Lebenslanges Lernen und Beschäftigungsfähigkeit bis ins hohe Alter werden wichtig. Doch wie kann das gelingen? Was sind gesunde Arbeitsplätze? Und wie kann Arbeit für alte Menschen gestaltet werden? Wie zukunftsfähig sind Senioritätsprinzipien?

Die Fischerin von Vigo

Galicien lebt vom Fischfang. Er ist ein wichtiger Industriezweig im Nordwesten Spaniens – und Vigo ist ein wichtiger Fischereihafen in der Region. Es gibt sie noch, die Familienbetriebe, die ihr Auskommen durch den Fischfang haben. Das Foto aus dem Jahr 1988 zeigt Frauen, die bei Ebbe Muscheln ernten. Es sind Fischerfrauen, die bis ins hohe Alter mitarbeiten. Sie ernten die Muscheln nicht zum eigenen Verzehr, sondern um sie zu verkaufen. Die Familienbetriebe werden aber weniger. Meerestiere, Austern und Schalentiere haben sich von der galicischen Küste zurückgezogen. Vigo ist heute Heimathafen der größten Fischereiflotte des Landes, deren Fanggewässer bis nach Grönland reichen. Die Hochseefischerei und der Fischfang im Familienverband liefern den Fisch für die weiterverarbeitenden Fabriken.

Alte raus, Junge rein – das war einmal

Es werden immer mehr Menschen länger arbeiten müssen, weil der Nachwuchs fehlt. Und darin liegt eine Chance VON DAGMAR DECKSTEIN

Das waren noch Zeiten! Man schrieb die frühen achtziger Jahre, und es tobte gerade der Kampf zwischen Bundesregierung, Gewerkschaften und Arbeitgeberverbänden um die Einführung der Frühverrentung, die dann einige Jahre später als sogenannte 58er Regelung in den allgemeinen Sprachgebrauch und in die weithin übliche betriebliche Praxis Eingang fand. Wer wollte, konnte schon mit 58 und mit finanziellen Zuschüssen abgepuffert in Rente gehen.

„Warum", so fragte der damalige Bundesarbeitsminister Norbert Blüm, CDU, eingängig vereinfachend, sollten ältere Arbeitnehmer länger arbeiten, „als sie selbst es wünschen, während jüngere arbeitslos sind"? Alte raus, Junge rein – das war allgemeiner Konsens in diesen Jahren, da es galt, die 2,1 Millionen Arbeitslosen endlich wieder in Lohn und Brot zu bekommen. „Arbeit ist knapp geworden, in allen westlichen Industriestaaten. Da die hochentwickelten Wohlstandsnationen nicht mehr im Tempo der ersten Nachkriegsjahrzehnte wachsen, da sie zudem ihre Waren immer rationeller herstellen, gibt es zu wenig bezahlte Jobs", befand damals auch der Spiegel. Wenn da auch noch die Alten den Jungen die Arbeitsplätze versperren, wo käme man da hin?

Nur die IG Metall, die wie einige andere Gewerkschaften das Mantra der Wochenarbeits- statt der Lebensarbeitszeitverkürzung vor sich hertrug, ahnte, was blühen könnte. Gäbe es erst die Möglichkeit, Ende fünfzig ohne nennenswerte finanzielle Einbußen in Rente zu gehen, dann, so prophezeite der damals Zweite Vorsitzende der IG Metall, Franz Steinkühler, würden die 58-Jährigen in den Betrieben „gejagt wie die Hasen".

So kam es dann auch nicht selten. Auf jeden Fall boten diese letzten drei Jahrzehnte den fruchtbarsten Nährboden für die bis heute tief wurzelnde Überzeugung in den meisten Köpfen, dass Menschen mit 50 plus zu nicht mehr viel zu gebrauchen seien in der modernen Arbeitswelt. Erst langsam hebt eine neue Zeit an, in der es wieder auf Hasenjagd gehen könnte, allerdings unter umgekehrtem Vorzeichen. Statt von Rente mit 58 ist längst von Rente mit 67, mit 69, wenn nicht gar mit 70 die Rede. Nicht mehr Massenarbeitslosigkeit, sondern Fachkräftemangel in einer alternden Gesellschaft mit immer weniger Nachwuchs lautet das Bedrohungsszenario der Gegenwart. Angesichts der nach wie vor tief sitzenden Mentalformel „alt = unbrauchbar" ist nichts Geringeres als ein regelrechter Paradigmenwechsel in Wirtschaft und Gesellschaft vonnöten.

Zahlen allein können den nicht herbeiführen, aber sie können zumindest den Ernst der Lage angesichts der bevorstehenden dramatischen Verschiebungen zwischen Alt und Jung untermauern. Immerhin ist der demographische Faktor eine unumstößliche Größe, die sich von Politik und Wirtschaft so gut wie nicht mehr beeinflussen lässt: Die Abiturienten und Berufseinsteiger des Jahres 2025 kann man zählen, weil sie schon geboren wurden. Die geburtenstarken Jahrgänge der 1950er und 1960er Jahre werden in diesem und im nächsten Jahrzehnt in Rente gehen und ihre Kinder von 2035 an. Auch nach dem optimistischsten Szenario des Statistischen Bundesamts wird die Bevölkerung in Deutschland 2050 um fünf Millionen auf 77 Millionen schrumpfen, selbst wenn die Geburtenrate bis dahin von 1,4 auf 1,6 Kinder je Frau steigen und sich die Netto-Abwanderung in eine Netto-Zuwanderung von 200 000 Menschen pro Jahr drehen sollte.

Oder, wie die jüngste Studie der Bertelsmann-Stiftung die demographische Malaise für den Arbeitsmarkt zusammenfasst: Während die Zahl der 45- bis 64-Jährigen von 2006 bis 2025 um 1,4 Millionen zunimmt, wird sich die Zahl der jüngeren Erwerbstätigen von 25 bis 44 Jahren in diesem Zeitraum um 3,7 Millionen verringern.

Die Ansage der Bertelsmann-Experten ist klar und deutlich: „Ältere Arbeitnehmer werden angesichts der abnehmenden Zahl junger Menschen am Arbeitsmarkt immer wichtiger für die Betriebe. Die Betriebe sind deshalb dafür zu sensibilisieren, diese Altersgruppe intellektuell und fachpraktisch durch passende Qualifizierungsangebote und auch gesundheitlich möglichst lange fit und leistungsfähig zu halten. Perspektivisch werden in stärkerem Maße als bisher ältere Menschen als Mitarbeiterinnen und Mitarbeiter rekrutiert werden müssen."

Werden, sollten, müssten. Wer es wissen wollte, konnte es wissen. Als einsamer Rufer in der Wüste geht der Sozialwissenschaftler Meinhard Miegel mit seinem Bonner Institut für Wirtschaft und Gesellschaft schon seit den siebziger Jahren mühselig hausieren mit seinen Warnungen vor der demographischen Bombe, die gehörig am traditionellen Rentensystem nagen werde.

Auch als der britische Wirtschaftsexperte Paul Wallace 1999 sein Buch *Altersbeben* vorlegte, wurde zwar freundlich rezensiert, aber vom prognostizierten „Ende des Jugendwahns" war weit und breit keine Spur zu entdecken. Im Gegenteil, noch zu Anfang der 90er Jahre frohlockte eine rot-grüne Bundesregierung, dass sich dann ja endlich das Problem der Massenarbeitslosigkeit in Wohlgefallen auflösen würde: „Langfristig wird das Erwerbspotential zurückgehen, und damit wird sich die Lage auf dem Arbeitsmarkt entspannen", argumentierte man im Hause von Arbeitsminister Walter Riester – und erklärte so nebenbei, warum ein Ausbau der Frührente zur Entlastung des Arbeitsmarkts nur vorübergehend nötig sei.

Inzwischen ist die Lage aber alles andere als entspannt. Der Fachkräftemangel wirft mittlerweile nicht mehr nur seine Schatten voraus, er ist in vielen Unternehmen schon zur beklagten Realität geworden. Aber noch ist der Usus, gesunde und leistungsfähige Menschen mit 60, 62 oder 63 in Rente zu schicken, gang und gäbe, wenn auch deutlich verhaltener als in den wilden Blüm-Jahren. Dass der Verschleuderung volkswirtschaftlicher Ressourcen schon aus der demographischen Not heraus Einhalt geboten wird, belegen die letzten Zahlen der Bundesagentur für Arbeit: „Die Teilnahme am Erwerbsleben wächst bei Älteren stärker als in der Gesamtbevölkerung", stellte BA-Chef Frank-Jürgen Weise fest.

Sie werden die 58-Jährigen wieder jagen.

Zwischen 1999 und 2009 habe sich der Anteil der 55- bis 65-Jährigen, die noch berufstätig sind, um 25,5 Prozent gesteigert. Nach den Daten der Bundesregierung aus dem Jahr 2010 hat sich der Anteil der 60- bis 64-Jährigen unter den Arbeitnehmern seit 2000 auf 41 Prozent verdoppelt. Das ist nicht zuletzt vorausschauender Personalpolitik in immer mehr Unternehmen geschuldet. Etwa beim Autohersteller Audi, der hochgerechnet hat, dass 2015 voraussichtlich jeder dritte Mitarbeiter in der Produktion älter als 50 Jahre sein wird.

Bereits 2007 startete die VW-Tochter mit dem Sportflitzer R8 das Pilotprojekt „Silver Line" in Neckarsulm. Damit will Audi Erfahrungen sammeln mit dem Einsatz älterer Mitarbeiter. Die Arbeitsplätze sind voll ergonomisch. Das höhenverstellbare Transportsystem erlaubt es den Arbeitern, die Karosserie auf eine Arbeitshöhe zu bewegen, die ihnen angenehm ist. Das kostet zwar etwas Zeit, wird aber durch geringere Ermüdung wettgemacht. Oder der Fernsehgerätehersteller Loewe in Kronach. Von den 1100 Mitarbeitern sind 30 Prozent älter als 50. Schon seit 2005 kümmert sich die Firma um ältere Arbeitnehmer: Es gibt Gesundheitsförderung und Ausgleichsgymnastik. Außerdem ergonomische Arbeitsplätze, aber auch Angebote zum „lebenslangen Lernen".

Langsam, aber unaufhaltsam, machen solche Beispiele Schule. Im Vordergrund stehen dabei vor allem die betriebswirtschaftlichen Erwägungen wachstumsorientierter Unternehmen, die sich das Erfahrungspotential ihrer immer fitter älter werdenden Arbeitnehmer möglichst lange sichern wollen. Die zweite rechenbare Größe bildet die in immer größere Nöte geratende Rentenversicherung, wenn eine weiter schrumpfende Anzahl Junger eine weiter wachsende Zahl Rentner alimentieren soll. Aber das ist noch lange nicht die ganze Wahrheit der demographischen Entwicklung. Die setzt vielmehr bei der Rückerinnerung an eine vielleicht anthropologische Konstante an, dass sich der Mensch nützlich erweisen will für die Gemeinschaft, in der er lebt.

„Wer gesunde Menschen, die 90 Jahre alt werden können, dazu verlockt, mit 60 in den Ruhestand zu gehen, schickt sie auf einen gefährlichen Weg", sagt etwa die Leiterin des Zentrums für lebenslanges Lernen an der Jacobs Universität Bremen. „Wir unterschätzen massiv, wie zentral Arbeit für das Wohlbefinden des Großteils der Bevölkerung ist."

Das wurde im Übrigen auch seinerzeit, als die Debatte über Frühverrentung versus Wochenarbeitszeitverkürzung die Republik bewegte, schon so gesehen, aber geflissentlich ignoriert. Immerhin lautete der Spiegel-Titel 1983: „Wer nicht arbeitet, wird schneller alt."

Norbert Wittekindt am Arbeitsplatz im Prüflabor. Der Ingenieur radelt jeden Tag die zehn Kilometer von seinem Wohnort Aalen ins Hauptquartier seines Arbeitgebers Carl Zeiss nach Oberkochen – und das nun schon seit 42 Jahren.

„Vielleicht mache ich mich selbständig"

Norbert Wittekindt leitet das Test-Zentrum bei Carl Zeiss und unterzieht Geräte strengen Stresstests. Er würde gerne weiter arbeiten, doch er soll bald in Rente gehen VON DAGMAR DECKSTEIN

Nur mal angenommen, bei Norbert Wittekindt handele es sich um jenen legendären Dachdecker, dem angeblich keinesfalls zuzumuten sei, mit 65 oder gar mit 67 Jahren noch auf den Dächern herumzusteigen. Das wäre für den drahtigen und schlanken Mann wohl eine der leichtesten Übungen. Jeden Tag, bei Wind und Wetter, radelt er die zehn Kilometer von seinem Wohnort Aalen ins Hauptquartier seines Arbeitgebers Carl Zeiss nach Oberkochen, und das nun schon seit 42 Jahren. Dazu joggt er regelmäßig drei Mal die Woche ähnlich lange Strecken und beteuert, er liefe bei firmeninternen Wettbewerben auch den halb so Alten stets davon.

Insofern ist Norbert Wittekindt ein Bilderbuchbeispiel für den gerontologischen Dauerbrenner, dass körperliche Bewegung mit als Garant für physische und geistige Fitness bis ins hohe Lebensalter gilt. Nicht von ungefähr gehören Gesundheits-und Sportprogramme zum Standardrepertoire jener Firmen, die ihre zusehends alternden Belegschaften rege und bei der Stange halten wollen.

Bei Norbert Wittekindt hat sich die Eigenfürsorge in Sachen Fitness offensichtlich ausgezahlt. Er geleitet die Besucher von der gläsernen Firmenzentrale über ein paar von Gestrüpp überzogenen Steintreppen hinauf in seine Folterkammer. „Unser Ho-Chi-Minh-Pfad", lacht er. Der führt an einer Großbaustelle vorbei, wo gerade die neue Kantine für die 5000 Beschäftigten am Standort Oberkochen entsteht. Auf dem kürzeren, aber steileren Hintertreppenweg, auf dem Wittekindt locker zwei Stufen mit einem Schritt nimmt, erklärt er schon mal ungefragt, dass ihm bei Carl Zeiss nicht einen Tag in den letzten 42 Jahren langweilig gewesen sei. Schon gar nicht in den vergangenen

17 Jahren, da er sozusagen der oberste Folterknecht war in diesem kleinen, bunkerähnlichen Anbau oberhalb der Firmenzentrale, im Testcenter.

Dass Carl Zeiss nach wie vor weltweit führend ist in der optischen und opto-elektronischen Industrie – Wittekindt beansprucht seinen gehörigen Anteil daran. Im Testzentrum unterwirft der einst in Marburg geschulte Ingenieur die im Hause Carl Zeiss entwickelten Geräte. Vom mobilen Operationsmikroskop für Augenärzte über bewegungsgedämpfte Ferngläser bis zu den Linsen von flug- oder satellitengesteuerten Kameras werden in Wittekindts Folterkammer Produkte von der Entwicklung an Stresstests unterzogen, die so ziemlich alle möglichen Misshandlungen simulieren. Für die gläsernen Linsen und das metallene Gehäuse entsteht beispielsweise ein enormer Stress, wenn ein Fotograf aus seiner geheizten Stube in den frostigen Winter hinausgeht. Das können Wittekindt und seine beiden 39- und 51-jährigen Kollegen in der Kältekammer und in der Thermokammer zwischen 70 Grad minus und 40 Grad plus simulieren.

Aber da gibt es auch den lautstarken Schwing-Erreger, der zum Beispiel ein medizintechnisches Gerät Alltagsbeanspruchungen im Klinikbetrieb unterwirft, oder Tausende Transportkilometer im Lkw rüttelnd nachvollzieht, auf die ein Röntgenteleskop geschickt wird. Langzeittests, Vibrations- und Fallversuche gehören zur Folterprozedur.

Folterchef Wittekindt ist derart in seinem Element, springt mit leuchtenden Augen von dieser Versuchsanordnung mit diesem kalten Frontlinsenkandidaten zum Regenmacherraum mit Salzwasser-Simulationsfähigkeit, dass man glaubt, wie soll Carl Zeiss ohne diesen quirligen, leidenschaftlichen Experten eigentlich überleben? „Wir haben es inzwischen geschafft, die Anfangsfehler um den Faktor 50 zu reduzieren", sagt er. Kein neues Zeiss-Produkt kommt auf den Markt, ohne dass es bei Wittekindt und seinen Kollegen gelitten hätte. Aber Wittekindt leidet nun selbst ein wenig.

2011 wurde er 65 Jahre alt, und nun ist Schluss mit – lustig? „Ja, leider", meint der Mittsechziger, der eine große Befriedigung aus seinem „Jagdinstinkt" auf der Suche nach Fehlern in Zeiss-Produkten zieht. Er könne noch lange weiterarbeiten, sagt er, „und wir müssen uns da endlich verabschieden vom Jugendwahn." Bei Carl Zeiss gibt es aber erst mal nur die Lösung, auch den sprühenden und fitten Norbert Wittekindt in Rente zu schicken. Etwas anders ist nicht vorgesehen – weder im Rentensystem des Staates noch in den entsprechenden Regularien der Unternehmen. Bei Carl Zeiss zum Beispiel sind gerade noch 2,3 Prozent aller Beschäftigten älter als 60 Jahre, das Durchschnittsalter der Belegschaft liegt derzeit bei 40,9 Jahren.

Wittekindt rechnet in Sekunden aus: „Es müssten eigentlich 12,5 Prozent der Zeissianer jenseits der 60 arbeiten, wenn wir die Demographie berücksichtigen." „Nun ja", meint er, „auch bei Zeiss ist viel Beständigkeit verlorengegangen, die schnelle Profitdenke hat den Faktor Mensch überwölbt".

Wenn es nach ihm ginge, so würde er „sehr, sehr gerne" noch ein, zwei, auch drei Jahre mehr anhängen an seine Leidenschafts-Berufstätigkeit. Aber dann vielleicht in Form einer Drei-Tage-Woche. Da könne er dann bis weit über die 70 hinaus, wenn er denn weiterhin gesund bliebe, Zeiss-Produkte dem Stresstest unterziehen.

Immerhin ist Wittekindt einer von gerade mal zehn Prozent deutscher Arbeitnehmer, die bis 65 noch fest in Lohn und Brot sind. Auch ihm wurde im Krisenjahr 2009, da war er 62, angeboten, nun aufzuhören. Auch davor und danach sollte er schon über Altersteilzeitangebote nachdenken. „Das mochte ich aber alles nicht", sagt Wittekindt, „ich war und bin gesund, ich bin nie gemobbt worden von Kollegen oder Vorgesetzten, die Arbeit macht mir ungeheuer großen Spaß und sie wird mir nie langweilig."

Das Durchschnittsalter der Belegschaft liegt bei 41 Jahren.

Ein Professor der Uni Marburg wies ihm vor 42 Jahren den Weg zu Carl Zeiss, weil die Oberkochener schon damals führend bei Farbstofflasern und Mikroskopie waren. Also begann Wittekindt am 1. April 1969 in Oberkochen als Entwicklungsingenieur, arbeitete jahrelang im Vertrieb mit Kunden, um sich dann als erfahrener Produktkenner wieder mit seiner altangestammten Tüftlerleidenschaft im Testlabor seiner bis heute schwergeliebten Aufgabe zu widmen. Wittekindt wird weiter laufen und Fahrrad fahren, er hält wohl weiterhin Gastvorlesungen an der Fachhochschule Aalen und an Esslingens Technischer Akademie. „Und vielleicht", sagt er, „mache ich mich noch mit einem Beratungsbüro selbständig."

Zumindest für seinen Arbeitgeber Carl Zeiss ist die Rechnung aufgegangen. Das Mannheimer Zentrum für Europäische Wirtschaftsforschung hat unlängst auf die demographisch wenig nachhaltige „gedrehte Entlohnung" hingewiesen, die sich in den Unternehmen eingebürgert hat: Mitarbeiter werden in den ersten Jahren ihrer Betriebszugehörigkeit unterhalb, in den letzten Jahren oberhalb ihrer Produktivität entlohnt. Das schaffe zwar eine feste und lange Bindung motivierter Mitarbeiter, aber mache die Einstellung älterer Arbeitnehmer unattraktiv.

Der Fachkräfte-mangel

Die deutsche Wirtschaft sucht händeringend qualifizierte Mitarbeiter. Es fehlen Ingenieure, Techniker und Menschen in sozialen Berufen. Wissen wird immer wichtiger – wer keine Ausbildung hat, bleibt chancenlos. Auch wer schon lange im Berufsleben steht, muss sich weiterbilden. Doch wo liegen die Grenzen der Qualifizierung? Welche Jobs sind in Zukunft gefragt? Brauchen wir mehr Einwanderer? Wie stark schrumpft die Bevölkerungszahl?

Wilde Quellen

Nach dem Golfkrieg 1991 legte sich Dunkelheit über Kuwait. Mehr als 500 Ölquellen spuckten brüllende Flammen in den schwarzen Himmel. Die Spezialisten vor Ort nannten sie „wilde Quellen" – außer Kontrolle geratene Ausbrüche, pures Rohöl, meistens haushohe lodernde Flammenwände. Es dauerte ein Jahr, bis die Brände gelöscht waren. Es war eine schwierige und schmutzige Arbeit, die Quellen unter Kontrolle zu bringen. An der Katastrophenbekämpfung waren viele Spezialisten unter anderem von den texanischen Unternehmen Red Adair Company, Boots and Coots und Wild Well Control beteiligt. Das Foto zeigt einen Arbeiter der kanadischen Firma Safety Boss aus Calgary. Er wurde wegen der austretenden Gase ohnmächtig und von seinen Kollegen in Sicherheit gebracht.

Kluge Köpfe verzweifelt gesucht

In 15 Jahren werden Millionen qualifizierte Mitarbeiter fehlen, wenn Unternehmen und Politik nicht gegensteuern. Doch das ist schwierig VON THOMAS ÖCHSNER

Hans Müller versucht wirklich alles. Der Warenkaufmann, dessen Arbeitgeber 2010 pleiteging, hat 90 Bewerbungen im Großraum München verschickt – von einem Drittel der Unternehmen bekam er nicht einmal Absagen. Zweimal schaffte es Müller (Name von der Redaktion geändert) bis zum Bewerbungsgespräch. Er hatte ein gutes Gefühl – eingestellt wurde er nicht. Heute ist sich Müller sicher: „Es liegt an meinem Alter." Der Arbeitslose ist 59.

„Ich bin fit und will nicht zu Hause herumsitzen", sagt er. Geholfen hat dies dem ehemaligen Einkaufsleiter nichts. Dabei sind Verkäufer und Warenkaufleute gesucht. Sie stehen bei der Bundesagentur für Arbeit (BA) auf Platz eins der Liste der Berufsgruppen, für die es am meisten offene Stellen gibt. Aber Müller ist, das sagen auch seine Betreuer in der Arbeitsagentur, den Firmen zu alt.

Wenn die Zukunft so wird, wie es Arbeitsmarktforscher voraussagen, können Unternehmen in Deutschland sich solche Absagen bald nicht mehr leisten. Die Absagen bekommen dann sie selbst.

Was darin zum Beispiel stehen könnte, hat die Zeitschrift *Human Resources*, ein Fachorgan für Personalmanager, unlängst auf ihrer Titelseite veröffentlicht: „Meine Recherchen im Internet haben ergeben, dass Ihre Unternehmenskultur ausbaufähig ist. Es soll ein rauer Ton herrschen und wenig Handlungsfreiraum sowie Entwicklungsmöglichkeiten geben", heißt es in dem Brief. Und weiter ist dort zu lesen: „Ich weiß, dass Sie keine flexiblen Arbeitszeitmodelle anbieten. Auf diese wäre ich aber angewiesen, da ich zwei Kinder habe." Der Brief endet mit dem Hinweis: „Sollten Sie Ihre Defizite in der Zukunft abstellen, können Sie mich gerne kontaktieren." Das Schreiben ist natürlich fiktiv, aber es zeigt, wohin die Reise am Arbeitsmarkt gehen könnte. Wegen des Mangels an Fachkräften wird es, zumindest in bestimmten Berufen, noch viel stärker als bisher einen Kampf um gut qualifizierte Mitarbeiter geben.

Doch sind Fachleute wirklich knapp? Im November 2010 wollte Karl Brenke, Arbeitsmarktexperte des Deutschen Instituts für Wirtschaftsforschung (DIW), einen Aufsatz mit dem Titel veröffentlichen *Fata Morgana Fachkräftemangel*. Die wichtigsten Thesen des Berliner Wissenschaftlers: Für ein generell knappes Angebot an Arbeitskräften lassen sich keine Belege finden. Die Löhne der Fachkräfte sind kaum gestiegen. Die Zahl qualifizierter Arbeitsloser ist größer als die Zahl der offenen Stellen.

Pech nur, dass der damalige Chef von Brenke, Ex-DIW-Präsident Klaus Zimmermann, das etwas anders sah. Sein Untergebener musste deshalb zumindest die Überschrift der Studie abschwächen. *Fachkräftemangel kurzfristig noch nicht in Sicht*, lautete nun der Titel. Der Inhalt bleibt bemerkenswert: „Bei den akademischen naturwissenschaftlich-technischen Berufen ist angesichts des Anstiegs der Studentenzahlen in den kommenden Jahren nicht damit zu rechnen, dass der Bedarf nicht gedeckt werden kann", schreibt der DIW-Experte. Er warnt davor, sich von Klagen der Wirtschaftsverbände blenden zu lassen.

> „Es wird nicht gelingen, jeden Hartz-IV-Empfänger zum Ingenieur zu machen."

Nun steckt hinter dem permanenten Jammern stets auch ökonomisches Kalkül: Firmen wollen ihre Mitarbeiter aus einem möglichst großen Pool auswählen. Sinkt das Angebot an bestimmten Arbeitskräften, steigen dafür die Preise – und damit die Löhne. Aber ist es deshalb eine mediale Fata Morgana, wenn vor dem Fehlen kluger und qualifizierter Köpfe gewarnt wird?

Derzeit bewertet die Bundesregierung die Lage noch nicht als dramatisch: „Momentan liegt in Deutschland noch kein allgemeiner und flächendeckender Fachkräftemangel vor", heißt es in ihrem Konzeptpapier zur Fachkräftesicherung. Allerdings, und so sieht es auch die Nürnberger BA, fehlen in bestimmten Regionen und Branchen schon jetzt qualifizierte Mitarbeiter, etwa bei Maschinenbau-, Elektro- und Fahrzeugbauingenieuren, bei examinierten Altenpflegern, bei Erziehern oder Ärzten.

In Zukunft könnte Arbeitskraft generell zum knappen Gut werden. Wenn Unternehmen und Politiker nicht gegensteuern, stehen nach Berechnungen der BA bis 2025 etwa 6,5 Millionen Arbeitskräfte weniger zur Verfügung. Das entspricht ungefähr der Anzahl von Personen, die derzeit in Baden-Württemberg beschäftigt sind.

Der Wohlstand des Landes, das kaum Rohstoffe hat und von seinen klugen Köpfen lebt, ist deshalb gefährdet. Schon jetzt warnt BA-Chef Frank-Jürgen Weise: Fehlen Fachkräfte, ziehen Unternehmen ins Ausland oder verlagern Teile der Produktion dorthin.

Der Grund für die Lücke ist der demographische Wandel. Es kommen weniger Kinder zur Welt, die Zahl der Schulabgänger geht zurück. Folglich gibt es weniger Azubis, Berufseinsteiger, Hochschulabsolventen. Vor allem im Fahrzeug- und Maschinenbau und in Gesundheits- und Sozialberufen werden darum Fachkräfte fehlen. Das wird besonders die kleinen und mittleren Unternehmen treffen, die kein aufwendiges Bewerbermarketing betreiben. Was also ist zu tun?

Als Erstes muss Schluss sein mit der Verschwendung menschlicher Ressourcen: Mehr als jeder fünfte Azubi bricht seine Ausbildung vorzeitig ab. Die Hälfte steht danach auf der Straße. Im Jahr 2009 verließen etwa 64 000 Schüler die Schule ohne Abschluss – die beste Voraussetzung für eine dauerhafte Hartz-IV-Existenz. Bund und Länder wollen deshalb bis 2015 beide Quoten halbieren, das soll bis 2025 insgesamt 600 000 zusätzliche qualifizierte Mitarbeiter bringen. Ob das klappt, bleibt offen. Das gilt auch für die geplante Frauenoffensive. Etwa 6,3 Millionen sind erwerbsfähig ohne zu arbeiten. Und die Frauen mit bezahltem Job sind nicht so lange im Büro oder der Fabrik wie weibliche Berufstätige in anderen EU-Ländern.

Hier schlummert das größte Potential an Arbeitskräften: 1,2 Millionen Frauen würden in das Erwerbsleben eintreten, wenn sich Beruf und Familie miteinander besser vereinbaren ließen. Doch schon jetzt ist zweifelhaft, ob der geplante Krippenausbau ausreichend ist.

Die Bundesrepublik wird deshalb viel stärker als jetzt auf Zuwanderer angewiesen sein. BA-Chef Weise hält 200 000 im Jahr für nötig. Doch das Land ist von der viel beschworenen „Willkommenskultur" weit entfernt. Es bietet nicht wie Neuseeland oder Kanada ein Rundum-Sorglos-Paket für die ganze Familie mit Sprachkurs, Wohnung, Arbeitsstelle für die Ehefrau und Kindergartenplatz. Für den Programmierer aus Indien, den Arzt aus Kenia oder den Ingenieur aus Brasilien ist es äußerst kompliziert, hier Einlass zu erhalten und dauerhaft bleiben zu können. „Das deutsche Zuwanderungsrecht ist von Abschottung geprägt", sagt Arbeitgeberpräsident Dieter Hundt.

Das zu lockern, scheiterte bislang am Widerstand der Union. Hinzu kommt: Die Sprache ist schwer zu erlernen. Essen und Klima sind zumindest gewöhnungsbedürftig. Und das internationale Lohngefälle wird flacher. Nach der vollständigen Öffnung des Arbeitsmarkts am 1. Mai 2011 kommen nicht so viele Geringverdiener aus Osteuropa wie erwartet ins Land – sieben Euro pro Stunde lassen sich inzwischen auch in Polen kassieren. Die mobilen Qualifizierten sind zudem oft schon in andere Länder ausgewandert. Stattdessen muss Deutschland aufpassen, nicht zu einer Talentschmiede der anderen zu werden: 2008 zogen allein 3000 Ärzte in die Schweiz.

Es bleiben als Potential außerdem die 4,64 Millionen erwerbsfähigen Hartz-IV-Empfänger und die Älteren mit 55 Jahren aufwärts, die in vielen

Betrieben immer noch selten zu sehen sind. Der wirtschaftspolitische Sprecher der CDU/CSU-Bundestagsfraktion, Joachim Pfeiffer, sagt aber: „Es wird nicht gelingen, jeden Hartz-IV-Empfänger zum Luft- und Raumfahrtingenieur zu machen." Viele sind so schlecht qualifiziert und so weit von den Anforderungen der Arbeitgeber weg, dass sie auch in Zukunft keine Chance haben. Die Älteren können dagegen hoffen: Die Firmen denken langsam um. Die Beschäftigungsquote der über 55-Jährigen steigt. Die Betriebe bieten Fitnessstudio-Abos und Präventionskurse an. Sie gestalten Arbeitsplätze so um, dass junge und alte Mitarbeiter möglichst lange fit bleiben.

Warenkaufmann Hans Müller hat davon noch nicht profitiert. Bleibt er ohne neuen Arbeitgeber, droht ihm nach 44 Jahren Berufserfahrung bis zur Rente Hartz IV.

*Krikor Sarkisian, arbeitsloser
Ingenieur und ehemals Sänger,
hat seinem Mikrofon den Rücken
gekehrt.*

150 Bewerbungen, drei neue Anzüge

Ausländer, die in Deutschland leben, haben oft Schwierigkeiten, einen adäquaten Job zu finden. Daran ändert auch das neue Anerkennungsgesetz wenig VON ALINA FICHTER

Nein, singen möchte Krikor Sarkisian nicht mehr. Früher im Irak, da sang er jede Woche. Er trug dann weiße Hemden zu schwarzen Anzughosen, auf der Bühne stand er ganz vorne, das Mikrofon in der Hand, hinter ihm Gitarrist, Bassist, Schlagzeuger.

Jetzt sitzt Krikor Sarkisian auf seinem Wohnzimmersofa in München, kurze Hose, vorsichtiges Lächeln, der betrübte Blick liegt auf dem Foto mit der Band, das von vergangenen Zeiten erzählt. Seit 2003 lebt der Maschinenbauingenieur in Deutschland. Es ist Nachmittag, der 44-Jährige wäre jetzt lieber in der Arbeit als auf dem Sofa. Aber er hat keine Stelle. Und er findet auch keine. 150 Bewerbungen hat er verschickt, in sechs Monaten. Drei neue Anzüge hat er gekauft. Eingeladen wird er trotzdem nicht. „Ich verstehe das nicht", sagt Sarkisian und deutet auf einen daumendicken Stapel Papier, geschützt von einer Plastikhülle. Rechts oben klebt ein gelber Zettel, „Absagen" steht darauf.

Sarkisians Geschichte ist die eines Mannes, der alles richtig gemacht hat und seit acht Jahren vergeblich darum kämpft, einen Job zu finden – und das als Ingenieur. Es ist paradox: Unternehmen suchen nach Fachkräften, Arbeitsministerin Ursula von der Leyen sieht im Fachkräftemangel mittelfristig die größte Bedrohung für Wirtschaft und Wohlstand Deutschlands. Vor allem Ingenieure fehlen, es sollen daher sogar Talente aus Indien angeworben werden. Aber den ausländischen Fachkräften, die bereits hier leben, verwehrt Deutschland den Zutritt zur Arbeitswelt.

Sarkisian ist bei weitem nicht der Einzige: Eine viertel Million Einwanderer arbeiten hierzulande gar nicht oder weit unter ihrer Qualifikation. Promovierte Ärzte als Taxifahrer, ausgebildete Lehrerinnen als Putzfrau. Hinter diesen Biographien des Abstiegs verbergen sich persönliche Dramen. Wieso sind meine Fähigkeiten hier nichts wert, fragen sich viele Einwanderer. Deutschland verschwendet Talente, die es dringend braucht. Zwar hat die Regierung das erkannt und plant ein Gesetz, das die Anerkennung ausländischer Abschlüsse erleichtern oder, wie bei Handwerksberufen, überhaupt erst ermöglichen soll. Ein sinnvoller Vorstoß. „Aber eine strategische Förderung von Einwanderern fehlt weiterhin", sagt Klaus Bade, Vorsitzender des Sachverständigenrats deutscher Stiftungen für Integration und Migration.

400 Anerkennungsstellen gibt es hierzulande – ein Dschungel für Einwanderer.

Es scheint, als sei Deutschland einfach noch nicht reif, die Qualitäten der dringend benötigten ausländischen Fachkräfte zu nutzen. „Auch das Anerkennungsgesetz geht nicht weit genug", sagt Bade. Sarkisians Abstieg vom erfolgreichen Ingenieur zum Hartz-IV-Empfänger hätte es jedenfalls nicht gebremst.

2003 floh er aus Irak, 2007 bekam er eine Aufenthaltserlaubnis. Sofort begann er, Deutschkurse zu besuchen. Er hoffte, bald in seinem Beruf arbeiten zu können. Nur seinen irakischen Abschluss müsse er rasch noch anerkennen lassen, dachte er. Weit gefehlt: 400 Anerkennungsstellen gibt es hierzulande. Welche zuständig ist, hängt von seinem Beruf und Aufenthaltsstatus ab. „Ein Dschungel", sagt Martina Müller-Wacker, Autorin der ersten umfassenden Studie über die Anerkennung ausländischer Qualifikationen – Titel und Fazit: Deutschland betreibe *brain waste*, es verschwende kluge Köpfe. So dicht ist das Wirrwarr, dass selbst die Ämter überfordert sind – obwohl ihnen, anders als den Einwanderern, Sprache und Tücken der deutschen Bürokratie vertraut sind.

Sarkisian fand heraus, dass die oberbayerische Regierung für ihn zuständig ist, im Februar 2007 schickte er ihr seine übersetzten Zeugnisse. Und wartete. „Es dauerte ewig, bis ich eine Antwort bekam", sagt er. Bis März 2008, über ein Jahr also. Zwar soll das neue Gesetz diese Wartezeit künftig verkürzen, aber nur für Berufe, die der Bund regelt. Ingenieure sind Ländersache.

Im Antwortschreiben war die Rede vom „Gesetz zum Schutze der Berufsbezeichnung Ingenieur von 1970". Sarkisian hatte Mühe zu verstehen, dass das die Anerkennung seines Studiums an der Universität Bagdad war. „Manche Einwanderer denken gar fälschlicherweise, der Antrag sei abgelehnt", sagt Müller-Wacker; das neue Gesetz soll das ändern. In der Arbeitsagentur sagte man Sarkisian, als er das Anerkennungsschreiben mit dem bayerischen Löwenwappen zeigte, damit dürfe er nicht arbeiten. „Ich verstand das wieder nicht", sagt Sarkisian und blickt ratlos auf all die Mappen, Anträge, Bescheide vor sich auf dem Wohnzimmertisch. Es ist das Durcheinander jahrelangen Bemühens, in Deutschland anzukommen – als Mensch, der seinen Beruf ausüben darf.

Sarkisians Suche endete bei Carmen Schwend von der Servicestelle zur Erschließung ausländischer Qualifikationen in München. Ein Zufall, dass er sie fand. In ganz Deutschland gibt es nur zwei solche Einrichtungen, die Wissen über den Dschungel bündeln und Einwanderern erklären, wie sie ihn durchdringen können. Viel zu wenige. Das merkt Schwend daran, dass sie „mit Anfragen überrannt" wird, wie sie sagt. Gerade hat sie ein Beratungsgespräch abgeschlossen, da findet sie bereits ein Dutzend neue Anfragen auf dem Anrufbeantworter. Die Regierung plant, mehr sogenannte Erstanlaufstellen zu schaffen.

Schwend konnte Sarkisian beruhigen, als er, ziemlich verzweifelt, vor ihr saß: „Natürlich dürfen Sie mit der Anerkennung als Ingenieur arbeiten", sagte sie – in der Arbeitsagentur hatten sie sich schlicht getäuscht. Sarkisians letzte Berufserfahrung lag wegen all der Anträge und Warterei schon eine Weile zurück. Um fit zu werden für seinen ersten deutschen Arbeitgeber besuchte er eine Fortbildung, erlernte ein neues Programm, um Motoren zu bauen. Bis Ende 2010.

Seitdem bewirbt er sich. Seitdem wird die Klarsichtfolie mit den Absagen immer dicker. „Ob ich zu alt bin?", fragt Sarkisian. Seine Schläfen sind ein wenig grau, ja, aber dafür weist er auch neun Jahre Berufserfahrung auf – unter anderem bei den Vereinten Nationen. Und Stellenausschreibungen, die zu seinem Profil passen, findet er genug.

„Es ist nicht zu verstehen", sagt Schwend, die fast alles tut für ihre Schützlinge. „Er hat wirklich alles getan, was möglich ist." Sie vermutet, dass das Problem nicht er ist. Sondern das Denken, das in deutschen Unternehmen vorherrscht. Dort werden nicht die besonderen Qualitäten eines Menschen wie Sarkisian beachtet; nicht, dass er fünf Sprachen spricht und einiges an Durchhaltevermögen bewiesen hat. Gesehen wird seine Andersartigkeit: Der Abschluss ist anerkannt, ja, aber unbekannt. „Das führte bisher häufig zu einer ungerechtfertigten Abwertung", sagt Günter Lambertz vom Deutschen Industrie- und Handelskammertag (DIHK). Viele Personaler warten lieber ein wenig, hoffen, dass sich doch noch ein Absolvent einer renommierten deutschen Universität meldet.

Eine mögliche Lösung? „Brückenmaßnahmen", sagt Schwend, wie in Kanada üblich: Ausländische Fachkräfte arbeiten eine Zeitlang als bezahlte Praktikanten, lernen die Firma kennen – es ist häufig der erste Schritt in den fremden Arbeitsmarkt. Der steht für Sarkisian noch aus. Wie viele Rückschläge kann ein Mensch aushalten, bevor er aufgibt? „Man muss kämpfen", sagt Sarkisian. Täglich schreibt er Bewerbungen.

Nur: Lust zu singen, die hat er nicht mehr. Sein Mikrofon steht neben dem Wohnzimmertisch, es hängt nach unten. Es sieht aus wie eine Blume, die dabei ist, zu verwelken.

Das Prekariat

Das klassische Arbeitsverhältnis, das in Vollzeit und unbefristet ausgeübt wird, verliert an Bedeutung. Immer mehr Menschen arbeiten unter bislang untypischen Bedingungen. Sie sind Minijobber, Zeitarbeitnehmer oder Pauschalisten. Viele müssen selbst für ihre soziale Absicherung sorgen. Wie müssen die neuen, flexiblen Beschäftigungsverhältnisse sein, damit sie nicht prekär sind? Hilft ein gesetzlicher Mindestlohn weiter? Sind wir auf dem Weg in die Risikogesellschaft?

Arme Tagelöhner

Der Kohlebergbau hat Tradition in der indischen Industriestadt Dhanbad. Schon 1780 haben die Briten mit dem Abbau begonnen. Und noch heute ist Dhanbad ein wichtiges Zentrum der Montanindustrie mit vielen Kohlengruben und Stahlhütten in der Region. Mit hohen Investitionssummen wurden in den vergangenen Jahren die Gruben modernisiert. Das blieb nicht ohne Folgen für die Arbeiter. Der Druck, das Geld wieder herein zu wirtschaften, ist gestiegen. Maschinen können die menschliche Arbeitskraft an vielen Stellen ersetzen. Doch die Existenz vieler Menschen hängt von der Arbeit im Bergwerk ab. Auf dem Foto aus dem Jahr 1989 verlässt eine Familie am Ende eines Tages eine Tagebaugrube. Oft werden die Arbeiter tageweise angeheuert. Darunter sind viele Frauen, manchmal ganze Familien.

Die Abgehängten

Das deutsche Jobwunder und seine Kehrseite: Es gibt Millionen neue Stellen, aber viele sind schlecht bezahlt und bieten keine Aufstiegsperspektive VON THOMAS ÖCHSNER

Joachim Möller, Deutschlands Arbeitsmarktforscher Nummer eins, ist ein besonnener Mann. Der Professor schlägt keine apokalyptischen Töne an. Alarmismus ist ihm fremd. Wer den Chef des Instituts für Arbeitsmarkt- und Berufsforschung (IAB) in seinem Nürnberger Büro trifft, kann aber einem Mann zuhören, der den Wandel der deutschen Arbeitswelt besorgt beobachtet. „Der Arbeitsmarkt driftet auseinander", sagt er.

„Ich sehe die große Gefahr, dass sich der Arbeitsmarkt spaltet, mit Abgehängten und Verlierern auf der einen Seite." Bereits 25 Jahre vorher, die Welt starrte auf die Atomkatastrophe in Tschernobyl, warnte der Soziologe Ulrich Beck in seinem Buch *Risikogesellschaft* vor dem „Risikoregime" der Arbeit, vor einer Auflösung aller „Basis-Selbstverständlichkeiten im Zentrum der Erwerbsgesellschaft". Beck erkannte, dass der „Wohlstand für alle", den einst Ludwig Erhard versprochen hatte, in Gefahr ist.

Heute lässt sich aus vielen guten Gründen die Frage stellen, ob das, was Beck beschrieben hat, für viele Millionen Menschen in Deutschland Wirklichkeit geworden ist. Einst hatte Ludwig Erhard „Wohlstand für alle" versprochen. Doch seit der Eiserne Vorhang gefallen ist und immer mehr Jobs in Billiglohnländer jenseits der Grenzen auswandern, kann die soziale Marktwirtschaft kein Garant mehr sein für Wachstum und gesellschaftlichen Ausgleich, für mehr Reichtum und höhere Löhne, für längeren Urlaub und kürzere Arbeitszeiten.

Unlängst verkündete das Statistische Bundesamt Zahlen, die ziemlich dramatisch klangen. Von 2009 bis 2010 stieg der Kreis der abhängig Beschäftigten um 322 000 auf 30,9 Millionen. Drei Viertel dieser zusätzlichen Stellen im Aufschwung waren aber unsicher und schlecht bezahlt, weil es sich um Jobs in Zeitarbeitsfirmen handelte, um geringfügige Beschäftigung oder Teilzeitarbeit. „Atypische Arbeitsverhältnisse", sagen die Statistiker dazu. Die Kommentare folgten prompt.

IG-Metall-Chef Berthold Huber zeigte sich empört: „Wenn Arbeit zur Ramschware wird, hat die Politik eindeutig versagt." Die Arbeitgeberverbände konterten: „Flexible Beschäftigungsformen ermöglichen es den Unternehmen, auch dann neue Arbeitsplätze zu schaffen, wenn sie noch nicht wissen, ob der Aufschwung andauern wird." Die neuen Flexi-Jobs dürften deshalb nicht als „prekär diffamiert werden". Zeigt der Boom der atypischen Verhältnisse also, wie gut sich der deutsche Turbo-Arbeitsmarkt entwickelt hat? Oder ist der Abbau der Arbeitslosigkeit ungerecht und entsteht hier gar ein neues „Prekariat"?

Es gibt wohl niemanden, der darauf bessere Antworten geben kann als Ökonomie-Professor Möller. Der IAB-Chef ist unabhängig. Gewerkschaften haben sich über ihn schon genauso geärgert wie Arbeitgeber. Möller und seine Mitarbeiter in der Nürnberger Denkfabrik der Bundesagentur für Arbeit machen seit Jahren nichts anderes, als die Verwerfungen in der Arbeitswelt zu analysieren.

Möllers Befund ist eindeutig. Er spricht von einer „zunehmenden Segmentierung der Arbeitswelt". Vor 25 Jahren hat nach seinen Berechnungen ein Hochqualifizierter gut doppelt so viel verdient wie ein Geringqualifizierter. Heute ist es das 2,6-Fache. Die Reallöhne von Geringqualifizierten stagnieren auf dem Stand von 1985. Etwa fünf Millionen Menschen und ihre Familien hätten damit „vom Wohlstandszuwachs null profitiert", sagt der Arbeitsmarktforscher.

Zugleich hat sich seit der Wiedervereinigung die Arbeitswelt erheblich verändert. Der sozialversicherungspflichtige und unbefristete Vollzeitjob verliert an Sogkraft. Derzeit liegt der Anteil bei 60 Prozent. Vor 15 Jahren belief er sich noch auf zwei Drittel. Noch ist eine nicht-atypische Arbeitskraft im Durchschnitt gut zehn Jahre in einem Unternehmen angestellt. Bei den Jüngeren werden die Beschäftigungsverhältnisse allerdings kürzer. Möller führt dies auch auf die Zunahme der befristeten Jobs zurück. Vor zehn Jahren war weniger als jede dritte Neueinstellung zeitlich begrenzt. Mittlerweile ist es fast jede zweite. „Jeder zweite der zunächst befristet Eingestellten wird aber später in ein unbefristetes Arbeitsverhältnis übernommen", sagt er.

Der Professor bestätigt auch den Befund der Wiesbadener Statistiker: Die Zeitarbeit, auch Leiharbeit genannt, hat sich seit 1994 verfünffacht. Die Branche könnte bald eine Million Menschen beschäftigen. Möller sagt: „Zeitarbeit ist bei zeitweise hohen Aufträgen sinnvoll, allerdings sind die meisten dieser Jobs nach 90 Tagen beendet." Die Leiharbeit ist damit Teil des Jobwunders, und sie hat zwei Gesichter: Die meisten, die in der Branche ihr Geld verdienen, waren vorher ohne Stelle, langzeitarbeitslos oder sogar ohne jede Berufserfahrung. Sich von einem Unternehmen verleihen zu lassen, ist für sie zumindest ein Einstieg in den Arbeitsmarkt, aber bislang einer ohne große Perspektive. Nur etwa sieben Prozent der Leiharbeiter können in dem Betrieb bleiben, in dem sie eingesetzt werden.

Gedacht war Leiharbeit vor allem, um Auftragsspitzen in den Unternehmen auszugleichen. Doch Firmen setzen Leiharbeiter inzwischen jahrelang ein, um ihre Lohnkosten zu drücken. Oder sie gründen ein eigenes Zeitarbeitsunternehmen, um tarifliche Standards in ihrer Branche zu unterlaufen. Das lohnt sich, wie eine Auswertung der Bundesagentur für Arbeit zeigt:

Stammkräfte ohne Berufsabschluss verdienen im Durchschnitt 2330 Euro brutto, vergleichbare Arbeitnehmer in der Zeitarbeit um die 1250 Euro.

Einen Boom gibt es auch bei den Solo-Selbständigen ohne Angestellte. 4,1 Millionen gibt es von ihnen in Deutschland. Viele sind „Kümmerexistenzen", weil sie am Existenzminimum herumkrebsen. Hinzu kommen die fast 7,4 Millionen Mini-Jobber, die nicht mehr als 400 Euro kassieren. Auch dies ein Phänomen mit zwei Seiten: Da gibt es die Rentner, Frauen und Schüler, die sich sozialabgabenfrei etwas dazuverdienen, die Polizisten und Krankenschwestern mit einem Nebenjob, weil ihr Haupteinkommen nicht zum Leben reicht. Und es gibt die Unternehmen, die Vollzeitjobs in Teilzeitposten und Minijobs splitten, um Arbeitskosten zu sparen. „Wir sehen mit Sorge, dass sich in bestimmten Branchen Mini-Jobs stark ausbreiten", sagt der Arbeitsmarktexperte des DGB, Wilhelm Adamy. Im Einzelhandel käme auf zwei sozialversicherungspflichtig Beschäftigte bereits ein Minijob, im Gastronomiegewerbe betrage das Verhältnis sogar eins zu eins.

> „Wenn Arbeit zur Ramschware wird, hat die Politik eindeutig versagt."

So ist einerseits nach Beginn der Hartz-IV-Reformen die Arbeitslosigkeit um etwa zwei Millionen rasant zurückgegangen. Mehr als eine halbe Million Langzeitarbeitsloser hat einen Job gefunden. Andererseits ist der Niedriglohnsektor genauso rasant gewachsen. Fast sieben Millionen gelten inzwischen als Niedriglöhner, die ein Einkommen unterhalb des von der OECD festgelegten Schwellenwerts von 9,62 Euro pro Stunde nach Hause bringen. Fast zwei Millionen verdienen sogar weniger als sechs Euro die Stunde. Viele leben allerdings in Haushalten mit weiteren Erwerbstätigen und steuern etwas zum Haushaltsbudget bei oder stocken ihren Hauptverdienst mit einem Nebenjob auf.

Trotzdem sprechen Sozialethiker inzwischen von einem „neuen Proletariat" oder vom „Prekariat". Dieser Begriff leitet sich vom Adjektiv „prekär" ab, das schwierig, ungewiss, unsicher bedeutet, und vom Substantiv „Proletariat". Das Prekariat machte bereits Ende 2006 Karriere, als die SPD-nahe Friedrich-Ebert-Stiftung in einer Studie acht Prozent der Gesamtbevölkerung zum „abgehängten Prekariat" zählte – Menschen mit schlechter formaler Bildung, deren sämtliche Lebensumstände so unbefriedigend sind, dass sie von einer tiefgreifenden Hoffnungslosigkeit erfüllt sind.

Möller warnt aber davor, ein zu düsteres Bild zu zeichnen: „Man darf den Rückgang des Normalarbeitsverhältnisses nicht mit einer Prekarisierung der Arbeitswelt gleichsetzen". Aber er sagt auch, dass die Unsicherheit wächst. Menschen, die in einer Abwärtsspirale gefangen sind, „fühlen sich weniger in die Gesellschaft integriert". Der Professor will deshalb die Flexibilisierung des Arbeitsmarkts nicht zurückdrehen. Aber er ist sozusagen für eine Reform der Reform – und das heißt für ihn ein gesetzlicher Mindestlohn von 6,50 Euro im Osten und 7,50 Euro im Westen. Und er spricht sich dafür aus, den Abstand bei der Bezahlung von Stammarbeitskräften und Leiharbeitern alle zwei Monate um jeweils ein Drittel zu senken, bis nach einem halben Jahr das Prinzip „gleicher Lohn für gleiche Arbeit" gilt.

„Die Gesellschaft hat einen finanziellen Spielraum, um Ungleichheiten zu reduzieren, und den sollte sie nutzen", sagt er. „Wenn der Frust der Ärmeren in Lethargie, Alkohol und Kriminalität umschlägt, leidet die ganze Gesellschaft. Das lässt sich in Amerika sehen."

Auch Bombardier beschäftigt Leiharbeiter, unter anderem helfen sie beim Bau von Eisenbahnwaggons.

„Halte lieber den Mund"

Leiharbeiter sehen oft keine Möglichkeit, sich gegen schlechte Bezahlung zu wehren – zu groß ist ihre Existenzangst. Ein Berliner Paar berichtet von seinen Erfahrungen **VON FLORIAN FUCHS**

Eigentlich hatte er es die ganze Zeit gespürt. Aber als er diese Karte der Firmenleitung sah, damals in dem Galvanik-Unternehmen, da wusste Michael Müller, dass er nur Arbeiter zweiter Klasse ist. Ein Leiharbeiter. Einer, dem man nicht einmal danke sagen muss.

„Es war ein ziemlich raues Klima in dem Betrieb", sagt Müller. Trotzdem hatten die Chefs die eigentlich nette Idee, sich bei der Belegschaft mit einer Karte für ihre Leistung und für den großen Profit des Unternehmens zu bedanken. Der Text jedoch machte Michael Müller fassungslos: „Da stand explizit nur: ‚Wir danken unseren Festangestellten'." Die Leiharbeiter, die genauso geschuftet hatten, waren der Geschäftsleitung nicht eine Silbe wert. „Da wusste ich", sagt Müller, „wir werden nicht nur wie Idioten bezahlt, wir werden auch wie Idioten behandelt."

Müller sitzt in einem Café in Prenzlauer Berg, er trägt einen Blaumann, gerade ist seine Schicht zu Ende gegangen. Rechts von ihm sitzt seine Lebensgefährtin Irene Zettel, auch sie ist in Leiharbeit tätig. Eine andere Arbeitsform kennen die beiden so gut wie gar nicht. Müller, 33, war nach seiner Ausbildung nie anders angestellt als in Zeitarbeit. Zettel, 34, hat eine Lehre als Köchin gemacht, ein halbes Jahr gearbeitet, dann hat sie gemerkt: Das ist nicht das Richtige. Seitdem, seit etwas mehr als zehn Jahren, ist sie genau wie ihr Partner in Berlin als Leiharbeiterin unterwegs.

Keiner von beiden ist zufrieden mit seinem Job. Spaß bei der Arbeit? Da schütteln sie nur den Kopf. Ihre richtigen Namen wollen sie nicht nennen. Zu groß ist der Druck, zu groß ist die Angst, selbst diese Jobs zu verlieren. Das Paar hat einen Sohn zu ernähren.

Aber sie wollen reden. Sie wollen erzählen, wie das alles gekommen ist mit ihnen und der Leiharbeit. Und vor allem wollen sie erzählen, was aus ihrer Sicht alles schief läuft in diesem Arbeitssystem, in dem Firmen Menschen anstellen, obwohl sie gar keine Arbeit zu vergeben haben. Und in dem diese Firmen Geld verdienen, indem sie die Arbeiter verleihen – für mehr Geld, als sie ihnen am Ende des Monats auszahlen.

Müller zum Beispiel ist in Mecklenburg-Vorpommern aufgewachsen. Er hat die Realschule abgeschlossen, und dann hat er einen Fehler gemacht: Er hat eine Lehre als Maurer absolviert. „Weil man da ganz gut verdient hat und weil es damals, nach der Wende, viel Arbeit gab." Doch dann kürzten sie die Fördermittel, viele Baufirmen gingen pleite, und Müller ging nach Berlin, um einen neuen Job zu finden. Auf dem Bau wollte er nicht mehr arbeiten. „Da sind nur Verbrecher unterwegs", sagt er, „erst versprechen sie dir 20 Euro die Stunde, aber dann musst du deinem Lohn hinterherklagen." Müller sah nicht viele Perspektiven, er brauchte dringend einen Job, und er brauchte ihn schnell – also ging er zu einer Zeitarbeitsfirma.

Die meisten dieser Unternehmen fragen die Bewerber nicht groß nach Herkunft, Ausbildung oder Lebenslauf. Sie stellen ein, weil sie billige Arbeitskräfte unter Vertrag nehmen wollen, die sie dann verleihen können. Bis 1967 war es in der Bundesrepublik verboten, auf diese Weise Profit zu erwirtschaften. 1972 bekam das Verleihen von Arbeitskraft mit dem Arbeitnehmerüberlassungsgesetz eine rechtliche Grundlage.

Für Produktionsspitzen sollten Unternehmen Arbeiter einstellen und nach maximal drei Monaten problemlos wieder entlassen können. Erwerbslose, so der Gedanke, kommen auf diese Weise immer mal wieder zu Jobs und sammeln Berufserfahrungen.

Doch längst geht es nicht mehr nur um Produktionsspitzen. Seit 1980 ist die Zahl der Leiharbeiter um das 27fache auf über 900 000 Beschäftigte gestiegen. Von 2002 an durften Leiharbeiter nicht mehr nur für drei, sondern für zwölf Monate verliehen werden, seit 2004 auf unbegrenzte Zeit. Weit über 10 000 Verleihfirmen gibt es inzwischen in Deutschland. Und immer mehr Unternehmen setzen Leiharbeiter dauerhaft ein – weil sie billiger sind als Festangestellte.

Müller zum Beispiel arbeitet momentan bei Bombardier und baut Eisenbahnwaggons. Er bekommt einen Lohn von 10,27 Euro in der Stunde. „Damit habe ich noch Glück, die meisten Leiharbeiter kriegen weniger", sagt er. 1100 Euro bekommt er am Ende des Monats raus. Seine Partnerin schraubt Gasmasken für Polizisten und Feuerwehrleute zusammen, sie kommt auf etwa 900 Euro. Was Müller aber wahnsinnig ärgert: „Festangestellte bei mir in der Abteilung steigen mit 1600 Euro ein. Für genau die gleiche Arbeit."

Die Chance, als Leiharbeiter in eine Festanstellung übernommen zu werden, ist gering. Müller und Zettel können schon gar nicht mehr zusammenzählen, bei wie vielen Unternehmen sie bereits gearbeitet haben. Es müssen je mehr als zehn gewesen sein, vom Süßigkeitenhersteller über Pharmawerke bis zu einer Druckerei. „Ein Übernahmeangebot habe ich noch nie bekommen", sagt Müller. Natürlich hat er sich schon beworben auf Festanstellungen, bei Supermärkten, als Werkzeugmacher und als Tischler. „Aber als Ungelernter erhalte ich immer nur Absagen."

Wenigstens lassen sie sich nun nicht mehr alles gefallen. Zu Beginn haben sie noch so gut wie jeden Job angenommen. Inzwischen steht Müller auch mal auf und geht einfach. So wie bei der Zeitarbeitsfirma, bei der ihm die Vermittlerin Arbeit in einer Fleischfabrik angeboten hat: 50 Kilo schwere Fleischbrocken in die Kühlräume schleppen, den ganzen Tag, für 5,50 Euro in der Stunde.

> „Ein Übernahmeangebot habe ich noch nie bekommen."

Zettel ist sogar schon vor Gericht gezogen. Sie hat damals für Manpower gearbeitet, eine der größten Zeitarbeitsfirmen. Manpower hatte sie an einen Betrieb ausgeliehen, der Sicherheitsschlösser herstellt. Zettel drängte dort vehement darauf, dass sie als Leiharbeiterin auch Betriebsversammlungen besuchen darf. Die Schlosserfirma meldete sie ab. Einen Tag später kündigte ihr Manpower. Die Begründung: Zettel habe schlecht gearbeitet. Sie klagte auf Wiedereinstellung, dabei hätte sie sich das eigentlich gar nicht leisten können, weil sie bis zu einem Urteil nicht woanders arbeiten durfte. Doch Zettel erhielt Unterstützung von der IG Metall, und als der Gerichtstermin nahte, bot ihr Manpower 1000 Euro. Zettel nahm das Geld.

Müller und Zettel finden, dass sich Leiharbeiter noch viel öfter wehren sollten. Dass sie auch mal auf die Straße gehen und demonstrieren sollten. Aber sie wollen nicht für Verbesserungen innerhalb des Systems Leiharbeit protestieren, sondern für dessen Abschaffung. „Nur dann hätten wir eine wirkliche Chance, einmal einen Job in Festanstellung zu bekommen", sagt Müller. Doch zur großen Solidarität unter Leiharbeitern wird es wohl nicht kommen. „Es traut sich ja kaum einer darüber zu reden", sagt Müller. Wenn er mit seinen Kollegen spricht, dann antworten die nur: „Halte lieber den Mund." Sie wollen keine Probleme.

Die Chancen der Jugend

Der deutschen Wirtschaft geht der qualifizierte Nachwuchs aus. Firmen haben zunehmend Probleme, Lehrstellen mit geeigneten Bewerbern zu besetzen. Viele Betriebe klagen über mangelnde Disziplin, Leistungsbereitschaft und Belastbarkeit. Wird die Jugend tatsächlich immer dümmer, wie die Firmen sagen? Woran krankt das Schulsystem? Wie muss Ausbildung in Zukunft aussehen? Welche Eigenschaften befähigen zum Erfolg auf dem Arbeitsmarkt?

Arme Teepflückerin

Tees aus Ruanda gehören zu den besten der Welt und zu den bedeutendsten Exportgütern des afrikanischen Landes. Deshalb will die Regierung die Produktion vorantreiben. Doch die Bevölkerung hat bisher nicht viel davon. Ein Großteil der Menschen lebt in Armut. Nur wenige Ruander haben einen festen Arbeitsplatz mit verlässlichem Einkommen. Auch Kinder werden zum Teepflücken eingesetzt, wie dieses Mädchen auf der Mata-Teeplantage aus dem Jahr 1991. Ihr bleibt eine gute Ausbildung und ein verlässlicher Arbeitsplatz verwehrt. Ein typischer Tag auf der Plantage sieht so aus: Teeblätter werden gepflückt und in Körben zum Wiegen gebracht; Anstehen bei der Ausgabe der Arbeitsbelege; Setzlinge werden gezogen; der Tee wird schließlich in der Fabrik industriell weiterverarbeitet.

Gefährdete Kinder

Viele Jugendliche drohen sozial abzugleiten, weil ihre Eltern resignieren. Weil den Firmen Arbeitskräfte fehlen, entdecken sie nun dieses Thema VON CORINNA NOHN

Das dürfte doch nicht so schwer fallen: Jeder in der zehnköpfigen Gruppe soll Arme und Finger ausstrecken. Darauf legt Stefanie Arnold einen Bambusstab, den die Gruppe auf dem Boden ablegen soll – ohne, dass einer den Kontakt zum Stab verliert. Doch der Stab fliegt erst mal in die Luft, weil jeder Einzelne nur daran denkt, den Finger am Bambus zu lassen. Manche schimpfen dann, die Übung sei albern, manche schnauzen ihren Nachbarn an. Am Ende sollen alle begreifen: Die Aufgabe können sie nur als Team lösen. Sie müssen einander zuhören und einen auswählen, der das Kommando übernimmt. „Das sind genau die Fähigkeiten, die man im Beruf braucht", sagt Stefanie Arnold.

Die Übung mit dem Bambusstab steht oft am Anfang jeder „Elternwerkstatt", die Stefanie Arnold für die IHK Heilbronn-Franken organisiert. Es ist ein Projekt für benachteiligte Jugendliche, meist Hauptschüler mit ausländischen Wurzeln. Und vor allem: für deren Mütter und Väter. „Um diesen Kindern Mut zu machen und zu helfen, ist es unheimlich wichtig, die Eltern einzubeziehen", sagt Stefanie Arnold, die auch selbständig als Coach arbeitet. Denn Lehrer können Kindern Formeln erklären oder Vorlagen für Bewerbungsschreiben austeilen. Aber Umgangsformen, sogenannte Softskills, Lebensplanung und Lebenssinn lernt man zu Hause – oder eben nicht.

Je nachdem, welche Statistik man zugrunde legt, wächst im reichen Deutschland bis zu jedes dritte Kind in sozialen, finanziellen oder kulturellen Risikolagen auf. Viele von ihnen haben es nie erlebt, dass Mutter oder Vater jeden Morgen aus dem Haus zur Arbeit gehen, dass abends eine Familie zusammen am Tisch sitzt. Viele dieser Eltern sind selbst überfordert, haben resigniert und sich mit einem Leben von staatlicher Unterstützung abgefunden. Diese Eltern wissen nicht, dass es in Deutschland etwa 350 verschiedene Ausbildungsberufe und mehr als 9000 Studiengänge gibt. Wie sollen sie dann ihren Kindern vermitteln, dass es wichtig ist, sich über Berufswahl Gedanken zu machen, und dass man sich selbst darum kümmern muss? Dabei sind das die Fragen, die sich Schüler schon ein Jahr vor dem Abschluss stellen sollten: Was ist mir wichtig? Was kann ich? In welchen Beruf kann ich meine Kenntnisse einbringen? Denn Kinder aus sozialen Randgruppen haben im Vergleich zu Kindern von Ärztepaaren oder Rechtsanwälten vielleicht schlechtere Aussichten auf eine gute Ausbildung und ein existenzsicherndes, erfülltes Berufsleben. Aber Chancen haben sie durchaus. Schließlich klagen die Firmen schon jetzt über Fachkräftemangel und Bevölkerungsschwund. Und selbst der Deutsche Industrie- und Handelskammertag (DIHK) zieht in seiner „Ausbildungsumfrage 2011" das Fazit: „Die Chancen auf einen Arbeitsplatz sind glänzend."

Allerdings schiebt auch der Wirtschaftsverband ein „Aber" hinterher: Viele Schulabgänger seien nicht gut genug ausgebildet für jene Jobs, die es so dringend zu besetzen gilt. Nicht ganz so viele wie im Vorjahr, aber immer noch jedes zweite befragte Unternehmen bemängelte Defizite beim Rechnen, Schreiben, Lesen. Deshalb blieben zunehmend mehr Ausbildungsplätze unbesetzt, 2010 waren es 55 000. Solche Umfragen nähren die Selbstzweifel und Unsicherheit unter Hauptschülern, lassen Eltern von Grundschulkindern in Panik vor der „Restschule" verfallen.

Dabei ist an dem Gejammer, dass die Jugend immer dümmer wird, nicht viel dran. Schon das Gefühl sagt einem, dass die deutschen Schüler nicht in dem Maße verblödet sein können, wie die Aussagen mancher Wirtschaftsvertreter nahelegen. Sonst wären Hochschul- und Wirtschaftssystem schon längst zusammengebrochen. Auch die Ergebnisse klassischer psychologischer Intelligenztests sprechen dagegen, dass die Deutschen verdummen. So sind die Normwerte dieser Tests in den vergangenen Jahrzehnten immer wieder angehoben worden. Der Trend flacht sich zwar ab, aber noch wächst die messbare Intelligenz. Bildungsforscher führen das einerseits auf die bessere Ernährung und die damit einhergehende gestiegene kognitive Leistungsfähigkeit zurück, andererseits auf die breitere und bessere Beschulung.

Allein in den vergangenen zehn Jahren, seit die Ergebnisse des ersten Pisa-Tests Deutschlands Eltern schockierten, hat sich zudem an deutschen Schulen viel verändert: Nicht nur haben deutsche Schüler beim Pisa-Test 2009 im Lesen, Schreiben und Rechnen deutlich besser abgeschnitten. Ebenfalls hat die Abhängigkeit des Bildungsstands von der sozialen Herkunft abgenommen. Gestiegen sind überdies die Motivation und die Aufmerksamkeit der Schüler.

Das alles registrieren auch die Unternehmen wohlwollend. Als das größte „Ausbildungshemmnis" hat der DIHK daher mittlerweile auch die mangelnde „Ausbildungsreife" identifiziert. Vielen Jugendlichen fehlten schlicht die nötigen „Softskills". So beklagte 2011 laut dem Verband jedes zweite befragte Unternehmen unter Schulabgängern zu geringe Leistungsbereitschaft, Belastbarkeit und Disziplin.

Nun gibt es tatsächlich viele Schulabbrecher, aber auch -absolventen, die nicht richtig lesen und schreiben können, keine Ordnung halten und ständig zu spät kommen. Nur: Neu ist das nicht.

Mit Blick auf die vergangenen Jahrzehnte sagt zum Beispiel Bildungsforscher Heinz-Elmar Tenorth, der fast 20 Jahre den Lehrstuhl für „Historische Erziehungswissenschaft" an der Berliner Humboldt-Universität innehatte: „Heute sprechen wir von Risikokindern, aber diese Randgruppen gab es schon immer." In jeder Alterskohorte gingen etwa 20 Prozent der Kinder von der Schule ab, ohne richtig lesen oder schreiben zu können. Doch heute finden diese jungen Leute kaum noch Jobs und daher auch keinen Platz mehr in dieser Gesellschaft. In der Nachkriegszeit war es hingegen auch in Deutschland üblich, ohne Schulabschluss, als sogenannter Ungelernter, ins Berufsleben einzusteigen. Die meisten dieser durchaus existenzsichernden Arbeitsplätze sind im Zuge des Wandels von der Industrie- zur Dienstleistungsgesellschaft verschwunden. Stattdessen gibt es heute Minijobs und Zeitarbeit.

Mangelnde Belastbarkeit und Disziplin — das gab es schon immer.

Auch sind in vielen Bereichen die Anforderungen an die Bewerber gestiegen, etwa, weil die Tätigkeiten komplizierter geworden sind. Zum Beispiel war Kfz-Mechaniker ein einfacher Ausbildungsberuf. Heute funktioniert in Neuwagen nichts mehr ohne Elektronik, Fehler werden mit Hilfe von Laptops und Softwareprogrammen gesucht. Entsprechend heißt der Beruf heute Kfz-Mechatroniker, die Bewerber müssen höhere Qualifikationen mitbringen. In vielen Berufen wird aber mehr vorausgesetzt, ohne, dass tatsächlich höhere Fertigkeiten nötig wären: In den Sechzigern stand etwa die Ausbildung zum Bankkaufmann auch Hauptschülern offen. Heute nehmen die Banken fast nur noch Abiturienten auf. Dabei ist Bildungsforscher Tenorth überzeugt: „Hauptschüler sind klasse, man muss ihnen nur manchmal helfen, ihr Potential zu entfalten."

Tenorth rät überdies den Bewerbern, sich vom Arbeitsmarkt nicht zu sehr einschüchtern zu lassen: „Man sollte nicht nur deshalb Bäcker oder Altenpflegerin werden, weil dort gerade Leute gesucht sind. Außerdem kann keiner absehen, wie es in einem Berufsfeld in 30 Jahren aussieht." Er rate seinen Studenten, und das gelte auch für Jugendliche: „Sucht euch etwas, das euch so sehr beschäftigt, dass ihr dafür wochenlang alles stehen- und liegenlassen könntet. Dann habt ihr die besten Chancen auf Erfolg."

Nun sind aber nur wenige Hauptschüler in der Lage, sich frei zu machen von der Diskussion um Mathekenntnisse, „Ausbildungsreife" und „Risikolage". Aber sie könnten die Debatte auch als hoffnungsvolles Zeichen deuten: dass die Gesellschaft ihre Probleme und ihren Wert endlich zur Kenntnis genommen hat. Die Unternehmen können es sich längst nicht mehr leisten, auf die wenig Qualifizierten einfach zu verzichten.

Doch allem Engagement von Lehrern und potentiellen Arbeitgebern zum Trotz gilt nach wie vor: Nichts beflügelt Jugendliche so sehr wie der Rückhalt durch Mutter oder Vater, und nichts demotiviert sie so sehr wie resignierte, ratlose Eltern. Stefanie Arnold erlebt in ihren Werkstätten etwa, dass viele Schüler ihre Eltern zur Teilnahme regelrecht überreden müssen. Sie basteln dann zusammen Einladungskarten, und manche bieten zu Hause an, die Spülmaschine auszuräumen oder eine Woche lang den Einkauf zu übernehmen, damit Vater oder Mutter einfach mal mitgehen.

Diese Jugendlichen haben schon viel gelernt, das ihnen auch im Berufsalltag hilft: Sie haben erkannt, wozu sie fähig sind, was sie erreichen möchten und welcher Weg zu diesem Ziel führen könnte.

Eine Fertigungslinie von Scania in Södertälje. Für die Lkw-Produktion werden Fachkräfte gebraucht.

Viel Theorie, wenig Praxis

In Schweden gibt es Gymnasien für Friseure und Bauarbeiter. Das ist der Wirtschaft zu theoretisch. Jetzt will die Regierung mehr betriebliche Erfahrung in die Ausbildung bringen VON GUNNAR HERRMANN

Mit dem Programm für Lehrlinge ist das so eine Sache. Kjel Nerman liebt es nicht und ist trotzdem ein bisschen stolz darauf. Vor zehn Jahren war es eigentlich eine Notlösung, erinnert sich der Ausbildungsleiter der Firma Dynamate in Södertälje. Heute könne man ohne die eigenen Azubis den Arbeitskräftebedarf gar nicht decken. Mehr als hundert Menschen hat die Firma in den vergangenen Jahren ausgebildet, etwa jeder achte Mitarbeiter ist inzwischen ein ehemaliger Lehrling. „Das ist ein großer Erfolg", sagt Nerman. Damit ist der Industriebetrieb in Schweden aber eine Ausnahme – und ein Vorbild. Wenn es nach dem Willen der bürgerlichen Regierung in Stockholm geht, dann soll die praktische Ausbildung am Arbeitsplatz wieder populärer werden.

Die klassische Lehre, bei der Jugendliche in einem Betrieb ein Handwerk erlernen, gibt es in Schweden seit Jahrzehnten nicht mehr. Das Land setzt radikal auf akademische Ziele. Nahezu alle Schüler besuchen ein Gymnasium, etwa 80 Prozent machen dort auch einen Abschluss. Wobei unter einem Gymnasium nicht unbedingt dasselbe zu verstehen ist wie in Deutschland. In Schweden konkurrieren kommunale und private Schulbetreiber mit einer Vielfalt an Bildungsprogrammen um die Gunst der Schüler. Schwedische Gymnasien umfassen die Klassen neun bis zwölf und sie bieten oft berufsvorbereitende Kurse an. Es gibt Gymnasien für werdende Friseure, für Köche, für Bauarbeiter und natürlich auch die klassischen natur- und geisteswissenschaftlichen Zweige. Gemeinsam ist ihnen, dass die Absolventen grundsätzlich Zugang zu den Hochschulen bekommen. Auch wenn die Abgänger der praxisnahen Schulen für manche Studiengänge noch ein paar Kurse nachholen müssen – im Prinzip soll es auch dem Kfz-Mechaniker oder der Krankenschwester möglich sein, später noch einen Bachelor oder Master zu machen.

Schweden wird wegen der Flexibilität dieses Systems oft als Vorbild gesehen. Aber Wirtschaftsverbände beklagen die Schattenseiten: Die Jugend lernt viel Theorie, aber wenig Praxis. Mit Neid blicken manche Unternehmer auf die duale Ausbildung in Deutschland, die qualifizierte Fachkräfte hervorbringt und die in der schwedischen Debatte zu einer Art Leitbild geworden ist. Wobei man sie nicht einfach übernehmen möchte. Aber man will sich ein paar gute Ideen holen.

„Früher konnten wir die Abgänger der berufsvorbereitenden Schulen direkt bei uns anstellen", sagt Nerman. Aber irgendwann sei das nicht mehr gegangen. Die Firma suchte händeringend Mitarbeiter, in Schweden herrscht seit Jahren Fachkräftemangel. Darum habe Dynamate, eine 100-prozentige Scania-Tochter, das eigene Lehrlingsprogramm entwickelt. Neun bis zwölf Monate lernen die Teilnehmer im Betrieb, am Ende sind sie Mechaniker oder Industrieelektriker. Fast alle Lehrlinge haben einen Gymnasialabschluss, manche haben sogar ein paar Semester studiert. Ein Ersatz für das Gymnasium sei die Ausbildung also nicht, betont Nerman. Denn so eine klassische Lehre, wo man nach neun Jahren Schule als Handlanger anfange, das sei möglicherweise was für Handwerksberufe. „Bei uns in der Industrie funktioniert das nicht." Man könne schließlich keine 16-Jährigen auf Maschinen loslassen, die ein paar Millionen kosten. „Das sind heutzutage High-Tech-Jobs, die viel Wissen erfordern." Der Ausbildungsleiter wünscht sich darum nicht weniger Theorie, sondern einen etwas anderen Lehrplan. „Die Schüler müssten mehr über Naturwissenschaft und Technik lernen", meint er. Der Nachteil der großen Wahlfreiheit in Schweden sei eben, dass man viele Dinge abwählen könne. „Ich verstehe die Schüler ja: Die suchen sich Gymnasien, wo sie etwas über Pferdepflege lernen oder viel Sport treiben können. Das macht sicher Spaß. Aber nachher findet man nicht unbedingt eine Stelle."

Die Jugendarbeitslosigkeit in Schweden ist deutlich höher als im europäischen Durchschnitt. Etwa jeder Vierte unter 25 Jahren findet keinen Job. Auch deshalb wird ständig über eine Reform des Schulsystems diskutiert. Die neueste Idee, die in diesem Schuljahr erstmals landesweit eingeführt wird, ist es, eine Lehre mit dem Gymnasium zu koppeln. Als „Lehrlingsausbildung" bezeichnet die Regierung das Programm vollmundig. Etwa die Hälfte ihrer Schulzeit sollen die Eleven im Betrieb verbringen. Allerdings: Sie bleiben immer Schüler, sind nicht bei den Betrieben angestellt und erhalten meist keinen Lohn. Die Regierung will damit vor allem auch jenen ein Angebot machen, die bislang an den theoretischen Anforderungen des Gymnasiums scheiterten und es ohne Abschluss verließen. Diese Schüler sind in den Arbeitslosenstatistiken die härtesten Fälle.

Bei den Wirtschaftsverbänden stößt die Reform auf gemischte Reaktionen. Zwar hatten sie sich mehr Praxisnähe gewünscht, aber einige Details kommen nicht gut an. „Das größte Problem ist die Qualitätssicherung", sagt

Thomas Hagnesur von der Dachgewerkschaft LO. Nicht in allen Betrieben würden die Lehrlinge tatsächlich etwas lernen. Außerdem missfällt es der Gewerkschaft, dass für einige Ausbildungszweige die Anforderungen so herabgesetzt wurden, dass die Gymnasiasten keine Hochschulreife mehr erwerben. „Ziel muss es doch sein, dass die Wahlmöglichkeiten im späteren Leben möglichst vielfältig sind", sagt Hagnesur. Neue Statistiken deuten ihm zufolge darauf hin, dass angehende Gymnasiasten die neuen, berufsbezogenen Zweige daher meiden – aus Angst, sich Chancen zu verbauen. Ähnliche Kritik kommt von Svensk Naeringsliv, dem Dachverband der Arbeitgeber. „Die Firmen brauchen für die Lehrprogramme Leute mit Top-Zensuren", sagt Johan

Jobs in der Industrie haben einen schlechten Ruf.

Olsson, der dort für Ausbildungsfragen zuständig ist. Dass die Regierung versucht, gerade schwache Schüler für praktische Ausbildungen zu begeistern, findet er bedenklich. „Nötig wäre eine Aufwertung der berufsbezogenen Kenntnisse." Besonders Industriejobs hätten einen schlechten Ruf, dem müsse man entgegenwirken. Problematisch sei zudem, dass die am Lehrlingsprogramm beteiligten Betriebe oft keine Entschädigung erhalten. Das Schulgeld, das der Staat für jeden Schüler zahlt, und mit dem sich private und kommunale Gymnasien finanzieren, bleibe meist komplett bei den Bildungseinrichtungen. Wenn die Wirtschaft schon einen Teil der Verantwortung übernehmen müsse, dann solle sie auch etwas bekommen, meint Olsson.

Dem pflichtet Nerman bei. „Am besten wäre es, wir würden unser hausinternes Lehrlingssystem gar nicht mehr brauchen", sagt er auf die Frage, welche Reformen er sich wünschen würde. In seiner idealen Welt kämen fertig ausgebildete Arbeitskräfte aus den Schulen ins Berufsleben. Um diesem Ziel etwas näher zu kommen, plant Dynamate nun mit anderen Firmen ein eigenes Gymnasium in Södertälje – auf diese Weise bekäme man Schulgeld, und könnte eine Ausbildung ganz auf die Bedürfnisse der lokalen Wirtschaft zuschneiden.

Die Frauen

Viele Frauen sind heute gut ausgebildet – und dennoch gibt es noch immer eine klassische Arbeitsteilung: Der Mann sichert den Lebensunterhalt, die Frau sorgt für die Familie. Ökonomen sprechen vom verschenkten oder ungenutzten Potential. Doch was muss sich ändern, damit mehr Frauen in ihren erlernten Berufen bleiben? Wie lässt sich diese ungenutzte Reserve mobilisieren? Kann eine Quote helfen, damit mehr Frauen als bisher in den Unternehmen aufsteigen?

Eine arbeitet . . .

Nachdem Christoph Columbus den Tabak auf Kuba entdeckt hatte, verbreitete sich dieser auf der ganzen Welt. Um 1600 wurde die Zigarre in Spanien bekannt, wo sie bald zum extravaganten Wohlstandssymbol wurde. Die in Papier gerollten Zigaretten waren nur selbstgemachter Ersatz: Die Bettler von Sevilla sammelten die weggeworfenen Zigarrenstummel und drehten sich Cigarillos, kleine Zigarren. Das Bild entstand 1988 im Inneren eines Trockenhauses der Tabakplantage in der Gegend von San Luis auf Kuba. Die Tabakblätter werden auf Holzstäbe aufgezogen, eine Arbeit, die fast ausschließlich von Frauen verrichtet wird. Die Holzhütten sind mit Palmenblättern gedeckt, sodass der frisch gepflückte Tabak bei gleichmäßiger Temperatur, für die der Wind und die Belüftung sorgen, trocknen kann.

Die Unbequemen

Auf dem Papier haben Frauen schon lange die gleichen Chancen auf eine berufliche Karriere wie Männer, doch die Realität sieht anders aus VON DANIELA KUHR

Es ist ein sonniger Morgen in Berlin-Mitte. Eine Personalberatungsfirma hat ins Café Einstein eingeladen. Buchautorin Bascha Mika und ein Gewerkschafter diskutieren die Frage: „Frauenquote – überfällig oder ungerecht?" Der Saal ist voll, das Thema hochaktuell, doch die Diskussion läuft zäh. Zu oft hat man schon gehört, dass es im Berufsleben nur wenige Frauen nach ganz oben schaffen, dass sie zum Teil selbst schuld seien, dass ihnen aber auch viele Steine in den Weg gelegt würden. Das Übliche. Bis das Publikum zu Wort kommt und von eigenen Erfahrungen berichtet.

Karl Jurka etwa, Politik- und Marketingberater aus Österreich, sucht regelmäßig hoch qualifizierte Mitarbeiter. So auch vor kurzem, und deshalb schaltete er einen Headhunter ein. „Anfangs standen etwa gleich viel Männer wie Frauen auf der Liste", erzählt er. Als jedoch nur noch etwa sechs Kandidaten übrig waren, begannen auf einmal die Anrufe. Aus Politik, Wirtschaft, selbst aus der Medienwelt meldeten sich namhafte Personen, um für den einen oder anderen Bewerber ein gutes Wort einzulegen. „Es wurden Kompetenz, Durchsetzungskraft und Auftreten gelobt", sagt Jurka und macht eine Pause. „Aber nur von den Männern." Er könne sich an keine einzige Empfehlung für eine Frau erinnern.

Jurka ist ein kleiner Mittelständler. „Aber in großen Firmen läuft es vermutlich nicht anders ab", sagt Henrike von Platen, Präsidentin des internationalen Frauennetzwerks Business and Professional Women (BPW). „Es ist immer mit einem Risiko verbunden, eine Stelle zu besetzen. Geht es schief, fällt das auf den zurück, der den Kandidaten ausgewählt hat." Daher sei es logisch, dass man auf Empfehlungen höre. „Wenn ein einflussreicher Mensch sich für jemanden stark macht, rutscht dessen Name natürlich ein Stück nach oben auf der Liste", sagt von Platen. Ein System, das Frauen noch viel zu selten nutzten. Allerdings hätten sie es auch schwer, „solange sich auf den einflussreichen Posten vorwiegend Männer befinden".

Zehn Jahre ist es her, dass die deutsche Wirtschaft mehr Chancengleichheit versprochen hat. Zehn Jahre, in denen sich kaum etwas bewegt hat. Obwohl Deutschland über so viele gut ausgebildete Frauen wie nie zuvor verfügt, sucht man sie in den Chefetagen meist vergebens. Gerade mal jeder 30. Vorstandsposten in den 160 größten börsennotierten Aktiengesellschaften ist mit einer Frau besetzt. Auf den Ebenen darunter sieht es zwar besser aus, doch von Gleichstellung kann auch dort keine Rede sein. Laut Statistischem Bundesamt ist in Firmen mit mehr als 50 Beschäftigten nicht einmal jede vierte Führungsstelle mit einer Frau besetzt. Die Gründe dafür sind so vielfältig wie die Gesellschaft.

Natürlich gibt es Frauen, die von vornherein wenig Ehrgeiz in ihre Karriere legen. Ehegattensplitting sowie Anspruch auf Teilzeitarbeit und Babypause machen ihnen diese Entscheidung leicht. Doch es gibt auch die anderen: die hervorragend Ausgebildeten und Ehrgeizigen, die es trotz allen Engagements nicht schaffen, die an einem bestimmten Punkt der Laufbahn an die vielzitierte gläserne Decke stoßen. Auf Seiten der Arbeitgeber betont man, dass dieses Phänomen nichts mit bösem Willen zu tun habe. Es gebe einfach bislang nur wenige Frauen, die über die Erfahrung und Kompetenz für einen Spitzenposten verfügten. Das Problem werde sich lösen, wenn mehr Frauen zukunftsträchtige Studienfächer belegten und Karriere machten.

Doch für diese Argumentation fehlt Elke Holst die Geduld. „Die deutsche Wirtschaft kann es sich nicht leisten, so lange zu warten", sagt die Forschungsdirektorin für Geschlechterstudien vom Deutschen Institut für Wirtschaftsforschung (DIW). „Der geringe Anteil von Frauen in Führungspositionen ist ein Zustand, mit dem niemand zufrieden sein kann." Ihrer Ansicht nach können „männliche Monokulturen" den Blickwinkel auf Produktivitätspotentiale und neue Absatzchancen verengen. „So zeigen Studien, dass gemischte Teams kreative und innovative Lösungen hervorbringen, die sonst nicht möglich wären", sagt Holst. Zudem sei das Signal verheerend, das von dem geringen Frauenanteil in der Chefetage ausgehe. „Unternehmen zeigen damit, dass Frauen bei ihnen keine echte Perspektive haben." Wer aber von vornherein aus einem Pool von Bewerbern die Hälfte ausschließe, reduziere die Chancen, die Besten zu bekommen. „Schon aus eigenem Interesse sollten die Betriebe daher darauf hinwirken, dass Frauen die gleichen Aufstiegsmöglichkeiten erhalten wie Männer."

Dazu aber, davon ist die Wissenschaftlerin überzeugt, sei noch sehr viel mehr nötig als eine bessere Vereinbarkeit von Familie und Beruf. Natürlich müssten Arbeitgeber darüber nachdenken, wie sie flexible Arbeitszeiten ermöglichen und Mitarbeiter bei dem Problem der Kinderbetreuung unterstützen können, sagt Holst. „Mindestens genauso wichtig ist aber, dass Klischees über die Fähigkeiten und Eigenschaften von Frauen und Männern überdacht werden. Sie basieren auf der traditionellen Aufgabenteilung im Haushalt, nach denen der Mann als Ernährer seiner Erwerbsarbeit nachgeht, während die Frau ihm zu Hause den Rücken freihält." Ein solches Stereotyp bliebe nicht ohne negative Folgen bei Einstellung und Beförderung, etwa wenn Arbeitgeber befürchteten, Frauen seien für den Betrieb weniger verfügbar als Männer und würden im Falle der Geburt eines Kindes und daraus erwachsender familiärer Verpflichtungen eher ein Loch in die Personaldecke reißen.

Auch BPW-Präsidentin von Platen glaubt nicht, dass es hierzulande an Frauen mangelt, die für Spitzenpositionen geeignet wären. „Wenn es beispielsweise um die Besetzung von Aufsichtsratsposten geht, verfügt allein unser Verband über zahlreiche Frauen, die qualifiziert dafür wären." Dass sie trotzdem nicht zum Zug kämen, müsse also andere Gründe haben als mangelnde Kompetenz.

Einen davon sieht DIW-Wissenschaftlerin Holst darin, dass aufgrund ihrer zahlenmäßigen Überlegenheit in Führungspositionen allein Männer definieren, was als „qualifiziert" oder „geeignet" gilt. „Nehmen wir an, für eine Stelle wird jemand gesucht, der Durchsetzungskraft besitzt", sagt Holst. „Dann wird das automatisch mit bestimmten als männlich geltenden Eigenschaften verbunden wie etwa Aggressivität, Konfliktbereitschaft, Ellenbogen und einem breiten Kreuz." Prompt komme nur noch ein Mann für die Stelle in Betracht. „Dabei gibt es ganz unterschiedliche Wege, zu führen. Hier fehlt oft einfach die Vorstellungskraft." Das sei fatal auch in der Auswirkung auf künftige Generationen, denn junge Frauen bräuchten dringend weibliche Vorbilder, denen sie nachstreben. Junge Männer hätten ihre „role models" bereits im Überfluss.

> **Derzeit definieren allein Männer, was als „qualifiziert" gilt.**

Einen weiteren Grund, warum Frauen sich so schwer tun, glaubt Heide Meyer gefunden zu haben. Die Vorsitzende des Landesverbands Deutscher Unternehmerinnen in Berlin/Brandenburg ist ebenfalls ins Café Einstein gekommen. Auch sie berichtet von einem Erlebnis. So war sie kürzlich mal wieder auf einer Veranstaltung mit Vertretern der Wirtschaft die einzige Frau. Sie habe sich zu einer Gruppe von vier Männern gesellt, die um einen Stehtisch versammelt waren. Schlagartig sei das Gespräch verstummt. „Ich war ein Fremdkörper", sagt Meyer, die als gestandene Geschäftsfrau durchaus ihren Spaß an solchen Situationen hat. „Als ich dann auch noch wagte, das Wort zu ergreifen, waren die Herren völlig verunsichert." Denn, so erzählt Meyer: „In ihren Augen gilt offenbar immer noch der Grundsatz: Eine Frau tut so etwas nicht. Sich einfach zu einer Männerrunde stellen und das Wort ergreifen. Es war ganz klar: Ich störte."

Viele Männer wollen immer noch ganz gern unter sich bleiben, glaubt auch von Platen. Natürlich sei das keine bewusste Entscheidung, genauso wenig wie Männer Frauen bewusst diskriminierten. „Aber hier läuft eben sehr viel unbewusst ab, und das ist mit ein Grund dafür, warum die Sache nur so schleppend vorankommt." Männer hätten ihre eigenen Codes. „Sie wissen, wie sie auf was reagieren müssen und wie sie miteinander umzugehen haben", sagt von Platen. „Frauen denken anders, kommunizieren anders und reagieren anders." Das könne einen Mann schon mal verunsichern. Doch statt sich das einzugestehen, erkläre er die Frau dann womöglich einfach für anstrengend. „Und schon hat sie keine Chance mehr auf eine Beförderung", sagt von Platen.

Holst, von Platen, Meyer und auch der Unternehmer Jurka, sie alle waren früher entschieden gegen eine Frauenquote – und sie alle haben ihre Meinung geändert. „Natürlich ist das ein gewaltiger Eingriff in die unternehmerische Freiheit", sagt von Platen. „Aber ich glaube, wir kommen nicht drum herum". Jurka sieht das ähnlich. „Wir brauchen die Quote, weil sie Arbeitgeber dazu zwingt, ihre Verhaltensmuster zu überdenken." Natürlich – auch da sind sich die vier einig – darf die Quote nicht dazu führen, dass eine geringqualifizierte Frau einem hochqualifizierten Mann vorgezogen wird. Aber bei gleicher Qualifikation müssten Stellen so lange mit Frauen besetzt werden, bis die Quote erfüllt ist.

Von Platen weiß, dass längst nicht jede Frau das so sieht. Gerade unter den Erfolgreichen gibt es viele Quoten-Gegner. „Sie denken: Ich habe es ohne geschafft, also schaffen es andere auch." Doch das Problem sei, dass diese Frauen sich auf dem Weg nach oben oft „vermännlicht" hätten. „Sie haben sich den Führungsstil, die Ellenbogen und das Diskussionsverhalten von Männern abgeschaut." Damit aber sei nichts gewonnen. Solche Frauen trügen gerade nicht zur Vielfalt bei. „Wir brauchen ja Menschen, die die Dinge anders anpacken, die Althergebrachtes in Frage stellen, Mitarbeiter anders führen." Die aber seien vermutlich leider auf eine Quote angewiesen. „Wenigstens für eine gewisse Zeit, bis so viele es nach oben geschafft haben, dass die Spielregeln nicht mehr einseitig von Männern diktiert werden können."

*Personalberater werden immer
häufiger gebeten, auch weibliche
Kandidaten für Führungspositionen
vorzuschlagen.*

„Bring mir eine Frau"

Seit Monaten rumort es, erzählen Personalberater. Vor allem junge Männer fürchten sich davor, dass ihnen ähnlich qualifizierte Bewerberinnen bald die Top-Jobs wegnehmen VON KRISTINA LÄSKER

Wer in diesem Land als Mann in einen Aufsichtsrat einziehen will, hat es gerade schwer. Denn männliche Bewerber sind momentan nicht en vogue. Das meint zumindest Manfred Gentz, der dem – fast frauenfreien – Aufsichtsrat der Deutschen Börse vorsteht. Auf den Empfehlungslisten der Personalberater seien Frauen längst in der Überzahl, betonte Gentz jüngst im Interview mit der Wirtschaftswoche. Die Männer hätten bloß noch Alibifunktion. „Selbst, wenn sie besser qualifiziert sein sollten als ihre Konkurrentinnen, ist davon auszugehen, dass derzeit meistens Frauen den Vorzug erhalten."

Doch was der Chefkontrolleur der Börse als „umgekehrte Diskriminierung" geißelt, hat er selbst verursacht, weil er sich für mehr Frauen in Aufsichtsräten einsetzt. Seit Jahren gehört Gentz der Regierungskommission für gute Unternehmensführung (Corporate Governance) an. Hartnäckig kämpft das Gremium dafür, dass Aufsichtsräte weiblicher werden. Auch Arbeitsministerin Ursula von der Leyen (CDU) möchte die Firmen dazu bewegen, dass sie den Frauenanteil in Top-Etagen auf 30 Prozent erhöhen.

Angesichts dieses Drucks bemühen sich viele Konzerne so sehr um fitte Frauen, dass sich die ersten Männer um ihren Aufstieg sorgen. „Seit drei bis vier Monaten rumort es", berichtet der Münchner Personalberater Andreas Föller. Es gebe mehr und mehr junge männliche Anwärter, die sich schon jetzt ausgebremst fühlten, berichtet er. Weil angeblich eine Frau vorgezogen wurde. Doch Berater Föller bezweifelt, ob das wirklich stimmt. So sei es eben leichter, eine Ablehnung auf eine Quote zu schieben, vermutet er.

Ähnliches hat der Frankfurter Headhunter Heiner Thorborg beobachtet. Insbesondere schwache Vorgesetzte nähmen die Frauenquote gern als Ausrede, um ihre männlichen Bewerber zu vertrösten, sagt er. Thorborg meint, dass talentierte Anwerber auch künftig nichts zu befürchten hätten, wenn die Quote kommt. „Schwache Frauen werden doch nicht starken Männern vorgezogen."

Doch wie sehr müssen sich aufstrebende Männer wirklich vor der neuen weiblichen Konkurrenz fürchten? „Es ist alles in Bewegung geraten", meint Headhunter Thorborg dazu. Immer häufiger werde er gebeten, weibliche Kandidaten für Top-Positionen vorzuschlagen. Neulich wieder, als er Vorschläge für die Besetzung eines Vorstandsjobs machen sollte: „Bring mir eine Frau", lautete die Mission. Diese Tendenz bestätigt auch Berater Föller. Er werde öfter beauftragt, seine Vorschlagslisten mit Managerinnen zu ergänzen. Wenn er drei bis vier Kandidaten für einen Top-Job vorschlage, müsse darunter neuerdings auch immer eine Frau sein.

Was das Thema schwierig macht: Niemand stellt nach wirklich objektiven Kriterien ein – es entscheidet auch immer der Bauch mit. Und das könnte sich nun für die Frauen auszahlen. Wenn etwa männliche und weibliche Bewerber ganz ähnliche Qualifikationen mitbringen, könnten Männer tatsächlich künftig das Nachsehen haben. Das bestätigt zumindest die Nachfrage bei betroffenen Konzernen. „Heute haben wir die Situation, dass wir Frauen bei gleicher Qualifikation für Führungspositionen noch nicht vorziehen", sagt etwa Ulrich Schmidt, Personalvorstand von Beiersdorf, und fügt hinzu: „Doch das wird sich ändern." Denn Beiersdorf hat sich eine freiwillige Quote gesetzt und gehört zu dem Drittel der 30 Dax-Konzerne, die auf den politischen Druck reagiert haben. Bis 2020 sollen bis zu 30 Prozent der Führungskräfte bei dem Nivea-Hersteller weiblich sein.

Was Männern Angst macht – dass Frauen Frauen nachholen.

Um das zu schaffen, ist eine Bevorzugung von Frauen schon rein rechnerisch nötig. Sonst könnten Konzerne wie Beiersdorf ihre eigenen Vorgaben gar nicht erfüllen. „Wir hätten gerne einen schnelleren Fortschritt", sagt Personalchef Schmidt, der sich mehr Frauen in Führungsjobs wünscht. Aber er könne ja nicht einfach die Männer entlassen.

Wegen solcher Bevorzugung finden viele die Frauenquote ungerecht. Wie Jan Lüttringhaus vom Max-Planck-Institut für ausländisches und internationales Privatrecht. „Die Frauenquote bekämpft die Diskriminierung der Frauen mit Hilfe einer umgekehrten Diskriminierung der Männer", moniert der Jurist. Nach dem Motto: Früher wurden Frauen ungleich behandelt – und jetzt auch die Männer. „Das ist bloß ein neues Übel."

Auch Jobst-Hubertus Bauer, Partner der Anwaltskanzlei Gleiss Lutz, hält wenig von der Quote und beruft sich auf das Allgemeine Gleichbehandlungsgesetz. Eine starre Frauenquote von etwa 30 Prozent im Vorstand einer Aktiengesellschaft sei sogar rechtswidrig, meint der Jurist. „Die Rechtsprechung verlangt – selbst bei gleicher Qualifikation –, dass Frauen kein unbedingter und absoluter Vorrang gewährt wird."

Doch ob legal oder illegal: Nicht alle Stellen werden gleichermaßen an weibliche Anwärter vergeben. Insbesondere in den Bereichen Personal, Kommunikation und Recht sind Frauen auf dem Vormarsch. Wie etwa beim Autokonzern Daimler, der die ehemalige Verfassungsrichterin Christine Hohmann-Dennhardt jüngst zum Vorstand für „Integrität und Recht" berufen hat. Was auffällt: In richtig männerlastige Berufe werden Frauen noch immer kaum hineingelassen. Technik, Produktion und Vertrieb dürften noch länger Männerbastionen bleiben – das zeigen auch die Ausbildungsquoten der entsprechenden Berufe.

Was vielen Männern tatsächlich Angst bereitet: Wenn eine Frau erst einmal oben angekommen ist, könnte sie womöglich andere Frauen nachholen, und Männer hätten das Nachsehen. Denn Frauen ziehen häufiger Frauen nach. So wie Männer bisher meist Männer nachgezogen haben. Dies beruhe auf einer schlichten Verhaltensweise, meint Personalberater Föller: „Entscheider haben – natürlich ganz unbewusst – eine große Sympathie für ähnliche Lebensläufe."

Die Gewerk-schaften

Die Berufswelt wird flexibler und individueller. Den standardisierten Arbeitstag, der morgens um neun Uhr beginnt und abends um fünf Uhr endet, wird es bald nicht mehr geben; Menschen arbeiten heute selbstbestimmter als vor fünfzig Jahren. Doch was bedeutet das für die Gewerkschaften? Müssen sich Tarifverträge und andere kollektive Vereinbarungen an die neue Arbeitswelt anpassen? Wie unternehmerisch müssen und können Beschäftigte denken?

Erntebrigade

Die Gewinnung von Rohzucker aus Zuckerrohr ist einer der wichtigsten Industriezweige Kubas. Nebenprodukte der Zuckerindustrie sind Rum und Industrialkohol, der aus Zuckersirup hergestellt wird. Bevor die Vereinigten Staaten 1960 eine Einfuhrsperre über kubanischen Zucker verhängten, waren mehr als 80 Prozent des Gesamtexports Kubas in die USA gegangen. Danach gewann die Sowjetunion an Bedeutung für Kubas Zuckerhandel. Das Foto aus dem Jahr 1988 zeigt Erntearbeiter auf Kuba nach getanem Tagwerk. In provisorischen Unterkünften leben sie in Gruppen fünf Monate im Jahr zusammen. Die Arbeiter kommen aus den verschiedensten Landesteilen und Berufen. Sie erhalten die Hälfte ihres üblichen Lohns und zusätzlich eine Prämie fürs Zuckerrohrschneiden.

Dienstleister statt Klassenkämpfer

Die deutschen Gewerkschaften ändern allmählich ihr Selbstverständnis. So wollen sie für junge Arbeitnehmer wieder attraktiv werden VON DETLEF ESSLINGER

Es war eine sehr kleine Branche, in der dieser Arbeitskampf tobte; kein Vergleich zum öffentlichen Dienst oder zur Metallindustrie, wo es immer gleich um die Gehälter von mehreren Millionen Arbeitnehmern geht. Bloß 14 000 Beschäftigte. Trotzdem war es ein Arbeitskampf, der verdeutlicht, vor welchem Problem Gewerkschaften dabei grundsätzlich stehen. Denn die Auseinandersetzung, die im August 2011 nach einem Jahr zu Ende ging, hatte auch ein Ergebnis zur Folge, das im Grunde voraussehbar war. Es tritt oft ein, wenn Gewerkschaften gewissermaßen zu erfolgreich sind, wenn sie durchsetzen können, was sie sich vorgenommen haben.

Im Fall der Redakteure haben Verdi und der Deutsche Journalistenverband (DJV) das Ansinnen der Verleger abgewehrt, den Nachwuchs pauschal um 15 Prozent schlechter zu bezahlen als etablierte Redakteure. Es war ein Erfolg, mit dem die beiden Gewerkschaften anfangs selber kaum gerechnet hatten – der aber auch dazu führte, dass wieder drei Verlage mehr künftig gar nicht mehr nach Tarif bezahlen möchten. Insgesamt 45 Zeitungen verfahren inzwischen so. Das erleben Gewerkschaften in nahezu allen Branchen: Eine Firma tritt aus dem Arbeitgeberverband oder zumindest aus dessen Tarifgemeinschaft aus; dieses Problem wird für Gewerkschaften seit Jahren eher größer als kleiner.

Tarifverhandlungen zu führen, das ist das Kerngeschäft einer jeden Gewerkschaft. Deshalb fingen Arbeiter im 19. Jahrhundert ja an, sich zusammenzuschließen: Weil sie nur im Kollektiv die Möglichkeit hatten, ihre Arbeitsbedingungen mitzubestimmen. An dieser Gefechtslage hat sich seitdem nichts geändert, nur eine Minderheit von spezialisierten, besonders gefragten Arbeitnehmern ist in Vertragsverhandlungen alleine erfolgreicher als im Kollektiv.

Auf den ersten Blick waren die deutschen Gewerkschaften vor allem während des Boomjahres 2011 ziemlich erfolgreich im Kerngeschäft. Das Wirtschafts- und Sozialwissenschaftliche Institut der Hans-Böckler-Stiftung (die dem Deutschen Gewerkschaftsbund nahesteht) hat ausgerechnet, dass sie Lohnerhöhungen von durchschnittlich 4,7 Prozent durchgesetzt haben, ein Wert, der so hoch ist wie seit Jahren nicht mehr. Einen großen Erfolg meldete die IG Bau am letzten Augusttag 2011. „Sattes Lohnplus im Garten- und Landschaftsbau". Sie setzte dort eine Erhöhung in zwei Stufen durch, um 5,6 Prozent im Westen und sogar um 6,1 Prozent im Osten.

Auf den zweiten Blick relativieren sich solche Erfolge jedoch. Die schönste Jubelmeldung nutzt ja wenig, wenn sie immer weniger Arbeitnehmer betrifft. Vor anderthalb Jahrzehnten galten Branchentarifverträge noch für 70 Prozent der Beschäftigten im Westen und für immerhin 56 Prozent im Osten. Seitdem ist die Quote Jahr für Jahr gesunken: auf 56 Prozent im Westen und sogar nur 37 Prozent im Osten. Ja, es gibt Unternehmen, die treten zwar aus der Tarifgemeinschaft aus, zahlen ihren Mitarbeitern aber trotzdem weiterhin Tariflöhne. Das sind diejenigen Unternehmen, die um alles in der Welt flexibel bleiben wollen, die auch allen Öffnungsklauseln misstrauen, die es längst in Tarifverträgen gibt, und die sich beim nächsten Umsatzeinbruch nicht erst mit Gewerkschaften herumplagen wollen. Das ist die eine Gruppe der Tarifverweigerer.

Die andere besteht aus Firmen, die relativ kalt kalkulieren: Nur wenig Beschäftigte pro Betrieb? Und die meisten von ihnen nicht sonderlich qualifiziert? Vielleicht auch noch viele Frauen darunter sowie Teilzeitkräfte? In solchen Milieus sind die Beschäftigten nur selten Mitglieder von Gewerkschaften, und auch jede Werbekampagne von denen liefe mit ziemlicher Sicherheit ins Leere. Die Firmen zahlen schlecht, weil sie meinen, sich das leisten zu können.

Was folgt daraus für Gewerkschaften? Im Fall der Friseure, Schlachthofarbeiter oder Call-Center-Beschäftigten vermutlich nicht allzu viel. Parteien brauchen Wähler, Kirchen brauchen Gläubige, Gewerkschaften aber Mitglieder. So sagt es Frank Bsirske immer, der Chef von Verdi. Der eine oder die andere aus den drei genannten oder ähnlichen Berufsgruppen wird sich gewinnen lassen, zum Beispiel mit dem Argument, dass man als Mitglied automatisch Rechtsschutz hat; die Masse aber nicht. Löhne, von denen man leben kann, ohne dass der Staat den Job mittels Hartz-IV-Zahlungen subventionieren muss – die wird es in solchen Branchen wohl nur geben, wenn der Staat sich eines Tages zur Festlegung eines gesetzlichen Mindestlohns entschließt. Gewerkschaftern fehlt dort de facto für Tarifrunden das Verhandlungsmandat. Wenn sie etwas bewirken wollen, müssen sie die Rolle von Lobbyisten übernehmen – was so aussichtslos ja nicht sein muss: Sollte Rot-Grün 2013 im Bund regieren, dürfte die Einführung eines solchen Mindestlohns gewiss sein; möglicherweise ist die Zeit dazu inzwischen sogar so reif, dass sich jede Koalition, der nicht die FDP angehört, dazu entschlösse.

In den anderen Branchen mag Mitgliederstärke noch kein Garant für Erfolg sein; Mitgliederschwäche aber ist in jedem Fall ein Garant für Misserfolg. Die acht DGB-Gewerkschaften haben in den vergangenen zwei Jahrzehnten fast die Hälfte ihrer Mitglieder verloren: 11,8 Millionen waren es 1991, nur noch 6,2 Millionen Ende 2010. Die meisten Organisationen haben den Abwärtstrend jedoch mittlerweile gestoppt. Für die Entwicklung waren steigende Arbeitslosenzahlen verantwortlich, aber auch ein Erscheinungsbild von Gewerkschaften, das gerade junge Menschen wenig anziehend fanden: lärmend, Floskeln und überkommene Rituale pflegend, zeitweise den Schwerpunkt zu sehr auf die Straße und zu wenig auf die Betriebe legend.

Die Wirtschafts- und Finanzkrise war auch in dieser Hinsicht eine Zäsur. Michael Vassiliadis, der mit 47 Jahren vergleichsweise junge Chef der Industriegewerkschaft Bergbau, Chemie, Energie (IG BCE), hatte schon recht, als er damals formulierte: „Es herrscht ein Klima der Vernunft vor, in dem sich Arbeitgeber (und) Gewerkschaften um Gemeinsamkeiten bemühen, statt ständig in der Versuchung zu leben, zum Nachteil des jeweils anderen die Verhältnisse zum eigenen Vorteil zu kippen." Die Gewerkschaften handelten in der Krise ganz anders, als es ihrem pauschalen Image entsprach und wie sie es während der Auseinandersetzungen um die Agenda 2010 kultiviert hatten. Es blieb ihnen allerdings auch kaum etwas anderes übrig.

> **Images ändern sich langsamer als Handlungsweisen.**

Das Problem ist nur: Images ändern sich immer viel langsamer als tatsächliche Handlungsweisen. Die These ist nicht allzu gewagt, dass der junge, gut ausgebildete, ordentlich verdienende – oder verdienen wollende – Arbeitnehmer von heute nicht wegen, sondern allenfalls trotz einer Mai-Demo bei IG BCE, IG Metall oder Verdi Mitglied wird. Längst vorbei sind die Zeiten, in denen der Antagonismus von Arbeit und Kapital den Zulauf garantierte; ideologische Geborgenheit bei Gewerkschaften sucht kaum jemand mehr. Und Treue zu ihnen gibt es ebenso wenig, wie es die noch zu Kirchen oder Parteien gibt. Stattdessen fragen die Leute: Was bringt mir das jeweils konkret?

Das ist der Grund, weshalb Mitarbeiter von Verdi auch jeden Rentner anrufen, sollte der zum Ende seines Berufslebens die Mitgliedschaft in der Annahme kündigen, eine Gewerkschaft von jetzt an nicht mehr zu brauchen. Ob man denn nicht wisse, dass Verdi kostenlos jeden Rentenbescheid prüft? Das ist auch der Grund, warum die IG Metall per Tarifvertrag die unbefristete Übernahme von Azubis vereinbaren will. Und das ist schließlich auch der Grund, warum fast jede Gewerkschaft ab und an einen Streik braucht, ob sie das nun zugibt oder nicht. Der Streik bei den Zeitungsredakteuren hatte gewiss nicht solche taktischen Gründe, dazu war die Auseinandersetzung zu erbittert. Trotzdem war er als Instrument zur Mitglieder-Akquisition keinesfalls zu unterschätzen. Da standen auf einmal Nachwuchsjournalisten in den Verlagsfoyers und spürten: Wenn ich künftig nicht pro Monat auf 400 Euro verzichten will, dann sollte ich jetzt wohl streiken; falls ich aber streike, zieht der Arbeitgeber mir das vom Lohn ab – also trete ich lieber bei Verdi oder DJV ein und kriege dann mein Geld aus der Streikkasse.

Mit den Journalisten (und den Kirchenvertretern sowie Oppositionspolitikern) haben Gewerkschafter gemeinsam, dass man freie Gesellschaften daran erkennt, dass sie frei wirken können. Diese Frage stellt sich in Deutschland nicht. Hier ist die Sache ein paar Nummern kleiner, die Herausforderung aber trotzdem groß: Was aus den Gewerkschaften wird, das hängt vor allem davon ab, wie gut sie als Kümmerer, als Dienstleister sind.

„Chef ist derjenige, der gerade ein Projekt leitet", sagt Unternehmens-gründer Gernot Pflüger.

Gleicher Lohn für alle

Die Mediengruppe CPP Studios kommt ohne Betriebsrat aus. Das Gehalt ist einheitlich, die Beschäftigten stimmen über die Höhe ab. Das Modell funktioniert, trotz mancher Debatten VON SIBYLLE HAAS

Bei der Mediengruppe CPP Studios in Offenbach sehen Lohnverhandlungen so aus: Am Ende des Jahres setzen sich alle zusammen und entscheiden, was mit dem Gewinn passiert. Wie viel investiert wird, wie viel man zurücklegt und wie viel die Mitarbeiter im kommenden Jahr verdienen werden. Auch der Bonus wird so ausgehandelt oder die Gehaltskürzung, wenn es schlecht läuft. Alle 32 CPPler, einschließlich der zwei Chefs, haben dabei eine Stimme. Entschieden wird mit einfacher Mehrheit.

Das System funktioniert, denn jeder verdient das Gleiche. Egal ob einer 50 ist oder 25, egal welchen Job er macht – alle bekommen dasselbe Gehalt. Nur die beiden Geschäftsführer Gernot Pflüger, 46, und Thomas Lutz, 49, verdienen mehr – weil sie das finanzielle Risiko tragen.

Die Idee mit dem Einheitslohn entstand vor mehr als 20 Jahren. Pflüger arbeitete als Musiker und Journalist und machte sich in den achtziger Jahren mit Freunden in der Veranstaltungstechnik selbständig. So entstand die Mediengruppe CPP Studios, die heute multimediale Produktionen und Veranstaltungen konzipiert, plant und umsetzt – vom Werbefilm für die Deutsche Bank bis zum Kirchentag der katholischen Kirche – und die im Jahr inzwischen mehr als fünf Millionen Euro umsetzt.

„Am Anfang waren wir nur wenige, und jeder verdiente das Gleiche", erklärt Pflüger. Die Firma wuchs, die Sache mit dem Einheitslohn blieb. Nur einmal wurde das Gleichheitsprinzip in Frage gestellt. Einige Ältere fanden es ungerecht. Bis tief in die Nacht hinein wurde diskutiert, der Einheitslohn wurde gekippt, und die Jüngeren bekamen ein Viertel weniger. Funktioniert hat das nicht. Denn die Jungen machten früher Feierabend, fühlten sich nicht mehr zuständig und schoben den Älteren die Verantwortung zu. Es gab viel Streit – und der Einheitslohn wurde wieder eingeführt.

Die CPP Studios kommen ohne Gewerkschaften und ohne Betriebsrat aus. „Wir sind basisdemokratisch", sagt Pflüger. „Unsere Mitbestimmung geht viel weiter als die der Gewerkschaften." Dabei ist das Unternehmen keineswegs ein „Laubsägenkollektiv", wie Pflüger gerne betont. „Wir stehen im harten Wettbewerb und wollen besser sein als unsere Konkurrenten", sagt er. Gearbeitet wird deshalb viel. Manchmal bis tief in die Nacht hinein, wenn ein Projekt in der Schlussphase steckt. Wer dann nicht mehr mit dem Auto heimfahren will, der schläft im Büro. Für solche Fälle gibt es Gästebetten und Duschen in der Firma.

Nicht nur beim Gehalt, auch bei Neueinstellungen haben alle ein Wort mitzureden. Mitbestimmung wird bei Personalangelegenheiten sogar ganz besonders großgeschrieben. „Die Zustimmungsbarriere ist da viel höher", erklärt Pflüger. Da reicht nicht wie beim Gehalt die einfache Mehrheit für den Beschluss. Schon zwei oder drei Gegenstimmen aus der Belegschaft sind genug, um eine Einstellung zu verhindern. „Das ist wichtig, denn wir arbeiten in den Projekten eng und viele Stunden zusammen. Da muss die Chemie stimmen." Oft würden Einstellungen neuer Mitarbeiter nicht blockiert, aber wenn, werde das ausgiebig in der Gruppe diskutiert.

Pflüger will, dass sich seine Leute verantwortlich fühlen für das, was sie tun. Hierarchien gibt es deshalb nicht. „Chef ist derjenige, der gerade ein Projekt leitet. Das kann beim nächsten Projekt schon wieder anders sein", erklärt er. Auch die Urlaubsplanung macht jeder selbst. „Wir nehmen uns so viel Urlaub, wie wir brauchen", sagt er. Ausgenutzt zu Lasten der Kollegen habe das bisher keiner. „Wenn man den Mitarbeitern Verantwortung gibt, sind sie viel sorgfältiger und vernünftiger, als man ihnen so nachsagt", meint Pflüger. Das Problem der CPPler sei eher die Selbstausbeutung.

Die CPP Studios haben sich in einer alten Fabrik niedergelassen. Graphikdesigner, Filmemacher oder Kameraleute arbeiten in dem roten Backsteingebäude in Offenbach in der Nähe von Frankfurt. Anders als man vermuten könnte, trifft man dort keineswegs nur junge Leute an. Der jüngste Mitarbeiter ist 25, der älteste 52 Jahre. Die Fluktuation ist gering.

Michael Wiederhold ist 50. Er ist gelernter Bankkaufmann und kam mit Pflüger zusammen, als sie gemeinsam Musik machten. Das Konzept der Firma gefiel ihm, und er übernahm zunächst einige Hilfsarbeiten. Das ist jetzt 20 Jahre her. Heute hat Wiederhold Prokura, ist für den kaufmännischen Bereich zuständig, vom Controlling bis zur Personalabteilung. „Unseren Verwaltungs-Wasserkopf", nennen sie ihn hier schmunzelnd.

Auf den etwa 1600 Quadratmetern der Firma gibt es ein Mini-Kino und mehrere Aufnahmestudios. Herzstück aber ist die „Pinguin-Kolonie". So nennt Pflüger das Großraumbüro, in dem die Angestellten Schreibtisch an Schreibtisch arbeiten. Auch die Chefs sitzen mittendrin, „weil man so auf Zuruf schnell mal was klären kann". Es herrscht geordnetes Chaos, auf den

Schreibtischen stapeln sich DVDs, Papiere, Hefte, Ordner, Süßigkeiten. Hier und da steht eine Kaffeetasse mit eingetrocknetem Kaffee, fast auf jedem Tisch ein voller Aschenbecher. Hinter den Bildschirmen herrscht konzentrierte Ruhe. Momentan arbeitet die Kreativ-Truppe an einem Großprojekt für einen Autohersteller. Es geht um die Kommunikationsstrategie für ein neues Auto. Mehr will Pflüger dazu nicht sagen. Die Sache ist zu frisch.

Pflüger ist von der Art, wie sie bei CPP zusammenarbeiten, überzeugt. „Unsere Leute haben viel Freiräume, deshalb sind sie so kreativ", erklärt er. Die meisten Firmen seien hingegen in einer „spätmittelalterlichen Phase" hängengeblieben. „Viele Beschäftigte geben die Freiheiten des 21. Jahrhunderts an der Tür ihres Arbeitgebers ab. Sie lassen sich behandeln wie Kinder. Das ist Irrsinn", sagt er. Der hierarchische Führungsstil führe nur dazu, dass die Menschen Dienst nach Vorschrift machten. Sein Fazit: „Das bringt die Unternehmen aber nicht weiter."

Herzstück ist die „Pinguin-Kolonie". So heißt das Großraumbüro.

Die Gewerkschaften funktionierten nach dem gleichen Machtprinzip und seien dem „neoliberalen Denken verfallen, statt sich um die Belange der kleinen Leute zu kümmern", kritisiert Pflüger. Deshalb verlören sie an Bedeutung. „Dabei ist die Lage für die Gewerkschaften so gut wie lange nicht mehr", sagt er. „Die Menschen haben Angst um ihre berufliche Zukunft, und viele zweifeln, ob es ihren Kindern einmal besser gehen wird als ihnen selbst. Da liegt doch eine große Chance für die Gewerkschaften, neue Mitglieder zu gewinnen."

Pflüger und seinem Team ist es wichtig, dass die Arbeit erfüllend und sinnstiftend ist. Geld dagegen sei nicht so wichtig. Allerdings betont Pflüger, dass Arbeit natürlich „die Existenz absichern" müsse. Wie hoch der Einheitslohn bei CPP momentan ist, will er nicht sagen.

Manche könnten woanders sicher mehr Geld verdienen. Doch sie bleiben. Weil sie in der alten Fabrik in Offenbach flexibel, frei und selbstverantwortlich arbeiten können.

Die menschen- freundliche Organisation

Der Konkurrenzkampf wird härter. Das spüren auch die Beschäftigten. Sie müssen immer schneller und besser werden. Doch wer leistungsfähige und kreative Mitarbeiter haben will, muss etwas für sie tun. Firmen brauchen Führungsmethoden, die Menschen nicht nur fordern, sondern fördern. Was sind solche erfolgreichen Führungsmodelle? Welchen Stellenwert hat Humanisierung der Arbeit in modernen Produktionsbetrieben? Wo muss Arbeit heute humanisiert werden?

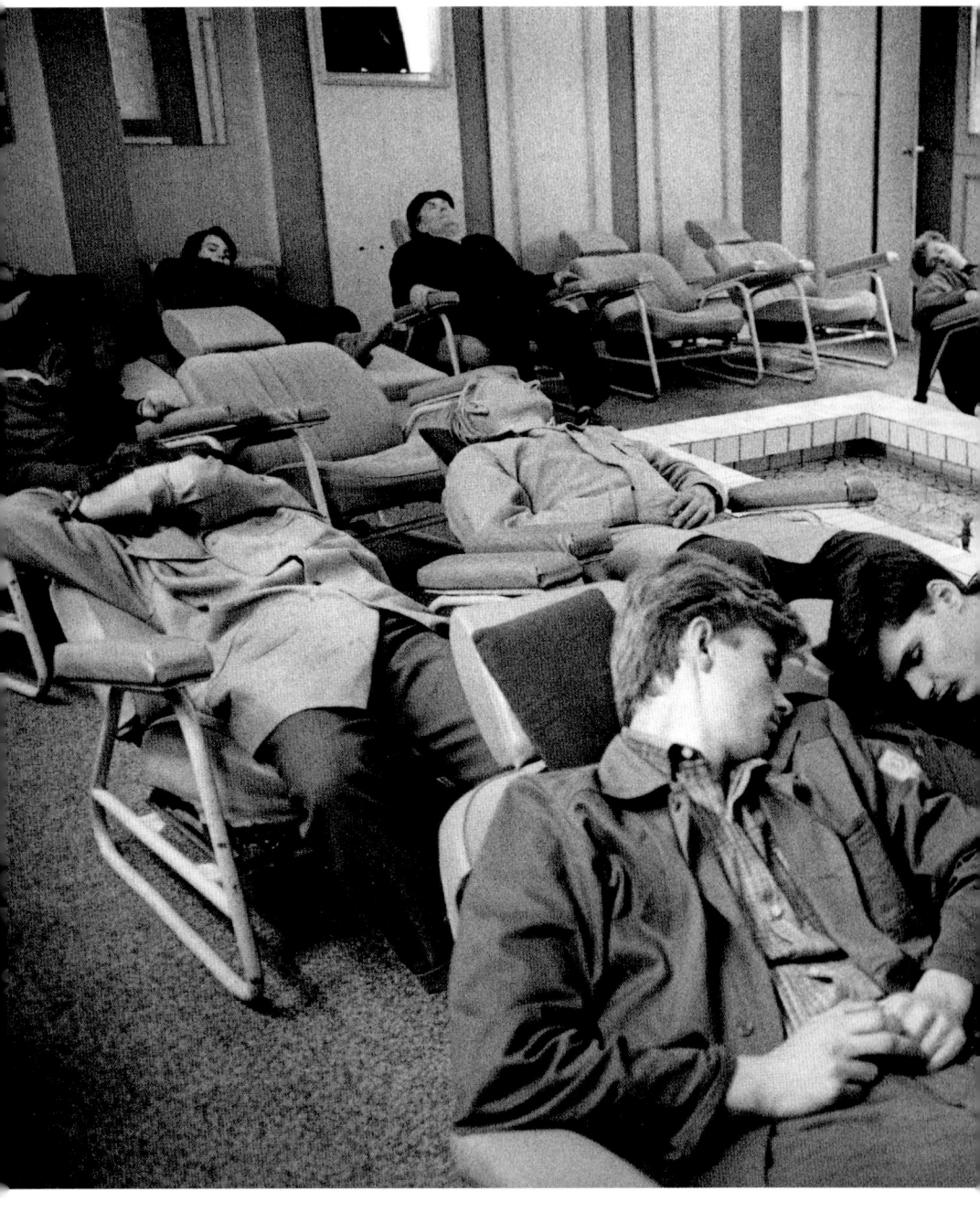

Entspannung zwischen Fischen

Die Lada-Werke in der früheren Sowjetunion zeichneten sich vor allem durch eines aus: Sie produzierten mit relativ niedrigem technischen Standard und einer großen Zahl von Beschäftigten. Die Fabrikanlage im russischen Togliatti war vor gut zwanzig Jahren weltweit eine der größten ihrer Art. Sie beschäftigte 120 000 Arbeitskräfte und produzierte 725 000 Autos im Jahr. Zum Vergleich: Die deutsche Automobilindustrie beschäftigt etwas mehr als 718 000 Menschen und produziert im Inland etwa 5,5 Millionen Fahrzeuge jährlich. Das Foto aus dem Jahr 1991 zeigt Lada-Arbeiter während ihrer zwanzigminütigen Pause zwischen den Schichten. Sie entspannen in einem Ruheraum, der von Aquarien umgeben ist. Es spielt leise Musik und manchmal werden auch Gedichte vorgelesen.

Die Entdeckung des Arbeitsklimas

Zufriedene Mitarbeiter sind wichtiger als alles andere. Dennoch ist diese Erkenntnis noch nicht überall angekommen VON DAGMAR DECKSTEIN

Es waren nun ausgerechnet Versuchsreihen mit unterschiedlichen Helligkeiten an den Arbeitsplätzen, die Forschern in den zwanziger Jahren des vergangenen Jahrhunderts im wörtlichen Sinne ein Licht aufgehen ließen. Das legendäre Hawthorne-Experiment warf dieses neue Licht auf die bis dahin weitgehend ignorierte Tatsache, dass Menschen nicht nur seelenlose Rädchen im Getriebe standardisierter und bis ins Kleinste zerhackter Produktionsprozesse sind, sondern dass psychologische und soziologische Faktoren einen gehörigen Einfluss auf ihre Produktivität und Arbeitszufriedenheit besitzen. Was heute, zumindest auf intellektueller Ebene, eine Binsenweisheit ist, kam damals einem Aha-Erlebnis gleich und markierte den Beginn der Betriebssoziologie und der sogenannten Human-Relations-Bewegung, die sich fortan auch mit der Frage beschäftigte, wie sich Arbeit humanisieren lasse.

Eigentlich hatten die Forscher unter dem australischen Soziologen und Harvard-Professor Elton Mayo nur herausfinden wollen, wie sich unterschiedliche Lichtverhältnisse auf die Produktivität auswirken würden. Die Studien fanden zwischen 1924 und 1932 in der Hawthorne-Fabrik der Western Electric Company bei Chicago statt, wo vor allem Frauen Telefonanlagen zusammenbauten. Industrielle Produktion damals orientierte sich streng an Frederick W. Taylors Prinzipien der „wissenschaftlichen Betriebsführung", dessen oberstes lautete: „Arbeiter gehorchen ähnlichen Gesetzen wie Teile einer Maschine." Also galt es, mit Zeitmessungen, Bewegungs- und Werkzeugstudien die Arbeit des einzelnen Arbeiters in kleine, standardisierte Schritte zu zerlegen, um so höchste Effizienz und Produktivität zu erzielen.

In dieser Phase machten die Hawthorne-Forscher nun die irritierende Entdeckung, dass sich bei den Arbeiterinnen die Produktivität ständig erhöhte, egal ob ihr Arbeitsplatz nun von mehr oder weniger Licht beschienen wurde. Die Wissenschaftler führten das schließlich zu Recht auf die erhöhte

Aufmerksamkeit zurück, die den Frauen durch sie selbst und die Führungskräfte zuteilwurde. Ein Widerspruch zu Taylor, der Arbeitsleistung als „mechanische" Folge der physischen Arbeitsbedingungen ansah. Es wurde nun – aufgrund dieses überraschenden Hawthorne-Effekts – angenommen, dass psychologische Faktoren wichtiger sind als die physische Arbeitsumgebung.

Die neue Erkenntnis brach sich alsbald unter dem Titel „Humanisierung der Arbeit" Bahn. Das allerdings durchaus nicht aus lauter Menschenfreundlichkeit der Unternehmenslenker, sondern, wie zuvor auch, im Namen der Wettbewerbsfähigkeit durch Produktivitätssteigerung. Es galt fortan, die Wohlfühlfaktoren an den Arbeitsplätzen zu erhöhen. Es wurde ergonomischer und bunter, natürlich spielte nach wie vor die Beleuchtung eine Rolle, Gesundheits- und Arbeitsschutz wurden großgeschrieben, Raum- ebenso wie Betriebsklima als kritische Faktoren erkannt, die Arbeit wurde neu organisiert – von der Gruppenarbeit über die Gleitzeit bis zur Jobrotation oder neudeutsch des „Job Enrichments". Aber das Menschenbild der Humanisierer war nach wie vor zutiefst vom manuell tätigen Fabrikarbeiter Taylor'schen Zuschnitts geprägt, auch wenn die Arbeitsumgebung inzwischen von moderner Kunst an den Bürowänden oder flimmer- und verzerrungsfreien Computerbildschirmen geprägt ist.

Es war nicht von ungefähr der große Managementvordenker Peter F. Drucker, der schon Ende der sechziger Jahre eine ganz neue Zeit heraufdämmern sah. In seinem Aufsatz *Arbeit und Arbeiter in der Wissensgesellschaft* schrieb er: „Die Ansprüche des Kopfarbeiters sind viel größer als jene des manuellen Arbeiters und auch ganz anderer Art. Für den manuellen Arbeiter war eine Arbeit vor allem eine ‚Existenz'. Dass Arbeit auch Menschen zufriedenstellen sollte, ist eine neue Idee." 30 Jahre später ist Drucker schon vertrauter mit dieser Idee und bezeichnet die Produktivität

Schlechte Führung und innere Kündigung ergänzen sich aufs harmonischste.

des Wissensarbeiters als „die größte Herausforderung des 21. Jahrhunderts." Der Wissensarbeiter, so Drucker weiter, sei nicht mehr als Kostenfaktor, sondern als Vermögenswert zu begreifen, der Erfolg eines Unternehmens beruhe künftig darin, „dass der Wissensarbeiter die Arbeit für genau dieses eine Unternehmen allen anderen Tätigkeiten gegenüber vorzieht".

Erleben wird es Drucker nicht mehr, der 2005 im Alter von 96 Jahren starb. Aber auf seine Weitsicht war schon immer Verlass: „Sicher ist jedoch, dass die wachsende Bedeutung des Wissensarbeiters und seiner Produktivität als zentrales Problem innerhalb der nächsten Jahrzehnte die Struktur und die Natur des ökonomischen Systems tiefgreifend verändern wird." Gar nicht zu reden davon, dass das Management von Wissensarbeit und Wissensarbeitern „außergewöhnliche Vorstellungskraft, außergewöhnlichen Mut und hohe Führungsqualitäten" erfordere.

Damit ist es, ausweislich einer mehr als unübersichtlichen Vielzahl von Befunden, offenbar noch nicht allzu weit her. Die wohl umfangreichste und am häufigsten zitierte Studie des Beratungsunternehmens Gallup kommt nun schon im zehnten Jahr in Folge zum immer gleichen Ergebnis: „In vielen Unternehmen ignorieren Führungskräfte nach wie vor die zentralen Bedürfnisse und Erwartungen ihrer Mitarbeiter teilweise oder völlig." Nur 13 Prozent der Befragten sind motiviert bei der Sache, 21 Prozent so frustriert, dass sie sich destruktiv verhalten und die restlichen zwei Drittel schieben Dienst nach Vorschrift. Auch die Personalberatung Hay Group kommt in ihrer jüngsten Studie vom August zu nicht viel besseren Erkenntnissen: Jeder zweite Arbeitnehmer empfindet das Klima am Arbeitsplatz als schlecht. Und das Klima ist in den letzten 30 Jahren sogar noch kontinuierlich schlechter geworden, seit Beginn der Aufzeichnungen 1984 wird nun ein Tiefststand erreicht – das ergab jedenfalls die jüngste Untersuchung des Instituts für Arbeit und Qualifikation an der Universität Duisburg-Essen. Kein Wunder, hat doch nicht zuletzt der psychische Druck auf Arbeitnehmer in Deutschland kontinuierlich zugenommen, Untersuchungen der Krankenkassen belegen seit Jahren die Zunahme psychischer Erkrankungen.

Besonders verwunderlich sind solche Befunde nicht, wenn man sie im Lichte der Untersuchung betrachtet, die die Hochschule Osnabrück zum Stellenwert der Personalführung in deutschen Unternehmen veröffentlichte: „In vielen Unternehmen gleicht das Thema Führung noch zu häufig einem bloßen Lippenbekenntnis. Nicht selten wird schlechtes Führungsverhalten der oberen Führungskräfte sogar wissentlich von der Geschäftsleitung geduldet, sofern das operative Ergebnis stimmt." Womit man wieder bei der Gallup-Studie wäre: Schlechte Führung und innere Kündigung der Mitarbeiter gehören offenbar eng zusammen.

Können sich Unternehmensmanager vor dem Hintergrund des demographischen Wandels und des bereits spürbaren Fachkräftemangels schlechte Führung überhaupt noch leisten? Offenbar sitzt Frederick W. Taylor noch tief in den Köpfen der Verantwortlichen, denn wer es wissen wollte, könnte es besser wissen. Um noch eine letzte Studie anzuführen, diesmal die des Fraunhofer Instituts für Produktionsanlagen und Konstruktionstechnik (IKP) und des Arbeitskreises Wissensbilanz: Danach ist das intellektuelle Kapital der Mitarbeiter in deutschen Unternehmen mittlerweile entscheidender für den Unternehmenserfolg als materielle Ressourcen wie Rohstoffe oder Maschinen. Der Studie zufolge ist das Humankapital mittlerweile der wichtigste Pfeiler deutscher Unternehmen. Motivierte und kompetente Mitarbeiter sind also wettbewerbsentscheidend, was ja auch Peter F. Drucker schon vorausgesehen hatte.

Soweit jedenfalls die Theorie, während die Praktiker bei Bedarf Mitarbeiter als lästigen Kostenfaktor nach wie vor feuern oder so schlecht führen, als seien Faktoren wie Zufriedenheit und Motivation einfach nur Psychoquatsch. Ein Umstand, den auch Telekom-Personalchef Thomas Sattelberger beklagt und für die Folge angelsächsisch geprägter Business-School-Ausbildung zurückführt, die einseitig auf Umsatz und Rendite abhebt. Vernachlässigt werde die „psychologische und philosophische Dimension von Leben, Arbeiten und Führung", sagt er. Nicht zuletzt der demographische Wandel dürfte im Sinne der Theorie arbeiten. Spätestens, wenn Unternehmen massiv um Talente kämpfen, steht ein neues Führungsparadigma an: von der Humanisierung der Arbeit zur Humankapitalisierung der Arbeit.

Gut möglich, dass im Jahr 90 nach Hawthorne den Unternehmensverantwortlichen ein neues Licht aufgesteckt wird. Die Erkenntnis, dass nur durch eine partnerschaftliche Unternehmenskultur und durch ethikorientierte Führung ein Biotop erhalten werden kann, in dem Kreativität, Motivation und Innovation entstehen.

Auch gut möglich, dass dereinst auf die Verschleuderung wertvoller menschlicher Ressourcen durch emotionale Vernachlässigung ebenso verständnislos zurückgeblickt wird wie auf die frühkapitalistische Ausbeutung von deren physischer Substanz.

*Götz Werner, Chef der Drogerie-
marktkette dm, hat seine eigene
Philosophie im Umgang mit
Mitarbeitern.*

Wenn 23 000 Mitarbeiter zu Kreativposten werden

Die Drogeriemarktkette dm hat die strengen Hierarchien abgeschafft, die Verkäufer bekommen mehr Freiraum und können selbst entscheiden. Das Unternehmen wächst und wächst VON DAGMAR DECKSTEIN

„Der Mensch lernt entweder durch Einsicht oder Katastrophe. Und Einsicht entsteht, wenn sich die Zeichen mehren, dass es so nicht weitergehen kann." Das ist ein typischer Götz-Werner-Satz, den er natürlich umstandslos auf sich selbst anzuwenden bereit ist. Die Einsicht ereilte den Gründer der Karlsruher dm-Markt-Kette im Jahr 1991 in einer Ettlinger Drogeriemarkt-Filiale. Damals noch wurden Filialleiter von Bezirksleitern überwacht und die wiederum von den Gebietsverkaufsleitern. Als er sich nun seinerzeit, ins Gespräch mit der Filialleiterin vertieft, an den gläsernen Tresen vor dem Parfumregal lehnte, gab der nach, weil sich Scheiben gelockert hatten.

Werner konnte leicht ins Regal mit den teuren Düften langen. Schon zweimal, sagte ihm die Filialleiterin, sei es deswegen zu Diebstählen gekommen. Und was haben Sie dagegen unternommen? Antwort: Ich habe dem Bezirksleiter Bescheid gesagt, dass die Theke befestigt werden muss. Aber nichts sei geschehen. „Da wurde mir schlagartig klar, welch fatale Wirkungen Hierarchien im Unternehmen haben und was das Prinzip Mitarbeiterverantwortung bedeutet", so Werner heute, „und mir wurde bewusst, dass ein Unternehmen von der Initiative der Mitarbeiter vor Ort lebt." Heute, 20 Jahre später, entscheiden längst die 23 000 Verkäufer in den 1200 deutschen dm-Filialen, welches Sortiment in die Regale kommt, reden bei Dienstplänen, Öffnungszeiten und Gehältern mit. Hierarchiedenken, befand Götz Werner seit seinem Damaskuserlebnis aus den frühen 1990ern, gehört ins 19. Jahrhundert. Im 21. Jahrhundert begegnet man den Mitarbeitern auf Augenhöhe und erhebt das Geschäft zur „sozialkünstlerischen Veranstaltung". Oder, wie einer von Werners ehernen Führungsgrundsätzen lautet: „Zutrauen veredelt den Menschen, ewige Bevormundung hemmt sein Reifen." Der Gründer selbst, heute 67, hat sich vor drei Jahren in den Aufsichtsrat zurückgezogen, die operative Führung an Erich Harsch abgegeben und sich mittlerweile als Antroposoph und Menschenfreund dem Kampf ums bedingungslose Grundeinkommen für alle verschrieben. Aber auch Harsch, 50 Jahre alt und seit 30 Jahren bei dm, hat die Werner'schen Führungsmaximen zutiefst verinnerlicht: „Bei uns ist oben nicht in der Geschäftsführung, sondern dort, wo der Kunde ist", sagt er. Und den bestmöglich zu bedienen, sei Sinn und Zweck der dm-typischen

„menschenorientierten Zusammenarbeitskultur". Zu der gehört die Überzeugung, dass Mitarbeiter nicht motiviert werden müssen, und so sie denn unmotiviert sind, auch mit Geld nicht umgestimmt werden können. „Bonussysteme, die unterstellen, dass sich einer nur bewegt, wenn man ihm eine Wurst vorhält, sind menschenverachtend", meint Harsch.

Auszubildende heißen hier Lernlinge.

Der aussagekräftigste Transporteur einer geistigen Haltung ist selbstredend die Sprache. Die unterscheidet sich in der dm-Welt dann doch ganz gehörig vom herkömmlichen Business-Sprech, geprägt vom betriebswirtschaftlichen Kostendenken. Eben nicht wie sonst gebräuchlich werden die Mitarbeiter hier als „Kostenfaktoren" deklariert, sondern in typisch Werner'scher Diktion als „Kreativposten". Kosten belasten nämlich das Ergebnis, gibt Werner zu bedenken, „aber ein Mitarbeiter erbringt eine Leistung, er verursacht keine Kosten". Das leuchtet eigentlich ebenso ein wie die entsprechende unternehmensinterne Vokabel „Mitarbeitereinkommen", die für den anderenorts gebräuchlichen Begriff „Personalkosten" steht, in dem das „zu hoch" immer schon mitschwingt.

Auch von Azubis oder Lehrlingen ist im Götz-Werner-Kosmos nicht die Rede, sondern von „Lernlingen". Lernen sollen die derzeit knapp 2700 Lernlinge in Deutschland so viel wie möglich. Vor allem, Initiative und Verantwortung zu übernehmen. Das geht bis hin zu Theaterworkshops, wo unter

Anleitung professioneller Künstler, Regisseure und Theaterpädagogen etwa das Gedichte-Aufsagen in pantomimischen Spielen geübt wird oder Theaterstücke vor versammelter Kollegenschaft aufzuführen sind. Wozu das gut sein soll? Ängste zu überwinden, Selbstbewusstsein zu entwickeln, mit Sprache umzugehen und in der Gruppe zu arbeiten. Das könne in einem Verkäuferberuf ja wohl nicht falsch sein, erklärt Werner. Und außerdem: „Die übliche Reaktion von Kollegen nach solchen Aufführungen lautet: Das hätte ich dem oder der ja gar nicht zugetraut. Was glauben Sie, wie das Respekt und Selbstvertrauen der Jungen fördert!" Außerdem gehe ein selbstbewusster Verkäufer ganz anders auf die Kundschaft zu als einer, der sich aus lauter Angst vor einem Kunden hinter dem nächstbesten Regal verstecke.

Nachgerade verpönt ist bei dm trotz harten Wettbewerbs unter den Drogeriehändlern das Standardziel der weitaus meisten Unternehmer: Wir müssen wachsen. Im Wachstum als Ziel aber stecke, so Werner, eine kolossale Verwechslung von Ursache und Wirkung, „man kann auch sagen: eine geradezu mephistophelische Blendgranate." Worauf es wirklich ankomme, sei die Regeneration des Unternehmens, also seine „permanente Verwandlung und Weiterentwicklung." Dazu müssten die Menschen aus Einsicht heraus tätig werden, weswegen es bei dm-Markt keine Regeln, sondern lediglich Empfehlungen gebe. Die Aufgabe der Unternehmensführung sei es, „eine Plattform zu bieten, wo Mitarbeiter ihre Biographie gestalten und an einem Strang ziehen". Götz Werners Konzept scheint aufzugehen. Der Umsatz steigt kontinuierlich und hat 2010/2011 die Sechs-Milliarden-Euro-Grenze übersprungen, mit 17 Prozent Marktanteil an Drogeriewaren – eine Steigerung um neuerlich 1,3 Prozent – liegt dm deutlich vor der Nummer zwei, dem Discounter Aldi mit knapp zwölf Prozent. Konkurrent Schlecker folgt mit sechs Prozent erst auf Platz sieben.

Letztlich entscheiden darüber die Kunden, und auch die geben der Werner'schen Führungsphilosophie recht. Zum zehnten Mal in Folge erzielte dm-Markt Spitzenwerte beim sogenannten Kundenmonitor, der jährlichen Zufriedenheitsstudie der Münchner Service-Barometer AG. Mit der Spitzennote 1,95 ist dm nicht nur der beliebteste Drogeriemarkt, sondern auch der beliebteste Händler Deutschlands. Und auch bei der ersten Arbeitgeberstudie Handel der Lebensmittel-Zeitung schnitt dm am besten ab: Die Mitarbeiter benoteten ihren Arbeitgeber mit der Bestnote 1,4. Geschäftsführer Erich Harsch hat dafür eine so simple wie einleuchtende Erklärung: „Wir glauben, dass in jedem Menschen der Wunsch steckt, etwas Sinnvolles zu tun. Nur hat man es vielen abgewöhnt." Gute Führung kann da schnell zur Wiederangewöhnung beitragen.

Arbeit ist mehr als Erwerbsarbeit

Menschen werden oft danach beurteilt, wie viel Geld ihnen ihr Job einbringt. Dabei fällt Arbeit, die Menschen freiwillig und ohne Bezahlung tun, durch das Raster. Doch Bürgerarbeit wird angesichts leerer Staatskassen immer wichtiger. Deshalb muss ehrenamtliche und gemeinnützige Arbeit besser gewürdigt werden als heute. Wie kann das gehen? Geht der Arbeitsgesellschaft am Ende sogar die Lohnarbeit aus? Sind wir auf dem Weg in eine Freizeitgesellschaft?

Domino, Schach und Dame

In den Pausen vertreiben sich die Arbeiter die Zeit. Domino, Schach und Dame sind beliebte Spiele unter den Automobilarbeitern auf dem Foto aus dem Jahr 1987. Die Männer arbeiteten bei den Kommunaar-Automobilwerken in Saporoschje/Ukraine. Es waren die ältesten Fabriken der Region. Die Kommunaar-Automobilwerke wurden 1863, kurz nach der Eröffnung einer nahe gelegenen Maschinenfabrik, von einem deutschen Unternehmer gegründet und nach der Oktoberrevolution verstaatlicht. Bevor es Autos produzierte, stellte das Unternehmen Mähdrescher her. 1960 wurde der Komplex zur Montagefabrik für den ersten sowjetischen Saporoschez-Kleinwagen umgerüstet. Er gehörte in der ehemaligen Sowjetunion zu den beliebtesten Autos. Sie wurden beinahe vollständig in Handarbeit gefertigt.

Arbeit ohne Ende

Ein Siegeszug der Freizeitgesellschaft ist ausgeblieben im Gegenteil: Mehrarbeit gehört zum Alltag vieler Menschen in den Industrieländern VON CASPAR DOHMEN

Europas größtes Stahlwerk erstreckt sich auf einer Fläche von 9,5 Quadratkilometern im Duisburger Norden. Wer zwischen den Hochöfen und durch die Werkshallen läuft, wundert sich, wie wenig Arbeiter er antrifft. Von einem Leitstand aus steuern einige wenige Spezialisten die vollautomatische Walzproduktion. Sie blicken hinunter in die Halle, in der aus glühenden Rohstahlblöcken Maschinen Bleche fertigen. Ein Beschäftigter in diesem zu Thyssen-Krupp gehörenden Stahlwerk hat im Jahr 1990 rechnerisch 315 Tonnen produziert heute sind es 695 Tonnen. Entsprechend konnte die Firma ihre Beschäftigtenzahl mehr als halbieren.

Wie hier in der Stahlindustrie denken vielerorts Menschen darüber nach, wie sie mittels Technik den Einsatz von Arbeitskräften senken können. Die Ergebnisse in den westlichen Industrieländern sind atemberaubend: Jeder Arbeitende erwirtschaftet heute das Zehnfache dessen, was seine Vorfahren Anfang des 20. Jahrhunderts geschafft haben. Und der Prozess geht weiter: Die Produktivität in den entwickelten Volkswirtschaften erhöht sich jährlich um etwa zwei Prozent; entsprechend kann man mit einem um zwei Prozent verminderten Zeitaufwand die gleiche Menge an Gütern herstellen oder bei unverändertem Zeitaufwand zwei Prozent mehr Güter produzieren, dann wächst die Wirtschaft.

Angesichts des technologischen Fortschritts sah manch ein Schriftsteller oder Philosoph Mitte des 20. Jahrhunderts eine goldene Zukunft für die Menschheit voraus. Der französische Sozialwissenschaftler Jean Fourastié beschrieb 1949 eine Gesellschaft mit Wohlstand und einem Leben in Annehmlichkeit für alle, der österreichische Sozialphilosoph André Gorz in den 1970er Jahren in *Wege ins Paradies* eine Gesellschaft, in der es dank der Umwälzungen durch die Mikrotechnologie ausreicht, wenn jeder Einzelne

20 000 Stunden in seinem Leben für Lohnarbeit aufwendet, was etwa zehn Jahren Vollerwerbsarbeit entspricht. Vom Ende der Arbeit spricht bis heute der US-Ökonom Jeremy Rifkin, der sein gleichnamiges Buch im Jahr 1995 vorlegte. Langfristig wird die Arbeit verschwinden, sagt Rifkin, weil die Zeiten vorbei seien, in denen technologischer Fortschritt und gesteigerte Produktivität alte Jobs vernichten, dafür aber mindestens genauso viele schaffen.

Seine Prognose: Das Industriezeitalter bereitete in den USA der Sklaverei ein Ende. Das Informationszeitalter wird der massenhaften Lohnarbeit den Garaus machen. Also endlich mehr freie Zeit, in denen sich Menschen um ihre Familie kümmern, ihren Hobbys nachgehen oder schlicht Muße erleben können?

Theoretisch spricht sogar nichts gegen eine Science-Fiction-Welt, in der Maschinen alle Güter und Dienstleistungen bereitstellen und in der sich die Maschinen auch noch selbst warten. Vieles was gestern futuristisch klang, ist heute möglich: Solarbetriebene Roboter können alte Menschen pflegen, die vollautomatische Kasse kann die Arbeit der Kassiererin im Supermarkt übernehmen und vielleicht ersetzt schon bald eine Bilderkennungs-Software den Radiologen bei der Beurteilung von Röntgenbildern.

Doch der Nachruf auf die Erwerbsarbeit ist verfrüht. Und die Prognose vom Ende der Lohnarbeit erinnert an die vom Pferdemist. Experten waren sich sicher, dass die Stadt New York spätestens 1910 in meterhohem Pferdemist versinken werde. Dann wurde das Auto erfunden und die Prognose war Makulatur. Das Auto schuf neue Probleme. Aber die Experten rieten den Stadtvätern zur Ruhe: Das Auto habe keine Zukunft, weil es nicht genug geschulte Chauffeure gebe.

Erwerbsarbeit ist bis heute in den westlichen Industrieländern der Schlüssel zur gesellschaftlichen Teilhabe, auch, weil die meisten Menschen ihr Gehalt benötigen, um die Produkte zu kaufen, die sie brauchen und solche, die sie haben wollen, um dazuzugehören. Im Jahr 2011 stieg die Zahl der Erwerbstätigen in Deutschland sogar erstmals über die Marke von 41 Millionen, gleichzeitig sank die Zahl der Arbeitslosen unter die Marke von drei Millionen. Das spricht nicht für die Etablierung einer Freizeitgesellschaft.

Das Gegenteil stimmt: Viele Beschäftigte in den westlichen Industrieländern arbeiten heute sogar wieder länger, um die sinkenden Durchschnittslöhne zu kompensieren. Besonders deutlich sieht man dies in den USA, wo viele Menschen gleich mehrere Jobs benötigen, um über die Runden zu kommen. Auch in Deutschland sind die Reallöhne der meisten Erwerbstätigen in den vergangenen Jahren gesunken. Dieser Trend werde sich fortsetzen, sagt der Sozialwissenschaftler Meinhard Miegel (siehe Interview S. 237). Er geht davon aus, dass die Menschen in Deutschland schon bald so viel arbeiten werden wie noch nie. Auch der französische Soziologe Robert Castel spricht von einer Intensivierung der Arbeit und der mit ihr verbundenen Aufgaben. EU-Kommissar László Andor lieferte ebenfalls Belege dafür, dass der Trend von Mehrarbeit für Deutschland zutrifft: In keinem Land der Euro-Zone gibt es einen größeren Unterschied zwischen vereinbarter und tatsächlicher Wochenarbeitszeit. Vereinbart sind im Schnitt 37,7 Stunden, tatsächlich arbeiten die Deutschen durchschnittlich jedoch 40,4 Stunden.

Aber wie passt das zu den Angaben, die Menschen in Deutschland über ihre freie Zeit machen, sie haben laut Statistischem Bundesamt mehr Freizeit: Bei Männern stieg die tägliche Freizeit seit Anfang der 1990er Jahre von 5,44 Stunden auf 6,11 Stunden und bei Frauen von 5,25 Stunden auf 5,43 Stunden.

Zur Freizeit zählen Fernsehen, Lesen, der Besuch von Veranstaltungen, nicht aber Schlafen, Essen oder ein Besuch eines Restaurants. Allerdings sind diese Angaben immer weniger aussagekräftig, weil der Job sich immer stärker in das Privatleben von Beschäftigten frisst. 88 Prozent aller Arbeitnehmer in Deutschland haben keinen klassischen Feierabend mehr; sie sind auch in ihrer Freizeit via E-Mail und Smartphone für Belange rund um ihren Job erreichbar. Zu dem Ergebnis kam eine repräsentative Umfrage vom Branchenverband der IT-Industrie.

> **„Immer erreichbar — viele Arbeitnehmer haben keinen Feierabend mehr."**

Außerdem nehmen viele Arbeitnehmer unerledigte Dinge mit nach Hause oder bilden sich in ihrer Freizeit fort, um den Anschluss nicht zu verpassen. Statt eines Romans lesen sie dann Fachliteratur. Und da die Aussichten auf einen lebenslangen Arbeitsplatz heute ziemlich unrealistisch sind, kümmern sich vorausschauende Arbeitnehmer intensiv um ihr berufliches Netzwerk. Faktisch haben viele Menschen also immer weniger tatsächlich freie Zeit in ihrer Freizeit. Umgekehrt werden private Aktivitäten teilweise während der Arbeitszeit geduldet, so das Schreiben privater E-Mails vom Bürocomputer. Dagegen war früher das private Telefonieren am Arbeitsplatz meist untersagt. Die Grenzen einst streng voneinander abgrenzbarer Lebensbereiche lösen sich zunehmend auf.

Wenn man es quantitativ betrachtet, stellt also die Rede vom Verschwinden oder gar Ende der Lohnarbeit heute eine Unwahrheit dar, schreibt Robert Castel in seinem Buch *Krise der Arbeit*. Eine Ursache für die Fehleinschätzung sieht er in der Gleichsetzung des Sinnverlusts der Arbeit mit deren Bedeutungsverlust. Die große Transformation, die sich seit zwanzig Jahren vollzieht, besteht nicht darin, dass es weniger Arbeitnehmer gibt, sondern darin, dass es sehr viel mehr prekäre, von Arbeitslosigkeit bedrohte, verunsicherte Arbeiter gibt, schreibt Castel. Immer mehr Arbeitnehmer wissen nicht, ob sie es bleiben und ob sie auf ihrer Position eine Zukunft aufbauen können. Und doch ist es die Arbeit, ob man sie hat oder nicht, ob gesichert oder prekär, auf der heute nach wie vor das Schicksal der großen Mehrheit beruht.

Die Flexibilisierung der Arbeit und das Verschwimmen der Grenzen von Arbeit und Freizeit erschwert es Menschen, in ihrer Freizeit Hobbys zu pflegen oder sich bürgerschaftlich zu engagieren, wofür man meist regelmäßig Zeit haben muss. Wenn Menschen über verhältnismäßig viele freie Zeit verfügen, dann bedeutet dies jedoch keinesfalls, dass sie mehr Zeit für ein Ehrenamt aufwenden.

Rentner und Arbeitssuchende gehören sicherlich zu den Gruppen mit vergleichsweise viel freier Zeit. Trotzdem engagieren sie sich deutlich weniger als Menschen, die berufstätig und zwischen 30 und 55 Jahren alt sind. Für den Engagementbericht hatte Prognos im Auftrag des Versicherers Generali 60 000 Bundesbürger befragt. Gerade die im Beruf besonders Aktiven sind es, die sich ehrenamtlich engagieren. Radikal verändern dürfte sich das Verhältnis von Arbeits- und Freizeit ohnehin erst, wenn der Einkommensbezug vom Arbeiten entkoppelt wird.

Meinhard Miegel: „Viele werden
ihren Arbeitseinsatz steigern
müssen, wenn der Lebensstandard
nicht spürbar sinken soll."

„Das Ende eines goldenen Zeitalters"

Der Sozialwissenschaftler Meinhard Miegel rechnet damit, dass die Menschen in den westlichen Industrieländern bald härter arbeiten müssen als heute INTERVIEW: CASPAR DOHMEN

Die menschliche Arbeit wird eine Renaissance erfahren, weil die Rohstoffe knapp werden, glaubt der Sozialwissenschaftler Meinhard Miegel. Dennoch werden die Löhne nur bei denjenigen steigen, die besondere Qualifikationen zu bieten haben. Die meisten Menschen in den westlichen Industrienationen werden den Lebensstandard nicht aufrechterhalten können, schätzt er.

SZ: *Herr Miegel, die Menschen in den westlichen Industrieländern genießen einen hohen Wohlstand. Kommt jetzt die Freizeitgesellschaft?*
Meinhard Miegel: Im Gegenteil. Zwar ist die Mehrheit sowohl im historischen als auch im internationalen Vergleich noch wohlstandsverwöhnt. Das aber wird so nicht bleiben. Schon in wenigen Jahren werden viele härter arbeiten müssen als heute und trotzdem einen materiell niedrigeren Lebensstandard haben.

Warum sollte der materielle Lebensstandard sinken?
Weil seine Voraussetzungen nicht länger aufrechtzuerhalten sind: gigantischer Ressourcenverbrauch, hohe Umweltbelastungen, Verschleiß von Mensch und Gesellschaft und riesige Schuldenberge.

Wie wirkt sich das auf die Arbeit aus?
Etwa die Hälfte unserer derzeitigen Produktivität beruht auf dem Einsatz fossiler Energieträger wie Kohle und Öl. Wenn dieser Einsatz vermindert werden muss, sei es, weil die Rohstoffe zu teuer und/oder die Umweltschäden zu hoch werden, wird die menschliche Arbeit eine Renaissance erfahren. Denn sie wird im Vergleich zu anderen Produktionsfaktoren preisgünstig sein.

Mit dem Ergebnis dann steigender Löhne?
Nicht unbedingt. Mit Lohnsteigerungen können bei generell sinken-

dem materiellen Wohlstand nur diejenigen rechnen, die besonders nachgefragte Qualifikationen anzubieten haben. Die übrigen werden wie in den zurückliegenden Jahren aller Voraussicht nach weitere Kaufkraftverluste erleiden.

Werden künftig mehr Menschen einer Erwerbsarbeit nachgehen?
Davon ist auszugehen. Vor 30 Jahren lag in Deutschland die Erwerbsbeteiligung 30- bis 50-jähriger Frauen bei 55 Prozent. Heute liegt sie bei 86 Prozent. Um 2025 dürften es 94 Prozent sein. Zugleich werden viele auch wieder mehr Stunden arbeiten und später in Rente gehen. Dies ist nicht nur eine Folge der demographischen Entwicklung, sondern auch der Globalisierung.

Im Jahr 2025 gibt es bis zu 6,3 Millionen Erwerbsfähige weniger.

Inwiefern?
Weil die Völker der früh industrialisierten Länder ihre Wissens- und Könnensvorsprünge, die ihnen generationenlang ein recht angenehmes Leben ermöglichten, zügig einbüßen. Sie können immer weniger Monopolpreise verlangen und müssen sich, wie andere auch, nach der Decke strecken. Seit Beginn des 20. Jahrhunderts hat sich die pro Kopf erbrachte Arbeitsmenge halbiert. Dieser Trend kehrt sich jetzt um.

Und jetzt heißt es: Schlaraffenland ist abgebrannt?
In gewisser Weise schon. Denn wir stehen jetzt im Wettbewerb mit Milliarden Menschen, von denen viele genauso qualifiziert und motiviert sind wie wir, die aber ihre Dienste weit billiger anbieten. Ob wir es wahrhaben wollen oder nicht: Wir, die Völker der früh industrialisierten Länder, erleben gerade das Ende eines materiell goldenen Zeitalters.

Klingt bedrohlich. Wer seinen materiellen Lebensstandard demnach aufrechterhalten will ...
. . . wird härter arbeiten müssen. Und trotzdem wird die nachwachsende Generation feststellen, dass sie nicht den materiellen Lebensstandard ihrer Eltern aufrechterhalten kann. Das dürfte zu tiefen Enttäuschungen und Frustrationen führen.

Menschen gewöhnen sich doch schnell an Veränderung.
So schnell nun auch wieder nicht, wie ja nicht zuletzt die Massenproteste in mehreren früh industrialisierten Ländern zeigen. Deshalb ist es wichtig, die Bevölkerungen auf die bevorstehenden Veränderungen vorzubereiten.

Wie wirkt sich die demografische Entwicklung auf die Arbeitszeit aus?
Da in absehbarer Zukunft der Anteil erwerbsfähiger Menschen schneller schrumpfen wird als die Bevölke-

rung insgesamt, werden viele ihren Arbeitseinsatz steigern müssen, wenn der materielle Lebensstandard nicht spürbar sinken soll. Allein bis 2025 dürfte die Zahl Erwerbsfähiger in Deutschland zwischen 3,6 und 6,3 Millionen abnehmen.

Und dieser Trend ist unumkehrbar?
Das nicht. Aber eine Umkehr dauert mehrere Generationen. Soll auch nur der derzeitige Bevölkerungsstand erhalten werden, müssten alle gebärfähigen Frauen ab sofort vier Kinder haben oder die jährliche Nettozuwanderung auf 400 000 Menschen erhöht werden. Beides erscheint mir völlig utopisch. Richten wir uns also auf eine anhaltende Bevölkerungsschrumpfung ein, die sich vor allem auf dem Arbeitsmarkt bemerkbar machen wird.

Sie sagen, wir müssen länger und flexibler arbeiten und gleichzeitig mehr Aufgaben unentgeltlich in Familie und Gesellschaft übernehmen.
Jedenfalls wenn unsere Kultur keinen Schaden nehmen soll. Unter den Bedingungen des 21. Jahrhunderts werden sich viele Menschen damit abfinden müssen, für ihre Leistungen

nicht im heute gewohnten Umfang materiell entlohnt zu werden. Eltern werden sich auch dann um ihre Kinder fürsorglich kümmern müssen, wenn sie nur ein geringes oder auch gar kein Eltern- und Erziehungsgeld erhalten und die angemessene Versorgung Pflegebedürftiger muss gegebenenfalls auch ohne Pflegegeld gewährleistet bleiben.

Könnten Menschen nicht von sich aus auf einen Teil des materiellen Wohlstands verzichten, um mehr Zeit für andere Dinge des Lebens zu haben?
Ich hoffe, dass sie dies tun, zumal sie sich ja auch künftig auf einem historisch und international sehr hohen materiellen Niveau bewegen werden. Pro Kopf steht ihnen vorerst ein Vielfaches dessen an materiellen Gütern zur Verfügung, was die Menschen vor 50 oder 100 Jahren besaßen. Sie haben also durchaus die Möglichkeit, sich andere, immaterielle Wohlstandsquellen zu erschließen. Ob und in welchem Umfang sie das tun werden, vermag ich allerdings nicht zu sagen. Vielleicht ist die Entwicklung hierfür noch nicht reif.

Die neuen Arbeitgeber

Wer bei Google, Facebook und anderen Internetfirmen arbeiten will, muss kreativ und flexibel sein. Denn Kreativität kennt keine festen Arbeitszeiten. Und Kreativität ist der Stoff, von dem die neuen Firmen leben. Wer eine Idee hat, der will darüber diskutieren, will daran arbeiten – und sei es mitten in der Nacht. Was sind das für Arbeitsplätze, die Google, Facebook und Co. bieten? Welche Perspektiven haben Berufseinsteiger? Und welche Chancen haben dort Ältere?

Duft der weiten Welt

Im Indischen Ozean, zwischen Madagaskar und Mauritius, liegt die Insel Réunion. Das subtropische Klima, die Höhenunterschiede und die vielen Hochtäler machen eine vielfältige landwirtschaftliche Nutzung möglich. Die geographische Lage Réunions begünstigt den Anbau tropischer Nutzpflanzen wie Zuckerrohr und Vanille, aber auch den von Hochlandgewächsen wie Geranien und Vetiver. Sie sind quasi „Vorprodukte" von Parfum, für dessen Herstellung Réunion bekannt ist. Die Kultivierung von Geranie und Vetiver wurde im vorletzten Jahrhundert auf der Insel eingeführt. Heute ist die Qualität des Vetiver- und Geraniumöls so hervorragend, dass trotz der hohen Preise die Nachfrage auf dem internationalen Markt kaum nachlässt. Parfum hat viele Krisen überlebt. Das Foto zeigt ein Gebirge auf Réunion.

Die große Freiheit

Junge Technologieunternehmen bieten ihren Mitarbeitern viele Möglichkeiten zur Entfaltung und fördern damit auch eine Kultur der Selbstausbeutung VON VARINIA BERNAU

Immer freitags um fünf schallt das Lied von Heidi und den Bergen aus den Lautsprechern. Dann kann man über Feuerwehrrutschen in die untere Etage sausen. Vorbei an Tischtennisplatten und Hängematten. In der Kantine trifft man sich mit den anderen auf ein Feierabendbier. Klingt nach Ferienlager. Ist aber ein Forschungszentrum. In Zürich hat der Internetkonzern Google eine Umgebung geschaffen, die kreative Köpfe inspirieren soll. Menschen, die auf neue Ideen kommen, weil sie sich selbst nicht in ein graues Büro und ihre Gedanken nicht in starre Muster zwängen.

Wer zu Google will, der muss gut sein. Und er muss „googley" sein, wie das in der Personalabteilung des Internetunternehmens heißt. Wer „googley" ist, der packt an statt auf Anweisungen zu warten. Der fragt nicht: Haben Sie einen Job für mich? Der hat in seiner Freizeit längst schon ein kleines Programm für ein Alleskönnerhandy geschrieben. Nur wenn bei Google viele Leute „googley" sind, kann das Unternehmen mit immer neuen Technologien punkten: mit selbstgesteuerten Autos, Übersetzungsmaschinen und einer im Handy steckenden Kreditkarte. Wer „googley" ist, der darf in Flipflops ins Büro kommen und dort stets in eine der überall herumstehenden Schalen mit frischen Früchten greifen. Er kann direkt am Firmensitz seine Wäsche reinigen oder sich bei Verspannungen massieren lassen. Der Googleplex, acht verglaste Blocks im amerikanischen Silicon Valley, ist ein Wohlfahrtsstaat im Kleinformat: Du musst dir keine Sorgen machen um deine schmutzige Wäsche oder deinen verspannten Nacken. Das erledigen wir für dich, damit du den Kopf frei hast. Für gute Ideen. Und auch mal eine Überstunde. Das ist der Deal.

Dass diese neue Arbeitswelt vor allem die der Internetunternehmen ist, liegt zum einen daran, dass ein Start-up in der New Economy ein Statement war. Nicht nur gegen die Geschäftsmodelle der Etablierten, sondern auch gegen die dort geltenden Konventionen. Es liegt aber auch daran, dass Technologieunternehmen weltweit unter einem enormen Wettbewerbsdruck stehen. Die Zyklen, in denen neue Produkte entwickelt werden, sind deutlich zusammengeschrumpft. Wer in diesem Wettbewerb die beste Mannschaft haben will, der muss seinen Mitarbeitern Freiräume bieten. Ansonsten bekommt er nicht die besten Leute – und ansonsten kommen diese wiederum nicht zu ihren besten Ideen. Warum soll ein Softwareentwickler, dem mitten in der Nacht die Lösung für ein Problem in den Kopf schießt, diese nicht gleich in seinen Rechner tippen? Und warum sollte er um 16 Uhr unbedingt im Büro hocken, wenn zu der Zeit just ein Elternabend in der Kita ansteht?

Auch bei IBM, immerhin ein Unternehmen mit hundertjähriger Geschichte, ist die neue Arbeitswelt schon Alltag. Die Mitarbeiter können sich zwischen sechs und 20 Uhr ihre Zeit selbst einteilen. An die Stelle von Anwesenheitskontrollen rückt das Prinzip Vertrauen, so die offizielle Ansage. Nicht derjenige, der am längsten im Büro bleibt, finde Anerkennung, sondern der, der die selbst mit dem Chef ausgehandelten Zielvereinbarungen einhält. Wer ins Büro kommt, der sucht sich einen Platz – und räumt diesen abends wieder auf. Das spart nicht nur Arbeitsfläche. Es fördert auch die interne Kommunikation. Denn echte Innovationen, so hat man bei IBM festgestellt, finden sich nicht im stillen Kämmerlein, sondern im Gespräch mit anderen.

Viel eigene Verantwortung zu haben, heißt aber nicht nur, dass der nörgelnde Chef nicht so genau schaut, wann man ins Büro kommt. Es heißt auch, dass es keine Ausreden mehr gibt, wenn ein Projekt nicht rechtzeitig fertig wird. Mit der Stechuhr verschwinden nicht automatisch Leistungs- und Konkurrenzdruck. Nur derjenige, der Prioritäten zu setzen weiß und der seine eigenen Grenzen kennt, wird auf lange Sicht Erfüllung darin finden, etwas zu gestalten – statt nur auszuführen. Für alle anderen bedeutet mehr Verantwortung auch mehr Stress.

„Gerade in der Informationstechnik werden die Anforderungen verinnerlicht, die Mitarbeiter bringen sich selbst unter Druck", sagt Josef Held. Viele Entwickler wollen selbstbestimmt arbeiten, so der Befund des Psychologen, der mit einer Forschungsgruppe an der Universität Tübingen junge Arbeitnehmer, vor allem im Dienstleistungssektor untersucht. Aber der Drang, zuerst auf sich zu setzen, birgt auch die Gefahr, zu viel zu übernehmen. „Eine Last, die mir aufgezwungen wird, könnte ich ablehnen, etwa, indem ich zum Betriebsrat gehe. Das fällt mir viel schwerer, wenn ich mich selbst zuständig fühle", sagt er. „Wenn ich nein sagen würde, dann würde ich mich damit selbst in Frage stellen." Beim Softwarehaus SAP hat er etwa Schilder an den Bürotüren entdeckt: Wir müssen leider draußen bleiben. Gemeint waren die Betriebsräte. Nicht die Geschäftsführung hatte ihnen den Zutritt verweigert, sondern es waren die Mitarbeiter selbst. Sie wollten sich nicht gängeln lassen. Nicht vom Chef, aber eben auch nicht von einem Gewerkschaftsfunktionär.

Die in jungen Technologieunternehmen verbreiteten flachen Hierarchien schaffen eine Gemeinschaft. Jeder darf alles sagen. Und zwar jedem. Das fördert den Austausch – und es befördert neue, bessere Produkte. Zumindest in der Theorie. Hinter den flachen Hierarchien aber, hat Held beobachten können, verstecken sich vielerorts autoritäre Strukturen. Nur fällt es eben schwerer, dem Chef, mit dem man abends noch ein Bier trinken geht, im Büro etwas auszuschlagen.

„Die Ungezwungenheit der New Economy ist längst passé", das ist auch das Fazit, das der Bremer Arbeitswissenschaftler Wolfgang Hien aus Befragungen unter Mitarbeitern in IT-Unternehmen gezogen hat. In der Branche werde eine Kultur der Härte inszeniert: Verausgabung, Einzelkämpfer, Schweigen über zu hohe Belastungen. Zudem kultiviere die vermeintlich fortschrittliche Branche eine sehr traditionelle Rollenverteilung: Vier von fünf Beschäftigten seien männlich, und die Männer arbeiteten üblicherweise in Vollzeit und mit Überstunden. Wer das nicht macht, erhalte kaum berufliche Anerkennung.

„Die Ungezwungenheit der New Economy ist längst passé."

Die Arbeitswissenschaftler Anja Gerlmaier und Erich Latniak von der Universität Duisburg-Essen haben in mehreren Studien nachgewiesen, dass diese Belastungen krank machen können: In einer ihrer Befragungen unter IT-lern gab lediglich jeder dritte an, nach der Arbeit noch abschalten zu können. Nur wenige mehr erklärten, dass sie ihre Tätigkeit auf Dauer durchhalten können. Das ist die andere Seite der neuen Arbeitswelt: Arbeit zu jeder Zeit, an jedem Ort, das geht nur dann, wenn es dazwischen auch genügend Ruhephasen gibt. Nicht immer reichen dazu ein paar Minuten am Kicker.

Gerade in der Informationstechnik wird von Projekt zu Projekt gearbeitet – und das Projekt soll immer schon gestern fertig gewesen sein. Der Termindruck lastet auf dem Team. Wolfgang Hien hat in Befragungen oft gehört, dass die Fristen bewusst knapp kalkuliert werden. Die Arbeitgeberseite verweist hingegen auf ein Problem, das die neuen Technologien mit sich bringen: Weil die Entwicklungen von Computerdiensten, aber auch Kontrollen immer einem Stochern im Nebel ähneln, ist es zu Beginn eines Projekts schwer abzuschätzen, wie schnell es umzusetzen ist – und wie viele Leute gebraucht werden.

Es ist kein Zufall, dass in diesen Projekten vor allem junge Leute arbeiten. Sie sind mit den Technologien vertraut. Und die neue Arbeitswelt passt zu ihrem Leben: nur keine Kompromisse, keine Konventionen. Held hat beobachtet, dass diejenigen, die unter 25 sind, die Freiberuflichkeit der Festanstellung vorziehen, weil sie sich ausprobieren und nicht binden wollen. Das ändert sich mit Mitte 20. Dann gründen viele eine Familie und suchen einen festen Arbeitsplatz. Der Wissenschaftler ist überzeugt, dass dieser Übergang vielen im Dienstleistungssektor gelingt. Junge Mitarbeiter, die sich bei den Einzelprojekten bewährt haben und die man im Unternehmen zu schätzen gelernt hat, erhalten auch eine Festanstellung. Die aufstrebenden Technologiefirmen brauchen sie schließlich. Tischtennisplatte, Hängematte und Obstkorb sollen den Übergang vom Studenten- ins Berufsleben erleichtern.

Doch der Jugendwahn schwindet in dem Maße, in dem aus Start-ups börsennotierte Unternehmen werden. Je stärker eine Firma wächst, desto wichtiger wird auch die Lebenserfahrung von gestandenen Managern: Eric Schmidt wurde als „Erwachsener vom Dienst" zu Google geholt. Und viele Entwickler sind inzwischen selbst erwachsen geworden. Auch in Deutschland: Zwischen 1999 und 2009 ist der Anteil der über 50-Jährigen im IT-Sektor gestiegen, der der 25- bis 39-Jährigen gesunken.

*Entspannte Atmosphäre: Beim
Berliner Spieleentwickler Wooga
arbeiten mehr als hundert Menschen,
Durchschnittsalter: 29.*

Lila Mikrokosmos

Ein Besuch beim Spieleentwickler Wooga im Berliner Stadtteil Prenzlauer Berg: „Jeder ist selbst dafür verantwortlich, sich nicht zu verbrennen" **VON HANNAH BEITZER**

„In case of fire – exit building before posting on facebook" – Wenn ein Feuer ausbricht: das Gebäude verlassen, bevor man es auf Facebook postet, steht über der Tür des Online-Spieleanbieters Wooga in Berlin. Das ist er, der Bürohumor der „Digital Natives", jener Globalisierungskinder, die sich via Internet mit der ganzen Welt vernetzen und beruflich natürlich „etwas mit Medien" machen.

Und zwar bevorzugt mit den neuen Medien. Wooga zum Beispiel entwickelt jene bunten, kleinen Online-Spiele, mit denen sich Menschen auf sozialen Netzwerken wie Facebook die Zeit vertreiben. Der Spieleanbieter residiert im Berliner Bezirk Prenzlauer Berg, in einer ehemaligen Backfabrik. Prenzlauer Berg war einst ein Szenebezirk, heute ist der Kiez voller junger, gut situierter Paare mit ausgeprägtem Kinderwunsch. Auch Wooga hat sich längst von einem kleinen Kreativbüro in ein florierendes Unternehmen verwandelt und ist inzwischen der zweitgrößte Anbieter von Social Games weltweit. Mehr als 100 Leute arbeiten dort, pro Woche kommen zwei neue Mitarbeiter dazu. Das Durchschnittsalter liegt bei 29 Jahren.

Wooga-Chef Jens Begemann ist nicht viel älter: 34 Jahre. Vor etwa zweieinhalb Jahren hat er gemeinsam mit dem Wirtschaftsinformatiker Philipp Moeser „World of Gaming" gegründet, zuvor hatte er schon einige Jahre als Manager beim Klingeltonanbieter Jamba gearbeitet. Begemann ist die Art von Chef, die gemeinsam mit den Angestellten im Großraumbüro sitzt. „Unsere Teams arbeiten sehr eigenständig, sie sind fast kleine Start-ups im großen Start-up", sagt er, „sie dürfen mich auch überstimmen." Begemann ist ein freundlicher, verbindlicher Typ, der auch bei Investoren gut ankommt – erst im Frühjahr hat er wieder einige an Land gezogen. Er hat nämlich viel vor: „Wir haben das Ziel, bis 2020 zu einem der größten Spieleunternehmen der Welt zu werden." Ein Ziel, das er schon hatte, als das Wooga-Team noch aus den Gründern, einem Praktikanten und ein paar freien Mitarbeitern bestand. Der Praktikant, damals gerade mit der Schule fertig, ist inzwischen zum Teamleiter aufgestiegen – das junge Unternehmen erschien ihm reizvoller als ein Studium. Auch einige der anderen Mitarbeiter der ersten Stunde sind noch dabei. So wie Johannes Ippen. Der 27 Jahre alte Graphikdesigner hat als Freiberufler bei Wooga angefangen. Er hat Spiele-Logos mitentwickelt, die Webseite von Wooga gestaltet: „Mich haben die jungen Teams und die gute Arbeitsatmosphäre beeindruckt."

Er beschreibt mit den Händen einen Bogen, hinter ihm liegt das Wooga-Büro: ein riesiges Loft, in dem die Firmenfarbe Lila dominiert. Lila gestrichene Wände, auf denen sich die Cartoon-Figuren aus den Wooga-Spielen wie „Monster World" tummeln, lila Sitzsäcke, lila Stühle. Im Entwicklerraum tüfteln Programmierer an den neuesten Games. In der Küche stehen eine glänzende Kaffeemaschine und zwei Kühlschränke, ebenfalls in Lila. Sie sind gefüllt mit Club Mate, jenem Szenegetränk, das unter Berliner Kreativen längst der schnöden Cola den Rang abgelaufen hat.

Firmengründer Jens Begemann hat gerade wenig Zeit, Besucher herumzuführen – er will gleich wieder los. Der 34-Jährige hat sich eine kleine Auszeit genommen, weil er zum zweiten Mal Vater geworden ist. Bei Wooga respektiere und schätze man das, betont Sina Kaufmann, die die Führung stattdessen übernimmt. Damit muss ein Unternehmen mit einem derart jungen Durchschnittsalter eben umgehen können. „Es fängt bei uns an, dass einige heiraten und Kinder kriegen", sagt die 25-Jährige mit dem blonden Pferdeschwanz. Sie hat als Assistentin von Jens Begemann angefangen, inzwischen verantwortet sie die interne und externe Kommunikation.

Eigentlich hat sie Politik und Philosophie studiert, war ein Fan von Willy Brandt. „Irgendwann habe ich mich gefragt, ob es nicht eher Visionäre wie Bill Gates oder Steve Jobs sind, die die Welt verändern." So ging sie zu Wooga. Die Welt mit Online-Spielen verändern – das kann man seltsam finden. Doch die idealistische Vorstellung, gemeinsam etwas zu bewegen, ist bei Wooga geradezu ein Einstellungskriterium. An der Küchenwand hängt ein Plan mit „Meetings", die für alle offen sind. Ansonsten kann man sich im „Creative Room" treffen, an riesigen Flachbildschirmen Spiele zocken, zeichnen oder basteln. Die Wände hängen voller Skizzen. Hierher kommen die Woogas auch zum zwanglosen „Brainstormen", wie Kaufmann sagt.

Englische Begriffe wie dieser haben ganz selbstverständlich ihren Platz in Kaufmanns Wortschatz – Verkehrssprache bei Wooga ist nämlich Englisch. Dort arbeiten Menschen aus 21 Nationen, eine internationale Umgebung, wie sie für viele junge Kreative längst Alltag ist. Die Wooga-Spiele werden in sieben Sprachen publiziert – Englisch, Deutsch, Türkisch, Italienisch, Französisch, Portugiesisch und Spanisch. Da sei es nur logisch, die Mitarbeiter auch im Ausland zu rekrutieren, sagt Sina Kaufmann.

So wie zum Beispiel den Franzosen Clément Huvig. Der 28-Jährige betreut die Wooga-Kunden in sozialen Netzwerken wie Facebook. Vor zwei Jahren kam er nach Deutschland, nachdem er einige Zeit für eine französische Firma in London gearbeitet hatte. Deutsch spricht Huvig nicht, aber er braucht es auch nicht wirklich. Viele seiner Freunde sind wie er aus dem Ausland nach Berlin gekommen. „Wir sind ein kleiner Mikrokosmos", sagt er. Wenn er Probleme hat, dann hilft ihm ein Kollege. Viele Kollegen sind für Huvig zu Freunden geworden. „Wir verbringen auch außerhalb der Arbeit Zeit miteinander, gehen Go-Kart-Fahren, Klettern oder Karaoke singen", sagt Sina Kaufmann.

„Kreativität hält sich nicht an Bürozeiten."

Huvig fing bei Wooga als Praktikant an und wurde nach drei Monaten übernommen. „Wir brauchen dringend Leute, da wären wir ja blöd, wenn wir gute Praktikanten gehen lassen würden", sagt Kaufmann. „An unsere Mitarbeiter haben wir hohe Ansprüche", sagt Jens Begemann. „Wir wollen Leute finden, die zu unserer Kultur passen." Also Leute, die kreativ sind und die keinen Nine-to-Five-Job mit festen Abläufen suchen. Klar: Kreativität hält sich nicht an Bürozeiten. Dafür sind die Mitarbeiter in der Zeiteinteilung recht frei. Ihr Tag beginnt zwischen neun und zehn Uhr – „aber wir machen zum Beispiel sehr lange Mittagspause", erzählt Sina Kaufmann. Gemeinsam mit anderen Woogas, versteht sich. Da zieht sich der Arbeitstag schon einmal nach hinten raus, wird auch in der Freizeit über die neuesten Spiele diskutiert. „Wir sind halt alle jung und motiviert", sagt Kaufmann fast schon entschuldigend. „Wir arbeiten mehr als in anderen Unternehmen. Aber niemand arbeitet 60 Stunden in der Woche", sagt Begemann. Es bringe auf die Dauer nichts, sich auszubeuten – irgendwann leiden die Ideen. „Aber", fügt Kaufmann hinzu, „es ist schon jeder selbst dafür verantwortlich, sich nicht zu verbrennen."

Grüne Arbeitsplätze

Die Energiewende lässt neue Jobs entstehen. Das Beschäftigungspotential ist groß. Grüne Jobs gibt es bei den neuen Energiefirmen. Mehr Arbeit bekommen auch Handwerker, die alte Häuser sanieren müssen. Der Umweltschutz ist ganz klar ein Motor für die wirtschaftliche Entwicklung. Welche konkreten Chancen bietet der ökologische Umbau? Wo sind die Jobs der Zukunft? Welche Rolle spielt der Staat bei der Schaffung grüner Arbeitsplätze?

Nichts als Zucker

Die Engländer eroberten 1762 die kubanische Stadt Havanna. Die Kolonialherren holten Tausende Sklaven ins Land und kurbelten eine gewaltige Zuckerproduktion an. Schon bald war Kuba weit und breit der größte Zuckerproduzent der Welt. Noch immer ist die Gewinnung von Rohzucker aus Zuckerrohr einer der wichtigsten Industriezweige der karibischen Insel. Nebenprodukte der Zuckerindustrie sind Rum und Industriealkohol, der aus Zuckersirup hergestellt wird. Das Foto aus dem Jahr 1988 zeigt Erntearbeiter auf Kuba. Sie arbeiten in Gegenden und Pflanzungen, in denen keine Maschinen eingesetzt werden können. Mehr als ein Drittel der kubanischen Zuckerrohrernte wird mit der Hand geschnitten. Die Saisonarbeiter kommen aus den verschiedensten Landesteilen und Berufen; sie helfen bei der Ernte.

Grüne Welle

Der Umbau der Wirtschaft schafft Tausende neue Jobs. Doch umweltfreundlich ist nicht gleichbedeutend mit sozial und gut, warnen Gewerkschaften VON MARKUS BALSER

Der Anlass war festlich, die Stimmung tieftraurig: Unter den 1200 Beschäftigten der Emdener Nordseewerke herrschte Frust, als Ende 2009 mit der Frisia Cottbus das letzte Schiff der Werft zu Wasser gelassen wurde – mehr als 100 Jahre nach Gründung des Traditionsunternehmens. Zwei Weltkriege, Rezessionen, das Abwandern der Werften mit dem ersten Globalisierungsschub, hatte das Unternehmen überlebt – dann war die schwere Finanzkrise, die 2008 ihren Anfang nahm, zu viel. Für die Region ein weiterer Tiefschlag, denn seit Jahren gehen Jobs verloren. Werft für Werft. Die Städte an Deutschlands Küsten durchleben einen tief greifenden Strukturwandel, der dem des Ruhrgebiets kaum nachsteht.

Doch nur wenige Monate nach dem Ende des Schiffbaus kamen im Fall Nordseewerke plötzlich neue Investoren nach Emden. Die Siag Schaaf Industrie AG, ein Zulieferer der Energiebranche, hatte Emissäre an die Küste geschickt. Schon im März 2010 übernahm sie Teile des Standorts von Thyssen-Krupp, um die Werft umzukrempeln. Statt gewaltiger Containerschiffe bauen 700 Mitarbeiter seither Stahltürme und Fundamente für riesige Windkraftwerke auf hoher See. Unternehmen und Beschäftigte profitierten von dem gewagten Unterfangen. Im August verließen die ersten Stahlfundamente die Werkshallen. Kunden honorierten die Kompetenz mit Großaufträgen, sagt Unternehmenschef Rüdiger Schaaf.

So steht Emden inzwischen nicht nur für das schleichende Ende einer Traditionsbranche, sondern auch für ein Signal des Aufbruchs in eine neue Ära. Denn überall im Land boomt derzeit das Geschäft mit grünen Technologien – vor allem im Energiesektor. Einer Prognose der Unternehmensberatung Roland Berger zufolge wird der Anteil der grünen Technologien am deutschen Bruttoinlandsprodukt von zuletzt rund acht Prozent auf 14 Prozent bis 2020 steigen – und auch das dürfte erst der Anfang sein. Die Anzahl der Beschäftigten in der Umwelttechnik soll sich bis 2020 fast verdoppeln. Nach 1,1 Millionen Beschäftigten 2008 soll der grüne Sektor im Jahr 2020 der Studie zufolge etwa 2,2 Millionen Mitarbeiter zählen. Forscher sehen in diesem grünen Wachstum den Start in einen grundlegenden Umbau der Wirtschaft, den der US-Soziologe Jeremy Rifkin als erster die „Dritte industrielle Revolution" nannte. Erneuerbare Energien würden die Weltwirtschaft neu prägen, sagt Rifkin voraus. Sein Credo: Die Umweltwirtschaft wird zur Leitindustrie der nächsten Jahre. So wie die IT-Industrie Ende des vergangenen Jahrhunderts. Was abstrakt klingt, wird in vielen Chefetagen längst konkret: Erste Unternehmen sind bereits unterwegs in diese neue Welt. Sie messen ihre Produkte daran, wie umwelt-, ja menschenfreundlich sie sind. Siemens baut mehr Wind- als Kohlekraftwerke. Das kalifornische Unternehmen Tesla holt sich an der Börse Millionen für ein Elektroauto. Europäische Konzerne verbünden sich zum Milliardenvorhaben Desertec, um Europa mit Solarstrom aus der Sahara zu versorgen.

Deutschland will beim Umbau der Wirtschaft Vorreiter sein. Mit Milliardensummen hat die Bundesregierung Ökotechniken gefördert. 2020 sollen 35 Prozent des gesamten Stroms aus grünen Quellen stammen. Nach langer Zeit ist es in Deutschland wieder einer Branche gelungen, mit neuen Technologien eine weltweit führende Position zu erkämpfen. In keinem anderen Land werden mehr Windräder gebaut, mehr Geothermieanlagen hergestellt, entstehen mehr Jobs in grünen Branchen. „Wir müssen der Welt beweisen, dass es in einem wohlhabenden Land möglich ist, die Wirtschaft CO2-neutral zu betreiben", fordert Bundesumweltminister Norbert Röttgen (CDU).

Nicht nur Deutschlands Unternehmen stehen vor gewaltigen Herausforderungen – auch der Arbeitsmarkt wird sich wandeln. „Ohne Ingenieure keine Energiewende", sagt Lars Funk, Leiter des Bereichs Beruf und Gesellschaft des Vereins Deutscher Ingenieure (VDI). Schon jetzt fehlten in Deutschland 76 000 Ingenieure. Damit sei der Mangel so groß wie nie. Und der Bedarf in

> „Niedriglöhne und Zwölf-Stunden-Schichten sind an der Tagesordnung."

grünen Branchen verschärfe das Problem weiter. Nach aktuellen VDI-Zahlen stehen 95 000 Jobangeboten derzeit nicht mal 20 000 arbeitslose Ingenieure gegenüber. Für den Umbau der Wirtschaft brauche Deutschland mehr Absolventen aus Ingenieurs-Studiengängen, warnt Funk. 40 000 verlassen derzeit pro Jahr Deutschlands Universitäten. „Das wird nicht reichen", glaubt Funk. Der Verband wirbt längst bei Kindern und Jugendlichen um mehr Interesse für technische Berufe. Denn der Bedarf wächst vor allem in vollkommen neuen Bereichen. Jobs würden in den nächsten Jahren vor allem im Sektor Elektromobilität entstehen, sagt Funk voraus.

Dabei würden sich auch die Anforderungen an Arbeitskräfte der jungen Branche ändern. „Es geht internationaler und projektbezogener zu." Gute Universitäten müssten ihren Studenten früh Kooperation und Problemlösungen beibringen. Neben der technischen Kompetenz müssten gute Arbeitskräfte immer mehr persönliche Fähigkeiten mitbringen. „Als Einzelkämpfer kann man bei den anstehenden Aufgaben nichts mehr bewegen", sagt Funk. Unter vielen Technikbegeisterten gelten Arbeitsplätze in der Branche der erneuerbaren Energien als besonders attraktiv, weil man technisch noch am Anfang steht und die Branche ein gutes Image hat. „Die Anziehungskraft ist groß", sagt Funk.

Doch der grüne Wandel hat seine Schattenseiten. Dazu zählen die Verlierer des Umbaus. Tausende Stellen werden in jenen Konzernen verloren gehen, deren Technologie nun verdrängt wird. So müssen Betreiber von Atom- und Kohlekraftwerken, wie Deutschlands größte Energiekonzerne RWE und Eon, derzeit drastisch sparen. Allein Eon kündigt den Abbau von bis zu 11000 Stellen an. Analysten fürchten, dass das erst der Anfang sein könnte. Andere Unternehmen könnten in den nächsten Jahren folgen.

Gewerkschaften warnen indes vor einem bislang kaum bekannten Phänomen. Sie beklagen Missstände und Wildwuchs bei Arbeitsbedingungen und Bezahlung in vielen der Firmen, die die Welt doch ein Stück besser machen wollen. „Grün ist nicht gleich gut", sagt der Zweite Vorsitzende der IG Metall, Detlef Wetzel. „Ausgerechnet viele Firmen, die mit ökologischer Nachhaltigkeit werben, gehen sehr nachlässig mit der sozialen Nachhaltigkeit um. In den Zukunftsbranchen sind Tarifverträge und Mitbestimmung leider vielerorts Mangelware." Denn die Lohnniveaus in der Wind- und der Solarbranche sind zum Teil meilenweit von Tariflöhnen entfernt. „Niedriglöhne und Zwölf-Stunden-Schichten in der Produktion sind insbesondere in der Solarbranche an der Tagesordnung", klagt Wetzel.

Gerade Solarfirmen versuchten aus einem Mix von schlechter Bezahlung und schlechten Arbeitsbedingungen systematisch Wettbewerbsvorteile zu ziehen. „Das ist nicht nur industriepolitisch bedenklich, weil sie stärker auf Qualität und Forschung setzen müssten, um im Wettbewerb mit Niedriglohnländern zu bestehen", sagt Wetzel weiter. Es sei auch gesellschaftlich nicht akzeptabel. Denn die Firmen profitieren von der Milliardenförderung durch Stromkunden und Steuerzahler. „Damit sind sie besonders verpflichtet, soziale Standards dieser Gesellschaft einzuhalten", so der Gewerkschaftsfunktionär.

Auch beim Thema Mitbestimmung habe sich die rasch wachsende Branche lange zugeknöpft gegeben. „Ökologie hat nicht zwangsläufig etwas mit Demokratie zu tun", heißt es bei der IG Metall. Zwar erziele man Fortschritte. So habe die Gewerkschaft allein im vergangenen Jahr bei 30 Unternehmen der Windbranche die Wahl von Betriebsräten erreicht. „Aber wir müssen dabei gegen Widerstände kämpfen", sagt Wetzel. Denn viele Unternehmen wehrten sich mit Macht gegen mehr Einfluss der Beschäftigten. Belegschaften würden nicht selten eingeschüchtert. Zum Problem wird zudem die teils ausufernde Leiharbeit. In kaum einer anderen Branche ist der Anteil der Leiharbeit so groß. „Wir schätzen, dass viele Firmen im Bereich erneuerbarer Energien einen Leiharbeiter-Anteil von 30 Prozent an der Belegschaft haben", sagt Wetzel.

Die Gewerkschaft erhöht deshalb den Druck auf die Branche: „Wir brauchen einen Flächentarifvertrag, sowohl für die Solar- als auch für die Windbranche", fordert Wetzel. Denn faire Arbeitsbedingungen und Tarifverträge seien schließlich der Schlüssel für den Erfolg der deutschen Industrie. Wetzel ist sich sicher: „Wenn wir die Energiewende schaffen wollen, müssen die Arbeitsbedingungen stimmen. Sonst werden die Unternehmen die klugen Köpfe nicht bekommen."

*Produktion von Sonnenkollektoren
bei dem Solartechnikunternehmen
Wagner & Co. in Hessen.*

Sozialromantik pur

Atomkraftgegner haben 1979 die Solartechnikfirma Wagner & Co. gegründet. Heute bieten sie 400 Mitarbeitern Arbeitsplätze und schwören immer noch auf die Selbstverwaltung VON DIETER SÜRIG

Im Jahr 2012 wird wieder gewählt bei der Solartechnikfirma Wagner & Co. im hessischen Cölbe. Nicht der Betriebsrat – stattdessen gibt es hier eine Mitarbeitervertretung –, sondern die Geschäftsleitung sowie Bereichs- und Abteilungsleiter. Theoretisch kann jeder der knapp 400 Mitarbeiter kandidieren. Wie vor rund 30 Jahren, als neun Studierende und Handwerker den Betrieb gründeten, der seitdem nach den Prinzipien der Selbstverwaltung geführt wird.

Der Pionier der Solartechnik mit den Geschäftsbereichen Solarwärme und Solarstrom erzielt jährliche Wachstumsraten von 20 bis 30 Prozent und wird auch bei einem Umsatz von 250 Millionen Euro per annum noch als Mitarbeiterunternehmen geführt. Darauf ist Geschäftsleiterin Sabine Altmann schon ein bisschen stolz. „Es gab Ende der siebziger Jahre relativ viele kleinere Unternehmen, die ähnlich organisiert waren. Wir sind meines Wissens aber das einzige dieser Größe, das diese Strukturen weitgehend bewahrt hat."

Die Sozialromantik der Firmengründer ist also nicht passé. Im Gegenteil: Wagner & Co. serviert in der Kantine des ersten Passiv-Bürohauses Europas in Cölbe nicht nur Vollwertkost, sondern bietet gleich in zweierlei Hinsicht Jobs der Zukunft an. „Ohne Solartechnik ist eine Energiewende gar nicht denkbar", sagt Altmann. „Deshalb gehen wir von einem weiteren Wachstum der Branche aus." Der Standort wird nun erweitert. Wer in Cölbe landet, stößt dort aber auch noch auf die Prinzipien der Gründungszeit. „Wir haben die alten Ideen beibehalten, ihnen aber eine neue Form gegeben". Dazu gehört nicht nur die Möglichkeit, dass die Mitarbeiter ihre Chefs alle zwei Jahre wählen können. Die Selbstverwaltung ist wichtigster Teil der Firmenkultur. „Anfangs war jeder Mitarbeiter auch Gesellschafter. Dieses Modell haben wir kontinuierlich weiterentwickelt", erzählt Geschäftsführer Andreas Wagner, der zu den Gründern gehörte. Es habe aber immer wieder Veränderungen in der Struktur gegeben. „Man kann in so einem großen Laden nicht mehr alle Entscheidungen in Vollversammlungen herbeiführen", sagt der 56-Jährige.

Wer zwei Jahre bei dem Solarunternehmen gearbeitet hat, kann sich um die Aufnahme als Gesellschafter bewerben. Derzeit sind 120 Mitarbeiter an ihrem Betrieb beteiligt, auch um mitgestalten zu können. Wer akzeptiert wird, muss einen Anteil des Stammkapitals zeichnen und einen fünfstelligen Betrag einzahlen. Er erhält im ersten Jahr zehn Prozent und nach zehn Jahren hundert Prozent seines Gewinnanteils, mit dem zunächst der Stammkapitalanteil aufgestockt wird. Die andere Seite der Medaille: Bei Verlusten müssen schon mal die Gesellschafter herhalten. Und wer das Unternehmen verlässt oder in Rente geht, muss seine Anteile wieder abgeben – nicht zum Verkehrswert, sondern zum Nennwert dessen, was man eingezahlt hat.

Eitelkeiten haben bei dem Unternehmen keinen Platz. Selbst Sabine Altmann ist es passiert, dass sie als Gesellschafterin zunächst abgelehnt wurde. Die 45-Jährige hatte technischen Umweltschutz studiert und gehörte nicht zu den Gründern. Warum jemand abgelehnt werden kann? „Es kann objektive Gründe geben. Ein wesentlicher Faktor ist jedoch auch die Sympathie", sagt sie. Dies sei natürlich eine Frustration für den Einzelnen. „Man lernt, damit umzugehen." Dasselbe gelte für die Chefwahlen. Wer als Geschäftsführer abgesetzt werde, müsse deswegen nicht gleich gehen und könne sich ja wieder bewerben. Gleichwohl gebe es eine gewisse Kontinuität, sagt Michael Nier von der Mitarbeitervertretung. „Kräftige Überraschungen gab es noch nicht, auch wenn es mancher vielleicht gewünscht hätte", erklärt er salomonisch. Die Mitarbeitervertretung redet auch bei Gehaltsverhandlungen mit. Ein Betriebsrat biete nicht viel mehr Vorteile, so Nier. „Es kommen immer mal Stimmen auf, einen Betriebsrat zu gründen." Aber letztlich habe es keine schlagenden Argumente dafür gegeben.

Die Gehaltsfrage wird bei Wagner & Co. nicht mehr so puristisch wie einst gesehen. Seit dem Jahr 2000 gibt es hier keinen Einheitslohn mehr. Die Aufgaben seien anspruchsvoller geworden. „So mussten wir uns mehr nach dem Markt orientieren", sagt Wagner. Allerdings seien die Höherqualifizierten niedriger eingestuft als üblich. „Die Spreizung zwischen Putzfrau und Geschäftsführer ist bei uns immer noch vergleichsweise gering", sagt Altmann. Dass sich das Unternehmen dies trotz des Ingenieurmangels leisten kann, erklärt sie so: „Die Solartechnik zieht Ingenieure magisch an, außerdem zählt das innovative Miteinander." Die Freiheit der Mitarbeiter sei bei Wagner & Co. groß und sehr attraktiv für Leute, die entscheiden und gestalten wollen. So gebe es Bewerber aus ganz Deutschland.

Der Haustarif ist aber auch nicht starr. Neben Gehaltserhöhungen – je nach Wirtschaftslage – können Mitarbeiter hochgestuft werden. Zudem gebe es Prämien für Nicht-Gesellschafter. „In einem Jahr haben wir einmal 16

Monatsgehälter gezahlt", so Altmann. Hinzu kämen ein extra Kindergeld und die Möglichkeit, sich die Zeit freier einteilen zu können.

Die Rahmenbedingungen waren für die frühere Kooperative im Umfeld der Universitätsstadt Marburg schon immer gut. „Wir wollten Alternativen zu der damals im Fokus stehenden Atomenergie entwickeln", erinnert sich Andreas Wagner, den man auf alten Fotos mit langen Haaren und VW-Bus nur schwer identifizieren kann. Bücherstände und ein Infoladen zu alternativen Energien reichten dem Verein bald nicht mehr. „Wir haben sehr schnell den Anspruch gehabt, von der Theorie wegzukommen." 1979 gründeten einige Atomgegner Wagner & Co., darunter Maschinenbauer, Schreiner, eine Psychologin und ein Physiker.

Andreas Wagner selbst studierte Politologie. „Ich bin da auch so reingestolpert und hatte anfangs keine Fachkompetenz." Später hängte er noch ein Studium der Energie- und Wärmetechnik dran.

Alle zwei Jahre müssen Führungskräfte sich zur Wahl stellen.

Der erste Erfolg der Firma war bald in Marburg sichtbar: Dort waren einfach verglaste Fenster weit verbreitet. Die Firma verkaufte eine preiswerte Folie, um die Fenster zu isolieren. „Zeitweilig war halb Marburg mit solch welligen Fachwerkfenstern ausgestattet", erzählt Wagner. Ein Sonnenkollektorsystem für den Selbstbau wurde dann zum zweiten großen Erfolg und von Stiftung Warentest empfohlen. „Wir wollten dezentrale Energieformen, die für den Einzelnen anwendbar sind."

Dieses Ziel hat Wagner nicht aus den Augen verloren. Längst verkaufen die Cölbener mit eigener Fabrik und Auslandsniederlassungen ihre Solaranlagen nur noch über Fachbetriebe. Und Großprojekte à la Desertec beißen sich seiner Meinung nach „mit unserem Ziel, eine dezentrale Energieversorgung aufzubauen". Seine Firma bietet auch über eine Tochter eher „kleinere Großanlagen" bis zehn Megawatt Leistung an. „Solarstrom ist attraktiv wie lange nicht mehr: die Preise sind niedrig, die Einspeisevergütung ist gut. Es ist die richtige Zeit zum Investieren". Wagner ist in seinem Element – ein bisschen wie weiland in den siebziger Jahren am Infostand. Mit einem Unterschied: Die Energiewende ist diesmal Realität. Und die Wirtschaftsberater von Ernst & Young haben die Cölbener 2011 zum „Entrepreneur des Jahres" gewählt.

Arbeit und Globalisierung

Die Welt ist durchlässiger geworden. Firmen aus Schwellenländern erhöhen den Druck auf die westliche Welt. Sie können günstiger produzieren, weil ihre Kosten niedriger sind. Das bringt die Löhne in den Industrieländern unter Druck. Die Beschäftigten müssen befürchten, dass ihr Job ins billigere Ausland wandert. Kann eine Abschottung den entwickelten Ländern helfen? Was bedeutet die Verlagerung von Arbeit für die armen Länder und deren Arbeitnehmerrechte?

Schnelle Verbindung

Der Eurotunnel ist der erste trockene Verbindungsweg zwischen Großbritannien und Frankreich – seit der Eiszeit. Nie zuvor gelangte man so schnell vom Festland auf die Insel: Eine Zugfahrt durch den Eurotunnel von Frankreich nach England dauert nur knapp eine halbe Stunde. Der Tunnel wurde in einer Tiefe von durchschnittlich 40 Metern in einer Kreidefelsschicht angelegt. Die Spezialmaschinen haben sich durch 150 Kilometer Kreidefelsen unter dem Ärmelkanal gefressen. Alle 375 Meter sind die beiden Haupttunnel durch einen Versorgungskorridor miteinander verbunden, in dem die Wartungszugänge, das Lüftungssystem und die Sicherheitseinrichtungen untergebracht sind. Das Foto aus dem Jahr 1990 zeigt ein Lüftungsrohr, das mit dem Versorgungstunnel verbunden ist.

Das China-Syndrom

Wie der Erfolg der Schwellenländer den Glauben der westlichen Arbeitnehmer an ihre Zukunft trifft VON NIKOLAUS PIPER

Wieder einmal war China der Bösewicht. Im amerikanischen Senat lag ein neuer Gesetzentwurf, der die Volksrepublik China der „Währungsmanipulation" bezichtigte und Präsident Barack Obama aufforderte, Strafzölle gegen die drittgrößte Volkswirtschaft der Erde zu erheben. Obama selbst hatte zwar Bedenken gegen das Gesetz, aber er kritisierte China ebenfalls: Das Land habe das Handelssystem „aggressiv zu seinen Gunsten und zu Lasten anderer Länder, besonders der Vereinigten Staaten ausgespielt". Hauptvorwurf: Die Bank von China fixiere den Yuan zu einem viel zu niedrigen Kurs an den Dollar und verschaffe sich so ungerechtfertigte Handelsvorteile.

Der Entwurf wird vermutlich nie Gesetz werden, die USA haben auf Sanktionen verzichtet. Eine gezielte Währungsmanipulation könne der Volksrepublik nicht vorgeworfen werden, so das US-Finanzministerium. China hält eine Billion Dollar in US-Staatsanleihen und ist damit der mit Abstand größte ausländische Gläubiger Washingtons. Die Gesetzesinitiative ist denn auch weniger Handels-, als vielmehr Innenpolitik. Arbeitslosigkeit ist das zentrale Thema für die Amerikaner. Die Quote hat sich bei über neun Prozent festgefressen, einem Wert, der zuletzt 1983 erreicht wurde. Besonders die Langzeitarbeitslosigkeit – ungewohnt für Amerika – breitet sich immer mehr aus. Und viele Amerikaner machen für die Jobmisere die Konkurrenz aus China verantwortlich.

Um diese Stimmung zu verstehen, sollte man nach Reading fahren, einer Industriestadt mit 88 000 Einwohnern im Osten Pennsylvanias. Reading hat nach einer neuen Statistik den zweifelhaften Ruhm erworben, die ärmste Stadt der Vereinigten Staaten zu sein. Schockierende 41,3 Prozent der Bevölkerung sind offiziell arm, ein Anstieg von 6,8 Prozentpunkten gegenüber 2007. Reading war niemals eine reiche Stadt, aber sie hatte ein Auskommen. Das Elend begann vor gut zehn Jahren, als eine Reihe wichtiger Arbeitgeber die Stadt verließ: ein Werk für Telefontechnik des französisch-amerikanischen Konzerns Lucent; Dana, ein Autozulieferer; eine Fabrik für Pfefferminzbonbons des Süßwarenkonzerns Hershey. Seither ging die Beschäftigung um zehn Prozent zurück. Genau in dieser Zeit stieg China zum wichtigsten Importeur der USA auf. Eine ähnliche Erfahrung machten unzählige andere Orte in den alten Industriegebieten der USA.

Nach der klassischen ökonomischen Theorie, wie sie der britische Ökonom David Ricardo (1772-1823) entwickelte, schafft Freihandel Wohlstand. Nicht alle gehören dabei zu den Gewinnern, aber im Durchschnitt stellen sich alle besser, wenn sie sich auf das konzentrieren, was sie im Vergleich zu anderen am besten können, wenn sie also ihre „komparativen Kostenvorteile" (Ricardo) nutzen. Auch heute stellen die meisten Ökonomen diese Theorie nicht grundsätzlich in Frage. Aber viele fragen sich, ob die Indus-triegesellschaften die Kosten der Anpassung an die neue Zeit noch aushalten können. Das Problem ist das Tempo des Wandels. Als die Berliner Mauer 1989 fiel und das kommunistische System implodierte, trat plötzlich eine knappe Milliarde Arbeitnehmer neu auf den Weltmarkt und begann, mit denen des reichen Westens zu konkurrieren – Polen und Tschechen, Russen und Chinesen. Besonders die Löhne gering qualifizierter Arbeiter gerieten unter Druck. Unter der ständigen und glaubwürdigen Drohung der Arbeitgeber, sie müssten die Jobs auslagern, verloren die Gewerkschaften ihren Hebel bei Lohnkonflikten.

Der entscheidende Faktor waren die 820 Millionen Arbeitnehmer aus der Volksrepublik China, deren Produkte besonders die Vereinigten Staaten überfluteten. Von T-Shirts über Elektrogeräte bis zu einfacher Computer-Ausrüstung – in manchen amerikanischen Supermärkten ist es heute schwer geworden, Produkte zu finden, auf denen nicht „Made in China" steht.

Eine Studie – Titel: *Das China-Syndrom* – von Ökonomen des National Bureau of Economic Research in Cambridge und des Instituts Zukunft der Arbeit (IZA) aus Bonn untersuchte die Folgen des Chinahandels auf den amerikanischen Arbeitsmarkt genauer. Wichtigstes Ergebnis: Die Anpassungskosten sind so hoch, dass ein Großteil der Vorteile aus diesem Handel auf Seiten der USA verschwindet. Die Ökonomen ermittelten konkret die Entwicklung sämtlicher lokaler Arbeitsmärkte in der Nation. „Der wachsende Einfluss (chinesischer Importe) erhöht die Arbeitslosigkeit, senkt den Anteil der Menschen, die am Arbeitsprozess teilnehmen und führt zu geringeren Löhnen in den lokalen Arbeitsmärkten", heißt es in der Studie. „Vorsichtig gerechnet, erklärt dies ein Viertel des gegenwärtigen Rückgangs der Industriebeschäftigung in den USA."

Aber das ist noch nicht alles: Dort wo sich die chinesische Importkonkurrenz besonders bemerkbar macht, schießen die Staatsausgaben für Arbeitslosenunterstützung, Frührente und Gesundheit in die Höhe. Diese Ausgaben fräßen ein bis zwei Drittel der Wohlstandsgewinne auf, die die USA sonst aus dem Handel ziehen könnten. Insgesamt sind Arbeitsplätze in der US-Industrie in den vergangenen zwanzig Jahren von mehr als 18 auf gut elf Millionen zurückgegangen. Mehr als fünf Prozent aller Ausgaben, die Amerikaner tätigen, werden für chinesische Produkte verwendet. 1991 war dieser Anteil noch kaum messbar.

Der Princeton-Ökonom Alan Blinder, Berater von Präsident Bill Clinton und überzeugter Freihändler, warnte bereits, 40 Millionen amerikanische Jobs liefen heute Gefahr, ins billigere Ausland verlagert zu werden. Einer der Gründe: Die moderne Kommunikationstechnik erlaube es, sogar Dienstleistungen über weite Strecken zu transportieren: Callcenter werden in Indien betrieben, englischsprachige Agenturen lassen sogar Artikel dort schreiben. In der Industrie im engeren Sinne sei ein Viertel der Jobs „auslagerbar".

Selbst wenn Freihandel und Globalisierung langfristig allen nutzen – die Last der Anpassung liegt auf den heutigen Arbeitnehmern in den Industrieländern, und die ist für viele zu groß. In den USA, wo das soziale Netz nur dünn ist, wird dies zum entscheidenden politischen Faktor. Die Wähler wollen schnelle politische Lösungen für die Arbeitslosigkeit. Das macht die Politik hektisch und kurzatmig und entmutigt jeden, der in langen Fristen denkt.

> „Reading ist die ärmste Stadt der Vereinigten Staaten."

Die Frage ist: was tun? Instinktiv reagieren viele Politiker mit dem Ruf nach Sanktionen und nach Schutz vor Importen. Doch fast alle Ökonomen sind sich einig: Protektionismus löst das Problem nicht, sondern verschärft es. Ein wesentlicher Teil der Lösung ist Bildung, sagt Ökonom Blinder. Je besser die Arbeitnehmer qualifiziert sind, desto besser sind ihre Chancen in der Konkurrenz mit China, Indien und anderen Schwellenländern. Das belegt – im negativen Sinne – Reading, die Armutshauptstadt der USA: Im amerikanischen Bildungssystem gibt es ohnehin einen Reformstau, der Bildungsstand in Reading ist jedoch, nach einem Bericht der New York Times, auch für amerikanische Verhältnisse ungewöhnlich schlecht. Nur 63 Prozent der Einwohner haben einen Highschool-Abschluss – verglichen mit 85 Prozent im Durchschnitt der Vereinigten Staaten. Nur acht Prozent haben einen Bachelor, den niedrigsten College-Abschluss (US-Durchschnitt: 28 Prozent).

Alan Blinder glaubt, dass das Hauptproblem, jedenfalls in den USA, in den Grund- und Mittelschulen (also vom ersten bis zum achten Schuljahr) liegt. Die Schulen seien zwar „gut dafür ausgestattet, Fabrikarbeiter für das Industriezeitalter auszubilden, sie haben sich jedoch nicht an das Informationszeitalter und an die Möglichkeit, dass Jobs in großem Umfang ins Ausland ausgelagert werden, angepasst". Heute müssten die Schulen mehr Wert auf die Fähigkeit zur Kommunikation legen, auf den Kontakt mit anderen Menschen und auf kreatives Denken – und weniger auf routinemäßiges Auswendiglernen. Es liegt also, mit anderen Worten, in den Händen der amerikanischen Politiker, wie das China-Syndrom in ihrem Land wirkt. Investitionen in Schulen wirken mehr als Sanktionen gegen China.

Dass ein Industrieland auch heute schon vom Handel mit China profitieren kann, zeigt Deutschland. Das Land, bei dem man sich bis vor kurzem noch fragte, ob es „noch zu retten" sei (so der Titel eines Buches von Hans-Werner Sinn, Präsident des Ifo-Instituts), gehört zu den größten Gewinnern der Globalisierung. Auch hier steigen die Importe aus China (plus 8,9 Prozent auf 37,7 Milliarden Euro im ersten Halbjahr 2011), die Exporte dorthin jedoch explodieren regelrecht (plus 25,4 Prozent auf 31,6 Milliarden Euro). Die Deutschen haben das Glück, dass der heimische Maschinenbau genau die Produkte herstellt, die ein aufstrebendes Schwellenland braucht, außerdem kommen ihnen die moderate Lohnpolitik der vergangenen Jahre und eben die gute Ausbildung der Arbeitnehmer zugute.

Möglicherweise wird sich aber auch die Lage in den USA bald entspannen. Auch in China steigen die Lohnkosten, weil Arbeitskräfte knapp werden und sich nicht mehr alles gefallen lassen müssen. Daher wird es für viele Unternehmer attraktiv, Produktion aus der Volksrepublik wieder nach Hause zu holen. Bis 2020 könnten drei Millionen Arbeitsplätze aus China nach Amerika zurückimportiert werden, heißt es in einer Studie der Unternehmensberatung Boston Consulting Group (BCG), die im Oktober 2011 veröffentlicht wurde. Dann wären alle Gesetze zur Bestrafung Chinas ohnehin obsolet.

Li Yanzhong hat den Aufstieg geschafft: Heute ist er in einer Textilfabrik Produktionsdirektor, verdient mehr als der Durchschnitt.

Der Traum vom kleinen Glück

In China entsteht im Sog des Aufschwungs langsam eine Mittelschicht, die kräftig konsumieren soll, doch der neue Wohlstand ist noch immer sehr bescheiden VON MARCEL GRZANNA

Kartoffeln und Kohl, tagein, tagaus. Von den vielen Träumen, die Li Yanzhong als junger Mensch hatte, erinnert er sich am besten an einen: den Traum von Fleisch zum Mittagessen. Er ist der Sohn einfacher Leute aus einem Dorf 200 Kilometer südlich von Peking. Und dort zählte der regelmäßige Verzehr von Rind, Schwein oder Huhn bis weit in die 80er Jahre hinein als unerschwinglicher Luxus. Wenn man den 35-Jährigen heute anschaut, könnte man den Eindruck gewinnen, dass er sich immer noch widerwillig von Kartoffeln und Kohl ernährt. Kein Gramm zu viel plagt seinen Körper.

Sein Traum aber hat sich erfüllt. Es gibt Fleisch zum Mittagessen. Jeden Tag. „Wir essen so viel Fleisch, dass ich ernsthaft darüber nachdenke, wieder mehr Gemüse zu essen", sagt Li mit einem breiten Lächeln, das seine riesigen, strahlend weißen Schneidezähne zum Vorschein bringt. Es sind gute Zeiten für ihn und seine Familie. Im Sog des wirtschaftlichen Aufschwungs der Volksrepublik hat sich Li aus dem tristen Alltag des Dorfes auf die unterste Stufe der Mittelschicht des Landes hochgearbeitet. Er hat sich kürzlich sogar eine Wohnung gekauft, 145 Quadratmeter groß. Mit Frau und zwei Kindern wohnt er nun im Zentrum des Bezirks Rongcheng in der Provinz Hebei. 500 000 Yuan kostet ihn das, etwa 60 000 Euro. Es ist eine Investition in die Zukunft.

„Als ich klein war, wollte ich meiner Familie helfen, dass wir besser essen, und dass wir es im Winter warm haben. Eine eigene Wohnung war jenseits meiner Vorstellungskraft", erinnert sich Li. So wie ihm geht es mehreren hundert Millionen seiner Landsleute. China hat innerhalb einer einzigen Generation wirtschaftlich einen derart großen Schritt nach vorne gemacht, dass die Phantasie vieler nicht ausreichte, um die neuen Möglichkeiten zu begreifen. Der wachsende Wohlstand greift um sich wie ein Lauffeuer. Die Superreichen werden immer reicher. Und sie werden ständig mehr, aber auch die Mindestlöhne klettern seit Jahren kontinuierlich nach oben und bescheren damit auch vielen einfachen Leuten ein kleines Stück vom Glück: Mobiltelefone, Fernseher, ab und an ein Stück Fleisch. Solche Dinge eben. Li Yanzhong hat diese Stufe schon hinter sich.

Jetzt steht er dort, wo sein Aufstieg begann: an seinem allerersten Arbeitsplatz in der Bekleidungsfabrik Jinhai in Rongcheng. Gebügelt hat er hier seit 1996, Anzüge und Hosen, ehe die in den Verkauf gingen. 600 Yuan, heute knapp 70 Euro, hat er dafür bekommen. Vier Jahre lang. „Es ist ein vertrautes Gefühl. Und ich denke, dass jeder in dieser Fabrik Erfolg haben kann, wenn er nur hart genug arbeitet", sagt er.

Heute ist Li der Chef all derjenigen, die in dieser Halle beschäftigt sind. Bügler, Verpacker, Etikettierer. Rund 300 sind es, die auf Li hören müssen. Produktionsdirektor darf er sich dafür nennen. Im Monat kassiert er 2600 Yuan, und am Jahresende noch einen Bonus von mehreren tausend Yuan. Das ist in Peking oder in Shanghai vielleicht nicht sonderlich viel, aber hier in der Provinz, fernab des glitzernden Ausnahme-Chinas, ist die Lebenshaltung nicht einmal halb so teuer. Zur Wohnung soll bald noch ein Auto kommen, eine chinesische Marke für 15 000 Euro. Auf Pump zwar, aber mit wachsendem Gehalt wächst eben auch die Zuversicht in die Zukunft. Sogar eine Urlaubsreise an die Strände der Badeinsel Hainan plant er mit den Kindern. Kein Luxusresort, irgendwas Kleines. Dort will er zollfrei elektronische Ware einkaufen. „Die Zahl der Wünsche wächst, je mehr man sich leisten kann", sagt Li.

> „Zur Wohnung soll bald ein Auto kommen – auf Pump."

Früher musste er von seinem kleinen Gehalt noch genug zurücklegen für den Krankheitsfall. Deswegen versuchte er es 2003 auf eigene Faust und eröffnete ein Bekleidungsgeschäft, um mehr Geld zu verdienen. Das ging schief. Stattdessen versuchte er sich als Lastwagenfahrer. Doch die Familie war dagegen. Der Job sei zu gefährlich, sagte sie und überredete ihn dazu, wieder in der Fabrik zu arbeiten. Er willigte ein und wurde bald darauf befördert zum Aufseher. Vor zwei Jahren wurde er zum Produktionsdirektor ernannt. Seitdem träumen die einfachen Arbeiter davon, einmal das zu verdienen, was er jetzt verdient.

Die Firma zahlt ihm und allen anderen Angestellten eine Krankenversicherung, die eine Mindestversorgung garantiert. Auch das ist das Resultat des jahrzehntelangen Wirtschaftswachstums mit zweistelligen Raten in der zweitgrößten Volkswirtschaft der Welt. Der Staat muss die Mittelschicht stärken, um seinen ökonomischen Aufwärtstrend fortzusetzen und mehr zufriedene Bürger zu schaffen: Zufriedene Bürger meckern nicht. Das tut er mit besserer sozialer Versorgung. Firmen zahlen ein in die Pensions- und Krankenkasse. Ernste Krankheiten können Familien zwar immer noch ruinieren, aber die Zuversicht der Leute nimmt zu und damit ihre Bereitschaft zum Konsum. Das ist wichtig für China, weil es Bürger benötigt, die ihr Geld zurück in den Wirtschaftskreislauf pumpen, statt es unter das Kopfkissen zu legen oder auf dem Bankkonto zu horten.

Auch das Bildungswesen muss der Staat verbessern, um Chancengleichheit unter jungen Menschen zu schaffen. Es ist ein weiter Weg. Noch können nur diejenigen ihre Kinder auf bessere Schulen schicken, die das Geld dafür haben. Auch Li Yanzhong will seinen Kindern bessere Chancen auf dem Arbeitsmarkt verschaffen. Der Wettbewerb wird immer härter, weil immer mehr Uni-Absolventen nach guten Jobs suchen. 13 und elf Jahre sind Lis Kinder alt. Deswegen bläut er ihnen ein: „Arbeitet hart, dann könnt ihr eines Tages mit eurem eigenen Auto zur Arbeit fahren."

Im Spiegel der Kulturen

Asiaten, Afrikaner, Europäer, Amerikaner – sie alle leben mit ihren eigenen Werten. Das zeigt sich auch in der Arbeitswelt. Denn Leistung wird nicht überall gleich beurteilt. Arbeit kann dem einen Lust, dem anderen Last sein – je nachdem, welchen Rang sie im Leben der Menschen hat. Wie wichtig ist Leistung für die jeweiligen Gesellschaften? Welchen Stellenwert hat der arbeitende Mensch? Wie wichtig ist Leistung für das Ansehen der Menschen in ihrem sozialen Umfeld?

Helden der sozialistischen Arbeit

Arbeiter mit den höchsten Produktionsergebnissen werden besonders geehrt. Jeden Monat hängen die Porträts der besten Arbeiter aus. Das hebt sie aus der Masse hervor, macht sie zu einer besonderen Arbeitskraft. Die anderen Kollegen sollen das wissen und sich anstrengen. Bei der Bleihütte in Tschimkent im südlichen Kasachstan war das der Fall (Foto aus dem Jahr 1991). Doch egal, welche Gesichter die Tafeln unter dem Lenin-Bildnis zeigten, das Hüttenwerk vergiftete die Luft, ablaufende Flüssigchemikalien verseuchten das Grundwasser. Die Hüttenarbeiter trugen Baumwollmasken, die aber nur den Staub filterten. In manchen Bereichen des Werks war die Giftkonzentration so hoch, dass Beschäftigte höchstens zehn Jahre arbeiten konnten. Dann mussten sie in den Ruhestand.

Die Macht des Kollektivs

Geliebte Vorurteile: Allzu gerne wird der Erfolg des Einzelnen seiner Herkunft zugeschrieben. Entscheidend aber sind ganz andere Faktoren VON MICHAEL KLÄSGEN

Immer diese Griechen, könnte man meinen. Erst ihre kreative Buchführung mit den bekannten Folgen und dann liest man noch Sätze wie diese: „Es konnte den Griechen auch nicht zu Bewusstsein kommen, dass Arbeit der Hauptproduktionsfaktor sei; sie hatten keinerlei Anlass, sie als die eigentliche wertschaffende Komponente der Volkswirtschaft zu erkennen. Folglich kannten die Griechen auch keine Möglichkeit, Arbeit als Legitimation für das Eigentum oder die Stellung innerhalb der Gesellschaft anzusehen." Niedergeschrieben schon 2003 von Christian Meier, Professor für Alte Geschichte an der Ludwig-Maximilians-Universität München. Der muss es doch wissen. Aber zur Beruhigung: Es geht hier keineswegs um die Verbreitung billiger Vorurteile. Sondern erstens um die Griechen in der Antike und zweitens darum, schnell zur Sache zu kommen: Wenn man untersucht, welchen Stellenwert die Arbeit in verschiedenen Kulturen und Ländern hat und wie dort „Leistung" bewertet wird, öffnen sich Tür und Tor für Klischees, Verallgemeinerungen, Vereinfachungen.

Witzemacher und Dampfplauderer leben davon, für Politiker ist es brandgefährlich. Ausrutscher werden umgehend abgestraft, zum Glück. Als Bundeskanzlerin Angela Merkel den Griechen empfahl, so fleißig zu sein wie die Deutschen, meldete sich postwendend das moralische Korrektiv in deutschen Medien zu Wort: Statistiken wurden angeführt, die belegen, dass die Griechen mitnichten weniger arbeiteten als die Deutschen.

Merkel kam glimpflich davon. Der „Ameisen-Vergleich" von Edith Cresson hingegen trug maßgeblich zur ausgesprochen kurzen Amtszeit von Frankreichs bisher einzigen weiblichen Premierministerin bei. Sie hatte die Japaner Anfang der 1990er Jahre als „kleine gelbe Arbeits-Ameisen" tituliert (außerdem jeden vierten britischen Mann als schwul und die Deutschen als übertrieben reinlich). Ihr politisches Ende kam schnell. Dabei ventilierte Cresson – Hand aufs Herz – nur Allgemeinplätze über „den Japaner". Das

Inselvolk im Fernen Osten gilt in Europa als tüchtig bis zur Selbstaufgabe. An Japan lässt sich ein generell gültiges Phänomen festmachen: Es geht immer auch um die Diskrepanz von Innen- und Außensicht, das heißt, um die Bestätigung von Vorurteilen des Betrachters, um die Festigung seines Weltbildes und um die Rückversicherung, dass das eigene Verhalten die Norm ist oder sein sollte. Die „fleißigen Japaner", heute ersetzt durch die „rund um die Uhr arbeitenden Chinesen", werden gern auch als Drohkulisse aufgefahren, um zu höherer Arbeitsleistung daheim anzuspornen.

Das Stereotyp vom tüchtigen Asiaten einerseits und vom „faulen Neger" (von dem noch zu reden sein wird) andererseits sind Extrempositionen solcher Außenansichten. Zu ihrer Bestätigung finden sich immer wieder Beispiele, etwa der Karoshi, der Tod durch Überarbeitung in Japan. Die Lebenswirklichkeit der Mehrheit der Japaner sieht freilich trotzdem anders aus.

Wenn zum Beispiel der Direktor eines großen japanischen Flughafens von seinem Arbeitsalltag erzählt,

> „Die ‚fleißigen Chinesen' werden gerne als Drohkulisse aufgefahren."

könnte man meinen, der Traum deutscher Gewerkschafter habe sich erfüllt: Er erhält Zuschüsse für die Kita, die Bahn-Fahrkarten, die Miete und seine nicht-arbeitende Frau daheim. Außerdem einen 125-prozentigen Zuschlag für Überstunden, sechs Monate Lohnfortzahlung im Krankheitsfall und drei Jahre Arbeitsplatzgarantie, falls ein Verwandter zum Pflegefall wird. Freilich steckt ein Körnchen Wahrheit in den Stereotypen, sonst gäbe es sie nicht.

Andererseits verändern sich auch Gesellschaften. 1980 arbeiteten Japaner noch 2121 Stunden im Jahr. Inzwischen sank die Zahl auf 1772 Stunden. Die Deutschen kommen auf 1432 Stunden. Was uns das lehrt? So gut wie nichts. Denn auch wenn Japaner sich am Arbeitsplatz aufhalten, arbeiten sie nicht zwangsläufig. „Man ist im Büro, weil alle da sind, nicht, weil so viel zu tun ist", resümiert ein Japan-Kenner. Manche Firmen sind deswegen dazu übergegangen, irgendwann das Licht auszuschalten, damit die Mitarbeiter endlich nach Hause gehen. Also gibt es doch eine Lehre, und zwar eine, die überall, im Kleinen wie im Großen gilt: Mindestens ebenso entscheidend wie der Arbeitsvertrag ist, was die Gemeinschaft, was die anderen tun.

Auch hier mag Japan im Ausmaß der Freizeitverweigerung singulär sein. Es liegt aber auf der Hand, dass das Umfeld das Verhalten jedes Einzelnen in allen Kulturen prägt. Die Handelnden müssen sich dessen nicht einmal bewusst sein. Die Verhaltensmuster sind tief verankert. Jeder ist auch Träger der kollektiven Geschichte seines Landes und sogar der Religionsgeschichte. Selbst Atheisten und Kirchenkritiker, auch wenn sie es nicht wahrhaben wollen. Wenn man zurückverfolgt, wie sich die Arbeit, die heutige Erwerbs-tätigkeit, in unser aller Leben drängte, dann kommt man jedoch an der Religionsgeschichte nicht vorbei.

In Europa haben die Protestanten einen maßgeblichen Anteil am Entstehen der Leistungsgesellschaft: Luther, Calvin und Zwingli trugen dazu bei, dass die Arbeit der breiten Massen erstmals in der europäischen Geschichte als „Gottesdienst" eingestuft wurde. Martin Luther erhob den Beruf quasi zum Mittel, seines eigenen Glückes Schmied zu sein.

Das hatte es in dieser Form in all den Jahrhunderten zuvor nicht gegeben. Bei den alten Griechen zur Zeit des Perikles, die Professor Meier beschreibt, galt Arbeit, also das, was die Bauern, Handwerker und Kaufleute verrichteten, als etwas Negatives. Arbeit „galt als Mühe und Last und wurde von Sklaven, Frauen und anderen Personen minderen Rechts wahrgenommen", schreibt Professor Jürgen Kocka in dem vom Berliner Akademie Verlag herausgegebenen Band über die „Rolle der Arbeit in verschiedenen Kulturen und Epochen".

Diese Auffassung änderte sich mit der Reformation. Sie war der Anfang vom Ende der Stände-Gesellschaft und des Glaubens an ein vorbestimmtes Leben. Die englischen Puritaner und ihre nach Amerika ausgewanderten Glaubensgenossen entwickelten den Gedanken fort. Sie interpretierten Erfolg bei der Arbeit als Zeichen der persönlichen Erwählung durch Gott. Einer berühmten These des Soziologen Max Weber zufolge prägte dieses neuzeitliche protestantische Arbeitsethos maßgeblich den „Geist des Kapitalismus". Wobei sich die protestantische Kirche heute strikt von jeder „Kapitalakkumulation als Selbstzweck" distanziert.

Auf der anderen Seite hat diese Geisteshaltung auch einen christlichen Missionseifer befördert, der die Arbeit als entscheidendes Instrument der „Erziehung zur Zivilisation" in Afrika ansah. Im Zuge der Einführung der europäischen „Arbeitsgesellschaft" sollten den „faulen Negern" „gottgefällige Tugenden" wie „Ordnung", „Pünktlichkeit", „Gehorsam", „Tüchtigkeit" und „Streben nach Wohlstand" vermittelt werden, schreibt der Soziologe Reimer Gronemeyer. Autor Frank Böckelmann ergänzt, dass die Vorstellung vom „faulen Neger" bis heute in den Köpfen fortlebt und das „Faulheits-Verdikt" nur durch mildere Bezeichnungen wie „Nachlässigkeit" oder „Bequemlichkeit" ersetzt wurde.

Webers Weltbild ist inzwischen längst überholt. Glaubensrichtungen wie der Konfuzianismus, Taoismus, der Islam (und natürlich der Katholizismus) stehen dem produktiven Schaffen nicht entgegen. Für China scheint das evident zu sein. Die Außenansichten über die arabische Welt widersprechen dem hingegen. Der Islamwissenschaftler Ulrich Haarmann besteht aber darauf, dass Arbeiten und Beten im Islam eng zusammengehören, fast schon protestantische Züge im Weber'schen Sinne haben.

Auf der anderen Seite nimmt es nicht wunder, dass der Kapitalismus in seiner reinsten Form in England und den USA seinen Niederschlag fand. Im Einwanderungsland USA hat die Wissenschaft die Arbeitsmoral verschiedener Volksgruppen beleuchtet. So betont Moisés Naím in der Publikation *Foreign Policy* den Erfolg der Muslime. Sie seien in ihren Herkunftsländern und in Europa arm, aber in Amerika Leistungsträger. Naím schilt die europäischen „Kulturdeterministen" und beschwört die amerikanische Glückformel: Chancen und Institutionen. In dem durchaus seriösen *Applied Psychology Review* wiederum wird von einem schwarzen Klempner berichtet, der von seinen Kumpels belächelt wird, wenn er zur Arbeit geht. Denn sie gehen mit den „schönsten Mädchen" aus und fahren die „größten Autos". Langfristig bewährt sich also Tugend und Fleiß. Allein mit political correctness ist dieses Ergebnis nicht zu begründen.

Es scheint festzustehen: Nicht Herkunft und Religion bestimmen die Einstellung zur Arbeit jedes Einzelnen, ausschlaggebend sind die Bindekräfte der Werte vorgebenden Gemeinschaft.

Der Japaner Tsuyoshi Noguchi vor dem Hauptgebäude der Munich Re. Aus seinem Heimatland ging der 39-Jährige zum Master-Studium in die USA und jetzt zum Arbeiten nach Deutschland. Hier lernt er gerade so manchen kulturellen Unterschied schätzen.

Endlich Feierabend

Kulturschock bei der Munich Re: In Japan schuftete er mehr als zwölf Stunden am Tag, hatte keine Zeit für die Familie, jetzt lernt Tsuyoshi Noguchi den deutschen Alltag kennen INTERVIEW: JENNIFER LANGE

Von Tokio nach München. Dabei seine Ehefrau und die zwei kleinen Söhne. Seit Mai 2011 arbeitet der Japaner Tsuyoshi Noguchi in Deutschland – und erlebt hier eine ganz neue Arbeitskultur. Zwei Jahre lang soll der 39-jährige Mitarbeiter der Munich Re in der Konzernzentrale bleiben – zuständig für die japanischen Klienten des Münchner Rückversicherers. Der freundliche, ruhige Noguchi und seine Familie erleben ein Arbeitsumfeld, das deutlicher als das japanische zwischen Arbeit und Privatleben trennt.

SZ: Herr Noguchi, in Japan gibt es ein Sprichwort: Ist der Ehemann gesund und nicht zu Hause, ist alles in Ordnung. Gilt das auch in Ihrer Familie?
Tsuyoshi Noguchi: Das stammt aus einem bekannten TV-Spot und wird sicher von vielen auch so wahrge-

nommen. Als ich einmal schon um halb sieben zu Hause war, fragte mich meine Frau total überrascht: Was ist passiert? Hast du deinen Job nicht gut gemacht? Bist du gefeuert worden? Ein Arbeitstag von 8.30 Uhr bis neun Uhr abends ist bei japanischen Firmen völlig normal. Es gab auch eine Zeit, da musste ich mich beeilen, meine letzte Bahn um Mitternacht zu bekommen. Vom Büro brauchte ich in Tokio noch eine Stunde nach Hause. Lange Arbeitszeiten sind in Japan üblich, vor allem im Dienstleistungssektor. Sie sind ein Zeichen, dass man immer für den Kunden da ist. So verbringen Sie wesentlich mehr Zeit mit den Kollegen als mit ihrer Familie. Hier ist die Arbeitskultur anders, es gibt eine klare Trennung zwischen Arbeitszeit und Privatleben, wie schon das deutsche Wort „Feierabend" erkennen lässt.

Manche Unternehmen schalten inzwischen abends das Licht aus, damit alle Mitarbeiter nach Hause gehen. Warum arbeiten Japaner freiwillig so lange?
Aus Stolz und Verantwortungsbewusstsein. Sie wollen nicht, dass ein Kollege ihre Arbeit erledigen muss. Ein Japaner möchte seinen Kollegen nicht zur Last fallen. Also machen sie weiter, auch wenn das übertrieben sein kann und auch nicht der effizienteste Weg ist. Daher achten immer mehr Chefs von großen Firmen darauf, dass ihre Mitarbeiter früher gehen. Hier in Deutschland ist das weniger ein Thema, da die Mitarbeiter stärker selbst ihre Zeit managen und Prioritäten setzen.

Wie wichtig ist der Job in der japanischen Gesellschaft und wie wichtig ist im Gegensatz dazu die Familie?
Japaner fühlen sich als Teil einer Gemeinschaft, eines Kollektivs. Natürlich ist die Familie auch ein Kollektiv, aber sie versteht, dass der Mann auch noch zu einer anderen Gruppe gehört. Das ist wichtig für die Karriere. Dabei muss man bedenken: 80 Prozent der Japaner arbeiten ihr ganzes Leben bei einer einzigen Firma, also manchmal 40 Jahre lang. Die Kollegen sind auch deine Freunde, sie sind wie eine zweite Familie.

Karoshi – also der Tod aus Überarbeitung – ist ein großes Thema in Japan. Ein Mitarbeiter eines großen Konzerns, 30 Jahre alt, Vater von zwei kleinen Kindern, starb 2006 bei der Arbeit an einem Herzinfarkt. Den Monat vorher hatte er 114 Überstunden gemacht. Warum wird so etwas nicht verhindert?
Solche Einzelfälle zu bewerten, fällt mir schwer. Aber das gab es in der Vergangenheit öfter, besonders in der Zeit des Wirtschaftsbooms in den 1970er und 1980er Jahren. Heute sind die Manager sensibler, wenn es um die Gesundheit ihrer Mitarbeiter geht. Doch besonders Spezialisten stehen noch unter Druck, immer den hohen Anforderungen gerecht zu werden. Sie wollen jeden zufriedenstellen, niemanden enttäuschen. Viele Japaner sind heute wegen dieses Drucks mental total am Boden. Unternehmen begegnen dem mit Tests, die auf erste Anzeichen für einen Zusammenbruch hindeuten. In ernsten Fällen werden Angestellte dann betreut, manchmal wechseln sie die Position.

Wenn viele unter so einem mentalen Druck stehen, warum nehmen sie dann nicht die Urlaubstage, die ihnen rechtlich zustehen?
Die meisten Japaner haben Anspruch auf 20 bis 25 freie Tage im Jahr, plus Feiertage. Sie nehmen aber in der Regel maximal vielleicht 15 Tage frei. Den Rest heben sie sich auf, falls sie krank werden. Denn Fehltage wegen Krankheit werden, im Gegensatz zu Deutschland, von den Urlaubstagen abgezogen. Wenn ein Japaner Urlaub nimmt, macht er das fast entschuldigend, anstatt es als sein Recht wahrzunehmen. In Deutschland habe ich das erste Mal zweieinhalb Wochen am Stück freigenommen. Das hätte ich in einem japanischen Unternehmen nie gemacht. Es war zuerst ein komisches Gefühl. Geholfen hat mir, dass ich für die Zeit einen Stellvertreter hatte. In Japan muss man sich oft Sorgen machen, was es alles zu tun gibt, wenn man zurückkehrt. Nur meine

japanischen Klienten waren etwas verunsichert: Was, wir können Sie über zwei Wochen nicht erreichen?

In Deutschland wird viel über das Renteneintrittsalter diskutiert. Die wenigsten wollen mit 65 Jahren weiter jeden Tag zur Arbeit gehen. Warum ist es in Japan so verbreitet, während der Rente zu arbeiten?
Das hat erstens finanzielle Gründe. Zweitens hat die Firma Interesse an der langjährigen Erfahrung ihrer älteren Mitarbeiter. Drittens wollen viele nicht ihr vertrautes Kollektiv verlieren. Viele Japaner denken sich, ich bin 65, noch gesund, warum soll ich dann nicht noch ein paar Jahre arbeiten? Es nutzt allen – auch wenn sie in Teilzeit oft nur noch die Hälfte verdienen. Ihre Hauptaufgabe ist es, ihr Wissen an die Jungen weiterzugeben.

Warum stellen japanische Unternehmen junge Uni-Absolventen nur einmal im Jahr ein, immer im April?
Der Abschluss am College ist im März. Im April beginnt in den Unternehmen das Geschäftsjahr. Dann sehen sich Firmen und Behörden Tausende Studenten an und stellen die Besten ein. In den ersten Arbeitstagen durchläuft man dann alle Abteilungen. Denn in Japan bewirbt man sich, anders als in Deutschland, für ein Unternehmen, nicht für eine bestimmte Position. Daher würden

mich japanische Freunde auch nie fragen: Was arbeitest du? Sondern immer, für welches Unternehmen ich arbeite. Die Firma platziert einen nach den ersten Wochen auf einer Stelle. Später rotiert man alle drei, vier Jahre zwischen verschiedenen Positionen. Man ist sozusagen Teil eines Puzzles.

> „Fehltage wegen Krankheit werden in Japan vom Urlaub abgezogen."

Sie haben auch schon einige Jahre in den USA gelebt. Was genießen Sie hier in Deutschland am meisten?
Das wichtigste für mich ist, die Unterschiede kennenzulernen. Ich möchte mich auf Deutschland richtig einlassen. Ich sitze hier zwar auch in einem Großraumbüro, aber ich habe doppelt so viel Platz. Schön ist auch, dass ich mehr Zeit für meine Familie habe. Meine Frau ist jetzt nicht mehr überrascht, wenn ich um halb sieben vor der Haustür stehe.

Selbst-vermarktung

Wer im Beruf erfolgreich sein will, darf nicht nur auf seine Leistung setzen. Im Wettbewerb um begehrte Jobs muss man sich auch gut darstellen, muss seine Stärken hervorheben können. Netzwerke und Kontakte zu pflegen, ist vielleicht aufwendig, doch wichtiger denn je. Denn sie können den Weg nach oben frei machen. Was bedeutet das für den Bewerber von morgen? Welche Qualitäten braucht er und wie eignet er sich die an?

Nach der letzten Fahrt

In vielen Ländern Asiens sind gewaltige Abwrackwerften entstanden. Die Schiffsverschrottung bei Chittagong (Bangladesch) gehört zu den Zentren dieser globalen Abwrackindustrie. Nach langen Jahren auf See treten viele Schiffe ihre letzte Fahrt zu diesen Werften an. Arbeiter verwandeln dann in einem „umgekehrten Herstellungsprozess" die Schiffe in ihre Rohmaterialien zurück. Oft werden daraus neue Produkte gefertigt: Messer oder landwirtschaftliche Geräte beispielsweise. Die meisten der in Bangladesch hergestellten Metallwaren stammen aus dieser Wiederverwertung ausrangierter Schiffe. Die Arbeit des Arbeiters auf dem Foto aus dem Jahr 1989 ist gefährlich. Seine Füße sind durch herumliegende Metallteile gefährdet. Er muss ständig darauf achten, dass er sich nicht verletzt.

Huhu,
hier bin ich

Zurückhaltung war gestern: Die Arbeitswelt von morgen bevorzugt Extrovertierte, Exoten und Selbstdarsteller. Sie müssen die Inszenierung beherrschen VON ANGELIKA SLAVIK

Wagen wir an dieser Stelle ausnahmsweise einen Ausflug in die Tiefen der amerikanischen Trash-Kultur, in die Welt des Reality-Fernsehens nämlich. Dort konnte man unlängst beobachten, wie die Anwaltstochter Kim Kardashian den Basketballspieler Kris Humphries heiratete. Es war ein großes Fest mit vielen hundert Gästen, monatelang vorbereitet. Ein Fernsehsender brachte eine mehrteilige Dokumentation über das Geschehen, eine Zeitschrift sicherte sich die Exklusivrechte an den Hochzeitsfotos. Kurzum: es war ein Spektakel. 18 Millionen Dollar soll Kardashian an diesem „schönsten Tag meines Lebens" verdient haben – dass die Ehe nach exakt 72 Tagen wieder geschieden wurde, bleibt da nur eine unbedeutende Fußnote.

Man mag dieses Schauspiel nun mit Befremden betrachten oder mit Amüsement, aber betrachten sollte man es schon. Es könnte sich lohnen. Denn Kim Kardashian ist, da sind sich die einschlägig kompetenten Medien einig, die aktuell amtierende Königin der Selbstvermarktung. Sie ist also die Meisterin eines Fachs, das bislang vor allem jene beherrschen mussten, die ihr Geld als Fernsehfiguren verdienen wollten. Das aber wird sich ändern. Ob es uns passt oder nicht: Beruflich werden wir künftig alle ein bisschen Kardashian sein. Der Job der Zukunft heißt Selbstdarsteller.

Es ist die Zeit der losen Bindungen, in der Berufswelt mehr noch als im Privaten. Wer heute die Universität verlässt, wechselt nur selten in ein festes, unbefristetes Arbeitsverhältnis. Die Realität für den Nachwuchs von heute ist meist eine wilde Melange aus einem projektbezogenen Werkvertrag hier, einer befristeten Pauschale anderswo, ein bisschen Freelance, ein bisschen Stipendium. Diese Konstellation ist hinreichend beschrieben, aber die Diskussion darüber dreht sich meist um die Frage, ob man einer ganzen Generation so viel Unsicherheit zumuten könne – oder ob sie nicht sogar froh sein sollte über das hohe Maß an Flexibilität, das ihr Berufsleben prägt. Doch mit dieser Veränderung der Arbeitswelt geht eben noch eine andere Entwicklung einher: der Zwang, sich selbst zu inszenieren, sich zu verkaufen.

Denn wenn Arbeitsverhältnisse immer kürzer und immer lockerer werden, wenn Unternehmen nicht mehr nach Arbeitnehmern, sondern nach Auftragnehmern suchen, dann profitieren vor allem jene, die beim schnellen ersten Blick gut aussehen. Die präsent sind. Die klar ersichtlich machen, was sie können und wofür sie stehen – sei es im persönlichen Kontakt oder im Internet. Jemanden lange zu prüfen, die Substanz seiner Arbeit zu begutachten, mit Bedacht auszuwählen, dafür ist in einer hyperventilierenden Ära wie der unseren kaum noch Zeit.

Für den Einzelnen, der sich in dieser neuen Berufswelt zurechtfinden muss, bedeutet das eine grundlegende Veränderung seiner Arbeitsweise und der Interpretation dessen, was Arbeit eigentlich ist. Die Vermarktung der eigenen Leistung ist dann Teil des beruflichen Alltags, sie muss als zentraler, unverhandelbarer Bestandteil des eigenen Jobs verstanden und akzeptiert werden.

Das wird manchem schwerfallen, schließlich wird nicht jeder mit dem Kardashian-Gen geboren. Und natürlich wirft es auch die Frage auf, was es bedeutet, wenn künftig ein relevanter Teil der Arbeitszeit nicht mehr für die eigentliche Leistung draufgeht, sondern für die Kommunikation derselben. Und welche Folgen es hat, wenn die Wirtschaft vor allem die Arbeitskraft derer bekommt, die das Instrumentarium der Selbstinszenierung besonders gut beherrschen, im eigentlichen Job aber vielleicht nur Mittelmaß sind. Setzen sich künftig nicht mehr die Besten durch, sondern die Lautesten?

Vielleicht ist das Szenario nicht ganz so düster, wenn man sich verdeutlicht, dass diese Dynamik auch Vorteile haben kann. Denn wer sich richtig inszeniert, wer die öffentliche Plattform, die das Internet bietet, geschickt für sich zu nutzen weiß, der macht sich begehrt – mitunter auch bei der Konkurrenz des bisherigen Arbeit- oder Auftraggebers. Das treibt den Preis.

Noch etwas weiter gedacht: die Möglichkeit, sich selbst und die eigene Leistung öffentlich zu inszenieren und damit auch meistbietend zu versteigern, könnte zumindest teilweise ausgleichen, dass die einstigen Arbeit- und heutigen Auftragnehmer in den vergangenen Jahren zweifellos die großen Verlierer der Berufswelt waren. Die Privilegien und Sicherheiten der Angestellten, einst mühsam erkämpft, gibt es heute für einen großen Teil der arbeitenden Menschen nicht mehr – eben weil ihnen die Unternehmen nur mehr lose Kontrakte anbieten. Die Option, die Honorare nach oben zu treiben oder mit vielleicht dringend benötigten Fähigkeiten zur Konkurrenz überzulaufen, das könnte die Rache des arbeitenden Volkes sein. Die andere, süffisante Seite des freien Markts.

Die Notwendigkeit, sich selbst zu vermarkten, betrifft aber nicht nur Freiberufler und Scheinselbständige, sondern auch die, die in einer Branche arbeiten in der noch reguläre, unbefristete Angestelltenverträge vergeben werden. Denn auch da nutzt eine wachsende Zahl der Unternehmen etwa Karriere-Seiten im Internet, um vielversprechende Job-Kandidaten aufzuspüren. Die Dynamik gibt es freilich auch andersherum: Den Namen eines Bewerbers durch eine Suchmaschine laufen zu lassen, gehört heute zum Alltag jedes Personalverantwortlichen – und wenn die Ergebnisse abschreckend ausfallen, ist das angestrebte Bewerbungsgespräch ganz schnell gestrichen.

Das alles heißt nicht, dass der Mitarbeiter der Zukunft, in welchem Vertragsverhältnis auch immer, sich permanent zum Hampelmann machen muss. Auch Selbstverleugnung ist nicht gefragt: Der stille Computerexperte muss nicht vorgeben, ein kreativer, wilder Abenteurer zu sein, um im Berufsleben attraktiv zu wirken. Er darf ruhigen Gewissens der zurückhaltende Typ bleiben – wenn er seiner Umwelt deutlich macht, dass er eben der zurückhaltende Typ ist. Die Kernbotschaft lautet dann also: Ich bin ein stilles Genie. Role Model: Steve Jobs.

Doch darum, sich Gedanken über die eigene Positionierung zu machen, wird in der Arbeitswelt von morgen kaum noch jemand herumkommen. Jeder Einzelne muss also überlegen, welche Schlagzeile eine Beschreibung seiner beruflichen Fähigkeiten und charakterlichen Stärken verdient hätte. Welche Nischen er besetzt, wie er sich von der Konkurrenz abgrenzen kann. Es sind die gleichen Fragen, die sich in den großen Konzernen riesige Abteilungen stellen, wenn sie ein Produkt entwickeln und anschließend bewerben sollen. Bloß muss das nun jeder Einzelne für sich selbst leisten: einen Produktzuschnitt finden und eine Werbestrategie entwickeln. Jeder muss eine Marke werden.

> **Setzen sich künftig nicht mehr die Besten, sondern die Lautesten durch?**

Das ist keine leichte Aufgabe, zumal zwischen Eigen- und Fremdwahrnehmung bisweilen eine gehörige Lücke klaffen kann. Es kann also sinnvoll sein, sich in kleinen Schritten vorzutasten, zunächst einen Lebenslauf in ein Karrierenetzwerk einzuspeisen und die Reaktionen zu testen – das eigene Weblog kommt später. Auch professionelle Unterstützung von einem Coach oder Imageberater kann helfen, seine Rolle zu finden. Das kann zudem auch nützlich sein, um effizienter zu netzwerken. Wer etwa bei beruflichen Veranstaltungen nicht als einer von vielen auftritt, sondern eine klare Positionierung kommunizieren kann, bleibt besser in Erinnerung.

Die so erworbenen Kontakte müssen freilich gepflegt werden – und in Hinblick auf die eigene Vermarktung bedeutet das, dass sie immer wieder mit positiven Informationen gefüttert werden müssen, ohne penetrant zu sein. Etwa, indem man einfach auch mal weiterhilft, ohne unmittelbaren Nutzen daraus zu ziehen. Oder auch, indem man die Arbeit eines anderen auf der eigenen Website verlinkt. Keine Sorge: Der Ruhm des anderen strahlt ab.

Trotz all des Aufwands kann die eigene Positionierung, die Marke „Ich", keine unveränderliche sein. Man erwirbt zusätzliche Qualifikationen, die Ansprüche des Marktes verändern sich, neue Nischen tun sich auf.

Wird die Welt also noch oberflächlicher, als sie ohnehin schon ist? Klar ist: In einer hektischen Zeit wie der unseren bleibt nur Platz für kurze Botschaften. Die Berufswelt von morgen bevorzugt also extrovertierte Persönlichkeiten, Exoten, denen die Selbstinszenierung im Blut liegt, Selbstdarsteller, die sich mit Begeisterung regelmäßig neu erfinden. Aber unter dem Strich gelten für sie die gleichen Regeln wie für all jene, denen so viel Brimborium um die eigenen Verdienste weniger leicht fällt, die sich überwinden müssen, in den Kampf um Aufmerksamkeit einzusteigen. Am Ende bedeutet Selbstvermarktung für sie alle nur eines: eine Menge Arbeit. Im allerbesten Sinn.

Im weltweiten Netz kann sich vieles verbergen, das man dort gar nicht sehen will. Das Foto zeigt Kabel eines Supercomputers.

Werbung im Netz

*Wie man die neuen Plattformen im Internet nutzen kann,
um die eigene berufliche Karriere voranzutreiben –
und welche Fallstricke dort lauern* VON ANGELIKA SLAVIK

Verweigerung ist auch eine Haltung, aber Klaus Eck findet: eine riskante, zumindest, wenn es um das Internet geht. „Wer sich nicht um seine Reputation im Netz kümmert, riskiert, dass es andere für ihn tun“, sagt Eck. Der Inhaber der gleichnamigen Münchner Kommunikationsagentur gilt als Experte für neue Medien – und findet, dass es sich heute kaum noch jemand leisten könne, sich nicht damit auseinanderzusetzen, welche Informationen im Netz über ihn kursieren. „Das kann für die Karriere entscheidend sein, im positiven wie im negativen Sinn“, sagt Eck.

Tatsächlich geben in Umfragen fast zwei Drittel der Personalverantwortlichen großer Unternehmen an, bereits Bewerber aussortiert zu haben, weil ihnen nicht gefallen habe, was das Internet über diese Kandidaten ausgespuckt habe. Dann wird Google plötzlich zur Karrierefalle.

Was aber kann man tun, um im Netz einen guten Eindruck zu hinterlassen? Eck rät dazu, im Web so viel Präsenz wie möglich anzustreben – denn dann könne man den Gesamteindruck am besten steuern. „Wer selbst Informationen zur Verfügung stellt, nimmt aktiv auf seine Online-Reputation Einfluss. Das ist in jedem Fall die bessere Option, als einfach nur tatenlos zuzusehen, was mit dem eigenen Namen im Netz passiert.“

Die einfachste Möglichkeit, karrierefördernde Infos ins Netz einzuspeisen, sind die Profile auf sozialen Netzwerken. Denn die Informationen, die man bei Xing, Facebook, Linked-In oder der neuen Plattform Google+ selbst einstellt, werden von den Suchmaschinen als sehr relevant eingestuft – entsprechend weit oben erscheinen sie dann bei der Suche nach dem eigenen Namen in der Trefferliste. Ein Profil anzulegen könnte sich also lohnen. Allerdings sollte genau überlegt werden, welche Informationen man zur Verfügung stellt, und wo und wie man sich öffentlich äußert: ein derber Witz an falscher Stelle, und schon hat der mühsam erarbeitete gute Ruf im Netz wieder eine Schramme.

Berater Eck geht noch einen Schritt weiter. Er findet, dass es „absolut unmöglich" sei, ein soziales Netzwerk wie Facebook privat zu nutzen. „Privatheit, wie man sie aus dem realen Leben kennt, gibt es da nicht", sagt Eck. Die Gemeinschaft der eigenen Facebook-Freunde bilde immer eine Teil-Öffentlichkeit, „und wenn man auch nur einen einzigen Kollegen zu seinen Freunden hinzufügt, ist alles, was man dort sagt oder tut, beruflich relevant".

Wer Kompetenz beweisen will, kann das auch über ein eigenes Weblog zu einem beruflich relevanten Thema tun oder Beiträge auf entsprechenden Seiten veröffentlichen. All diese Aktivitäten werden von den Suchmaschinen in der Regel schnell gefunden und zu den ersten Treffern gezählt.

Bei den Karriereseiten wie Xing oder Linked-In sollte man zudem detailliert Auskunft über die eigenen Stärken und Fähigkeiten geben, raten Experten. Hier gilt das Motto: keine falsche Bescheidenheit. Wichtig sind außerdem die Kontakte, die man auf diesen Seiten nachweisen kann. Vor allem wenn Jobs zu vergeben sind, die nach kommunikativen, gut vernetzten Persönlichkeiten verlangen, bevorzugen die Personalchefs im Zweifelsfall Kandidaten, die ihre guten Kontakte auf diese Weise auch belegen können.

Was aber, wenn der Ruf im Netz schon beschädigt ist? Wenn Google, Bing oder Yahoo alte oder falsche Informationen liefern, oder wenn ein erboster ehemaliger Geschäftspartner vernichtende Kommentare online gestellt hat? Das Zauberwort im Netz heißt: Verdrängung. Gerade dann kann es sich also lohnen, Profile bei sozialen Netzwerken anzulegen, Artikel zu veröffentlichen, an öffentlichen Veranstaltungen teilzunehmen. Diese relevanteren Informationen könnten die unangenehmen auf die hinteren Seiten der Trefferlisten verbannen.

Seit Kurzem arbeitet die wichtigste Suchmaschine Google zudem mit einem veränderten Algorithmus: Aktualität wird damit seither noch höher bewertet. Unangenehme Geschichten von früher verschwinden also noch leichter auf den hinteren Seiten. „Man kann sich durchaus auf die Faulheit der Recherchierenden verlassen", sagt Experte Eck. „Die ersten zehn Treffer sind die wichtigsten, und mehr als 30 durchsucht im Normalfall kaum jemand."

Wer die Verdrängungsstrategie zu aufwendig findet, kann auch auf spezielle Agenturen zurückgreifen, die anbieten, die Online-Reputation ihrer Kunden von allem Negativen zu befreien. Auf diese Imagepolitur gibt es in der Regel allerdings keine Garantie: Denn diese Dienstleister setzen sich meist mit den Betreibern der entsprechenden Seiten in Verbindung und bitten sie, die strittigen Einträge zu entfernen. Meist sind sie dabei aber auf deren guten Willen angewiesen – es sei denn, die unliebsamen Kommentare oder Berichte sind juristisch angreifbar und man ist auch tatsächlich bereit zu klagen. Im ungünstigsten Fall kann die Aktion zur Imagepolitur allerdings auch nach hinten losgehen: Wenn der Versuch, entsprechende Einträge löschen zu lassen, bei den Angesprochenen schlecht ankommt, legen sie unter Umständen noch einmal nach – und dann bekommt eine vielleicht lange zurückliegende Episode plötzlich unerwünscht neue Aktualität.

Eine Ausnahme sind allerdings schwere Beschimpfungen oder Verleumdungen und alles, was in die pornographische Richtung geht – wenn der gekränkte Ex-Partner also etwa private Fotos ins Netz stellt. In all diesen Fällen sollte man sich juristischen Beistand suchen und die Löschung dieser Inhalte durchsetzen.

> „Wenn man sich im Web nicht um seinen Ruf kümmert, tun es andere."

Besonders wichtig ist aber, die eigene Reputation im Netz ständig im Blick zu behalten: Oft kommen die unerwünschten Einträge auch noch überraschend. Regelmäßig den eigenen Namen in die Suchmaschine einzugeben, könnte sich also lohnen – und ist auch kein übertrieben großer Aufwand. Wer trotzdem lieber professionelle Hilfe in Anspruch nimmt oder wer mit dem Internet gar nichts anfangen kann, kann dafür ebenfalls Dienstleister engagieren.

Diese Agenturen sammeln alle Einträge, die es über ihre Kunden gibt, und schlagen bei negativen Meldungen Alarm. Für Privatleute gibt es diesen Service schon für ein paar Euro im Monat – auf die Dauer wird das allerdings trotzdem ganz schön teuer.

Zumal es einen ähnlichen Informationsservice auch für lau gibt: die Suchmaschine Google etwa bietet einen kostenlosen Alarm-Service an. Den kann man so programmieren, dass man zu einem bestimmten Thema ständig auf dem Laufenden gehalten wird und neue Einträge per E-Mail sofort bei Erscheinen übermittelt bekommt. Wer so einen Google Alert für den eigenen Namen anfordert, bleibt im Normalfall über alles Wichtige informiert.

Es kann sich also auszahlen, im Netz ein bisschen Werbung für sich selbst zu machen – die Zeiten der großen Bescheidenheit sind längst vorbei.

Die Arbeitsvermittler

Die Arbeitsagenturen geben sich Mühe, um Jobsuchende und Firmen zusammenzubringen. Das funktioniert nicht immer. Vollbeschäftigung ist ein ehrgeiziges Ziel. Es wird zu jeder Zeit Menschen geben, die auf dem Arbeitsmarkt keine Chance haben. Wie gut ist die Arbeitsvermittlung der Bundesagentur für Arbeit wirklich? Welche Rolle spielen private Vermittler, Headhunter, Personalberater? Führt der Fachkräftemangel dazu, dass Bewerber den Ton angeben?

Durchbruch geschafft

Es gab viele Versuche, einen trockenen Verbindungsweg zwischen Großbritannien und Frankreich zu bauen. Schon Ludwig XV. soll vor mehr als 250 Jahren von einem Tunnel unter dem Meeresboden des Ärmelkanals geträumt haben. Der Bau des heutigen Eurotunnels war seit den Tagen Ludwigs der achtundzwanzigste Versuch – der endlich gelang. Nie zuvor kam man so schnell vom Festland auf die Insel: Eine Zugfahrt durch den Eurotunnel von Frankreich nach England dauert nur knapp eine halbe Stunde. Der Tunnel wurde in einer Tiefe von durchschnittlich 40 Metern in einer Kreidefelsschicht angelegt. Spezialmaschinen haben sich durch 150 Kilometer Kreidefelsen unter dem Ärmelkanal gefressen. Auf dem Foto aus dem Jahr 1990 feiern die Arbeiter den Durchstoß der letzten Wand am Nordende des Eisenbahntunnels.

Headhunter für die Masse

Jobvermittler in den Arbeitsagenturen werden umdenken müssen: Statt statistische Ziele zu erfüllen, kommt es künftig mehr denn je auf Qualität an VON UWE RITZER

Wenn es stimmt, wäre es ein handfester Skandal. Schon einmal geriet die Bundesagentur für Arbeit ihrer Statistik wegen in Verruf; damals hieß sie noch Bundesanstalt, und es ging um manipulierte und geschönte Vermittlungsstatistiken. Neun Jahre ist das her, und am Ende der Affäre musste Bernhard Jagoda als BA-Chef gehen, und der tiefstgreifende Umbau in der Geschichte der deutschen Arbeitsverwaltung begann. Aus dem Behördenmoloch sollte ein auf messbaren Erfolg und Effizienz getrimmter Dienstleister in staatlichem Auftrag werden. Nun allerdings werden neue Vorwürfe laut – wieder geht es um dubiose Zahlenspiele.

Arbeitsvermittler würden Erwerbslose so lange schikanieren, bis diese aufgeben und sich aus dem Leistungsbezug abmelden. Dadurch fallen sie aus dem System, tauchen in der Arbeitslosenstatistik nicht mehr auf, und weil das fast überall so geschehe, werde die Situation auf dem Arbeitsmarkt geschönt. Sagen jedenfalls Vertreter von Erwerbslosenorganisationen. Fakt ist: Allein im Oktober 2011 meldeten sich 200 000 Menschen in die Nichterwerbstätigkeit ab. Das mag verschiedene Gründe haben, aber die hohe Anzahl ist doch auffällig. Ob beziehungsweise wie viele der Betroffenen tatsächlich von Arbeitsvermittlern aus dem System geekelt wurden, kann niemand seriös belegen.

Sie haben es aber auch nicht leicht, die Jobvermittler in den Arbeitsagenturen. Nicht nur weil ihnen die BA in Zahlen fixierte Ziele abverlangt, wie viele Erwerbslose sie vermitteln müssen. Ihr eigener Job wird vor allem deshalb schwieriger, weil Angebot und Nachfrage am Arbeitsmarkt immer schwerer in Einklang zu bringen sind. Anders formuliert: Es gibt tendenziell immer weniger Bewerber für qualifizierte Stellen. „Fachkräftemangel", klagt die Wirtschaft bereits, was so aber nicht stimmt. Noch nicht.

Gewiss, es gibt Engpässe, aber nicht flächendeckend. Bei genauer Betrachtung ist zu erkennen, dass es in einigen Berufsgruppen, Branchen und in wenigen Boomregionen tatsächlich einen Mangel an Fachleuten und speziell Akademikern gibt. So fehlt es beispielsweise an Maschinenbauingenieuren im Ballungsraum Stuttgart. Auch wenn manche Klage über Fachkräftemangel aktuell überzogen ist – dauerhaft wird er in jedem Fall kommen. 2020 werden nach einer Erhebung des Instituts zur Zukunft der Arbeit 240 000 Ingenieure fehlen. Das Arbeitskräftepotential hierzulande wird sich allein aus demographischen Gründen bis 2025 um 6,5 Millionen Personen verringern.

Alle am Arbeitsmarkt werden umdenken und sich darauf einstellen müssen. Die Unternehmen täten gut daran, dies schnell zu tun. In vielen Fällen sind die Erwartungen der Arbeitgeber an künftige Mitarbeiter weit überzogen. Man gibt sich nicht nur mit der guten Lösung zufrieden, man fordert vom Vermittler die perfekte. Es gibt Handwerksbetriebe, die vom künftigen Azubi einen guten Realschulabschluss verlangen. Dabei täte es der entwicklungsfähige, praktischer veranlagte und genauso zuverlässige Hauptschüler oft wahrscheinlich sogar noch besser.

Noch schlimmer ist es in Teilen der Gastronomie. Sogar mit vielen Sternen gesegnete Hotelketten stellen mancherorts doppelt so viele Azubis ein, wie sie benötigen. Wohl wissend, dass nicht der unattraktiven Arbeitszeiten als vielmehr der vorsintflutlichen Umgangsformen und der Brüllkultur im eigenen Haus wegen die Hälfte der jungen Leute ohnehin bald abspringen wird.

Diese falsche Erwartungshaltung einerseits, die schrumpfenden Bewerberzahlen und der absehbare Fachkräftemangel andererseits stellen auch die Arbeitsvermittler vor neue Herausforderungen. Ihr Job wird anders werden. Die Machtverhältnisse ändern sich gerade. Und zwar zugunsten derer, die eine Ausbildung oder eine neue Beschäftigung suchen. Ein Bewerbermarkt entsteht. Dieser Paradigmenwechsel ist mental noch nicht bei allen Arbeitgebern angekommen. Sie geben den Druck an die Vermittler in den Arbeitsagenturen weiter, die aber längst nicht mehr aus dem Fachkräfte-Reservoir schöpfen können wie noch vor wenigen Jahren. Und die vor allem damit zu kämpfen haben, dass die Klientel auf der Bewerberseite anspruchsvoller und in Teilen schwieriger geworden ist.

„In vielen Fällen sind die Erwartungen an Mitarbeiter überzogen."

Das bedeutet einen Mehraufwand in der täglichen Vermittlung ebenso wie bei der Weiterqualifizierung der Arbeitslosen. Manches von dem, was da an sogenannter arbeitsmarktpolitischer Qualifikation angeboten wird, entspricht nicht den tatsächlichen Erfordernissen. Was für die privaten Bildungsträger ein gutes Geschäft ist, ist für viele Betroffene verlorene Zeit. Man hört von EDV-Kursen an hoffnungslos veralteten Computern oder von

Akademikern, die bei ihren Umschulungen über sinnentleerte Beschäftigungen klagen, anstatt wirkliche Fortbildung zu erleben. Künftig werden die Vermittler da genauer hinschauen müssen – und nicht mehr nur froh sein können, dass ein Erwerbsloser in einer Weiterbildungsmaßnahme als Scheinversorgter erst einmal aus der Statistik ist und keine (Vermittlungs)arbeit mehr macht.

Ohne Zweifel ist vieles besser geworden, seit die Arbeitsverwaltung sich als dienstleistende Agentur und nicht mehr als Behörde versteht. In alten Anstaltszeiten waren Vermittler auf beiden Seiten unterwegs: Sie waren für die Arbeitgeber da und jene, die eine Anstellung suchten. Das bedeutete in der Praxis: Lange Bewerberschlangen vor der Tür, keine Zeit für den Einzelfall, geschweige denn für Außendienst beim Unternehmen, um dort präziser zu eruieren, welchen Zuschnitt der neue Mitarbeiter haben muss.

Das hat sich geändert. Die Jobvermittler wurden aufgesplittet: Die einen betreuen die Unternehmen, die anderen kümmern sich um die Arbeitssuchenden. Die kommen nicht mehr aufs Geratewohl, sondern vereinbaren vorher Termine. Der Vermittler kann sich besser vorbereiten, und er soll sich mehr Zeit nehmen. So sollte es zumindest sein.

In der Hälfte der Fälle würde dies auch ganz gut klappen, sagen Vermittler hinter vorgehaltener Hand. Vieles aber läge noch im Argen. In der Kommunikation mit den unmittelbar Beteiligten, aber auch innerhalb des weit verzweigten BA-Netzes. Bundesweit einheitliches EDV-System hin oder her – wenn ein Betrieb in Süddeutschland Schweißer sucht, bedeutet das noch lange nicht, dass der Vermittler sie unter arbeitslosen Werftarbeitern an der Nord- oder Ostseeküste sucht. Oft endet die Suche im eigenen Agenturbezirk, bestenfalls noch bei den angrenzenden Nachbarn. Alles andere nämlich wäre aufwendig. Was aufwendig ist, kostet Zeit, und was Zeit kostet, gefährdet die eigene Zielvereinbarung. Nämlich möglichst viele Kunden in Arbeit zu vermitteln.

Es wird daher eine Reform der Jobvermittlung gebraucht. Sie wird künftig mehr denn je qualitativ arbeiten müssen. Ausgerichtet nicht auf möglichst viele und schnelle statistische Erfolge; sondern sie wird individueller, maßgeschneiderter und intensiver werden müssen. Das ist eine Konsequenz aus jenen Handlungsfeldern, die Arbeitsmarktforscher längst definiert haben, um Fachkräftemangel entgegenzuwirken. Demnach müssen die Zahlen der Schulabgänger ohne Abschluss, der Ausbildungs- und der Studienabbrecher reduziert werden. Potentiale bei Menschen über 55 Jahren und bei Frauen ohne Erwerbstätigkeit (der Klassiker ist die alleinerziehende Mutter, die trotz guter beruflicher Perspektiven mangels Unterstützung zu Hause bei ihren Kindern bleibt) müssen gehoben werden. Und der Fachkräftezuzug muss gesteuert werden.

Dies setzt voraus, dass Jobvermittler intensiver als bisher am Bedarf arbeiten. Dass sie Betriebe von flexiblen Arbeitszeitmodellen und mehr Qualifikationsangeboten für ihre Mitarbeiter überzeugen müssen. Dass sie Jobsuchende aber auch individueller werden beraten und unterstützen müssen. Sprich:

Die reine „Einweisung" in eine Qualifizierungsmaßnahme nach Schema F wird nicht mehr reichen. Jobvermittler müssen sich künftig als Headhunter verstehen, die für einen Kunden auf Unternehmensseite den bestmöglichen Mitarbeiter auswählen.

Wenn sich das Vermittlungssystem in den Arbeitsagenturen auf all das nicht einstellt, könnte es gut sein, dass private Vermittler bald die attraktivsten Kunden wegschnappen. Angefüttert von Vermittlungsprämien der BA tummeln sich allerhand unseriöse Anbieter in dem Markt. Im Bereich von Akademikern aber gibt es erfolgreiche Beispiele privater Vermittler, die durch spezialisierte und passgenaue Vermittlung von Topleuten sehr erfolgreich sind. Sie könnten künftig auch den Fachkräftemarkt für sich entdecken. Je eher sich die Agenturen darauf einstellen, umso besser. Denn sonst blieben ihnen am Ende nur die Schwervermittelbaren.

Ein Schild mit dem Logo der Bundesagentur für Arbeit (BA): Die Zahl der Langzeitarbeitslosen geht stark zurück.

Bohren am harten Kern

Die Zahl der Langzeitarbeitslosen ist in den vergangenen fünf Jahren deutlich zurückgegangen. In Zukunft könnte das schwieriger werden – Vollbeschäftigung bleibt ein Traum VON THOMAS ÖCHSNER

Es ist acht Jahre her, als das Leben von Hermann Wanninger aus den Fugen geriet. Zum ersten Mal in seinem Leben wurde er arbeitslos. Betriebsbedingte Kündigung lautete für ihn und 100 weitere Kollegen die bittere Botschaft. Wanninger schrieb Hunderte Bewerbungen, schaute sich überall nach Jobs um – ohne Erfolg: „Wenn ich sagen musste, dass ich über 40 bin, wurde ich schnell wieder verabschiedet." Dann bekam er im Frühjahr 2011 noch einmal eine Chance.

Stefan Pieperjohanns, Inhaber der Tischlerei Harde in Stadland bei Bremerhaven, suchte neue Mitarbeiter. 14 vom Jobcenter Wesermarsch betreute Langzeitarbeitslose erhielten einen Crashkurs in Sachen Bau und Montage von Türen und Fenstern. Vier durften bleiben. Einer von ihnen war Wanninger, der nun als Gabelstaplerfahrer 30 Kollegen täglich mit Baustoffen, Türrahmen und Beschlägen versorgt.

Der Ab- und Aufstieg des 53-Jährigen ist eine Geschichte, die Mut macht. Wanninger und einige andere erfolgreich vermittelte Langzeitarbeitslose dienen deshalb als Musterbeispiele für eine Kampagne der Nürnberger Bundesagentur für Arbeit (BA). Sie heißt „Ich bin gut", kostet 1,4 Millionen Euro und soll Arbeitgeber davon überzeugen, mehr erwerbslose Hartz-IV-Empfänger einzustellen. Doch vielen Unternehmen sind Menschen, die seit Jahren ohne Stelle sind, eben nicht gut genug. Der Sockel der Langzeitarbeitslosigkeit bröckelt, aber des Sockels harten Kern zu verkleinern oder gar verschwinden zu lassen, wird in Zukunft noch schwieriger.

Lange Zeit galt am deutschen Arbeitsmarkt ein ehernes Gesetz: Mit jedem Wirtschaftsabschwung steigt die Zahl der Dauer-Erwerbslosen. Die

Fachleute sprachen vom stetig wachsenden Arbeitslosen-Sockel. 2007 wurde dieses Gesetz durchbrochen. In den vergangenen fünf Jahren hat sich die Zahl der Langzeitarbeitslosen, also jener, die mehr als ein Jahr auf der Jobsuche sind, nahezu halbiert. Sie fiel von 1,7 Millionen auf im Oktober 2011 etwa 936 000. Trotz des deutschen Jobwunders und der Klagen über den Fachkräftemangel dürfte es in diesem Tempo kaum weitergehen. „Es bleiben diejenigen zurück, bei denen sich durch verschiedenste Problemlagen eine erfolgreiche Integration in naher, vielleicht auch in weiter Zukunft nicht abzeichnet", sagt BA-Vorstandsmitglied Heinrich Alt. Von nun an werde „jeder Schritt schwerer".

Alt spielt damit darauf an, dass sich „die Struktur der Arbeitslosigkeit" verschlechtert, wie es in einer Analyse der Bundesagentur heißt. 40 Prozent der Langzeitarbeitslosen sind 50 Jahre und älter, was eine Neueinstellung, wie nicht nur das Beispiel Wanninger zeigt, erheblich erschwert. Die Generation 50 plus darf länger an ihrem Arbeitsplatz bleiben als noch vor ein paar Jahren, was die steigenden Beschäftigungsquoten für ältere Arbeitnehmer erklärt. Einen neuen Job zu ergattern, bleibt jedoch schwierig. So ist nach einer Untersuchung des Instituts für Arbeitsmarkt- und Berufsforschung (IAB) die Wahrscheinlichkeit, eine Stelle zu bekommen, bei den über 50-Jährigen nicht einmal halb so groß wie bei den 20- bis 49-Jährigen.

Fast 1,5 Millionen Menschen beziehen seit 2005 ohne Pause Hartz IV.

Zwei Probleme kommen hinzu: Fast die Hälfte der Langzeitbeitslosen hat keine abgeschlossene Berufsausbildung. Außerdem ist das Phänomen sehr unterschiedlich verbreitet. Ein hoher Anteil befindet sich vor allem in städtischen Ballungsgebieten und strukturschwachen Regionen, ein eher niedriger in Süd- und Südwestdeutschland. Von den zehn Kreisen mit der geringsten Quote Langzeitarbeitsloser sind allein sieben in Bayern. Am höchsten ist sie in Oberhausen. Fast jeder zweite offiziell registrierte Jobsucher hat dort länger als ein Jahr keine Stelle. Sieben der zehn Regionen mit dem höchsten Anteil Langzeitarbeitsloser liegen in Nordrhein-Westfalen.

Mit jedem weiteren Aufschwung häufen sich diese Negativ-Merkmale im harten Kern der Dauer-Erwerbslosen: „Es sind zuerst die besser qualifizierten, weniger lange und jüngere Arbeitslose, die zuerst wieder in Arbeit kommen. Der Anteil der älteren, schlechter qualifizierten und länger Arbeitslosen nimmt so immer weiter zu", schreiben die Fachleute der BA. Wird Vollbeschäftigung deshalb ein Traum bleiben, ein Bodensatz Langzeitarbeitsloser für immer den deutschen Arbeitsmarkt prägen?

Trotz der Erfolge in den vergangenen fünf Jahren bleiben die Zahlen der Nürnberger Statistiker ernüchternd: Die Zahl der 936 000, die seit mehr als einem Jahr eine Stelle suchen, beschönigt die Realität. Tatsächlich ist der Kreis der Menschen, die nicht immer als arbeitslos registriert, aber seit langem ohne Job ist, viel größer: Seit Einführung der staatlichen Grundsicherung 2005 beziehen fast 1,5 Millionen Menschen ununterbrochen Hartz IV. Fast jeder Zweite, der den Absprung aus dem System schafft, fällt binnen eines Jahres wieder in Hartz IV zurück. Auch die 2,737 Millionen Arbeitslosen im Oktober 2011 täuschen darüber hinweg, dass knapp vier Millionen Menschen in Deutschland ohne Stelle sind. Zu dieser Gruppe der sogenannten „Unterbeschäftigten" gehören die eine Million Erwerbslosen, die bei den Arbeitslosen nicht mitgezählt werden, weil sie etwa krank gemeldet sind, Kleinkinder betreuen, einen Ein-Euro-Job haben oder 58 und seit mindestens einem Jahr ohne Arbeitsplatz sind. Die allermeisten wollen einen Job. Vor allem die Älteren haben oft schon resigniert.

BA-Manager Alt will keinen aufgeben. Er sieht weiter Spielräume, den Sockel zu verkleinern. So werden nach Angaben der Bundesagentur im Handwerk, in Pflege- und Dienstleistungsberufen, im Hotel- und Gaststättengewerbe 385 000 Arbeitnehmer gesucht. Andererseits gibt es fast doppelt so viele Hartz-IV-Empfänger, die über eine schulische, betriebliche oder akademische Berufsausbildung in diesen Branchen verfügen.

Es lohne sich, diesen Menschen eine Chance zu geben, sagt Alt. Dafür müssten die Arbeitgeber solchen Neu- oder Wiedereinsteigern in den Beruf die Zeit lassen, sich „ans Arbeitsleben zu gewöhnen". Ein Mensch, der jahrelang ohne Stelle war, könne nicht am ersten Tag 200 Prozent Produktivität bringen. Das sei wie bei einem Fußballer nach einer langen Verletzungspause. Umgekehrt müssten auch die vorher Arbeitslosen Geduld mitbringen und beim ersten Ärger nicht gleich wieder davonlaufen.

Das Bundesarbeitsministerium hat kürzlich in einer Antwort auf eine Anfrage der Grünen verkündet, die Zahl der Langzeitarbeitslosen um ein Fünftel senken zu wollen – bis zum Jahr 2020. Dass sich kleine Wunder wie im Fall des Gabelstaplerfahrers Hermann Wanninger allzu häufig wiederholen, glaubt offenbar auch Bundesarbeitsministerin Ursula von der Leyen nicht.

Wert der Bildung

In Europa sind viele Grenzen gefallen. Doch bei den Berufsabschlüssen herrscht Kleinstaaterei. Die gegenseitige Anerkennung von Land zu Land ist schwierig. Auch in Deutschland wird ungleich geurteilt. Hier sollen nun Ausbildung und Abitur gleichgestuft werden. Was muss sich in Europa, was in Deutschland auf Länderebene ändern? Öffnet sich die Schere zwischen sehr gut und gering Qualifizierten? Was kann die Gleichstufung von Ausbildung und Abitur bringen?

Im Goldrausch

Es war ein dramatisches Schauspiel. In der Serra Pelada im brasilianischen Bundesstaat Pará gruben in den 1980er Jahren Zehntausende nach Gold. Eine solche Invasion hatte es seit dem Goldrausch von Klondike in Alaska nicht mehr gegeben. Die Goldmine in Brasilien galt lange Zeit als eines der größten Übertage-Abbaugebiete der Welt. Ihre Ergiebigkeit hat inzwischen jedoch abgenommen. Doch im Jahr 1986, in dem dieses Foto entstand, blühte die Goldsuche. Das Bild zeigt, wie Bulldozer die Wände der offenen Goldgrube terrassenförmig abstuften, damit der Erdaushub nach oben gebracht werden konnte. Der Aufstieg der Arbeiter über unzählig viele Leitern war mühsam und anstrengend. Sie bekamen nur wenige Cent für einen ausgehobenen Sack Erde. Doch jeder hoffte, Gold zu finden. Denn dann gab es eine Prämie.

Ohne Maß

Bildung entzieht sich dem ökonomischen Kalkül.
Sie lässt sich nicht in Euro ausdrücken – aber sie
macht den Menschen frei VON TANJEV SCHULTZ

Es gibt viele Ansätze, den Wert von Bildung zu berechnen. Ökonomen versuchen zum Beispiel, die Rendite eines Studiums oder den volkswirtschaftlichen Schaden des Sitzenbleibens und Schulschwänzens zu beziffern. Würden die deutschen Schüler ihre Leistungen um ein paar Pisa-Punkte steigern, könnten sie später viele Milliarden Euro zusätzliches Wachstum auslösen. So verspricht es zumindest die Organisation für wirtschaftliche Zusammenarbeit und Entwicklung (OECD), die die Pisa-Schulstudien koordiniert.

Wahre Bildung entzieht sich jedoch dem ökonomischen Kalkül. Bildung ist keine Ware, für die man einen Preis und den Profit angeben könnte. Sie ist bereichernder, als sich in Cent und Euro ausdrücken lässt. Und das Schönste ist: Bildung ist beständig. Niemand kann sie einem Menschen mehr nehmen. Das ist ein Trost in unsicheren Zeiten. Wissen kann verfallen, bestimmte Fertigkeiten können nicht mehr nachgefragt werden. Doch Bildung im Sinne von Reife und Reflexion vergeht nicht so schnell. Ihr Kurs ist fest. Bildung ist sicherer als Gold und Immobilien.

Dennoch oder gerade deshalb ist ein unübersichtlicher Bildungsmarkt entstanden, auf dem die unterschiedlichsten Abschlüsse und Zertifikate erworben werden, die Wissen und Bildung dokumentieren sollen. Welchen Weg soll ein junger Mensch einschlagen, welche Ausbildung, welches Studium beginnen? Was werden die Zeugnisse einmal wert sein, wenn man sie einem Arbeitgeber schickt?

So beständig der Wert allgemeiner Bildung ist, so unbeständig sind viele Berufe. Und mit der Internationalisierung sind sowohl die Chancen als auch die Risiken noch gestiegen. Oft werden die Qualifikationen, die jemand im Ausland erworben hat, hierzulande nicht anerkannt – und umgekehrt. Auf der Ebene der Universitäten sollte die sogenannte Bologna-Reform einen gemeinsamen europäischen Hochschulraum schaffen. Die neuen Abschlüsse Bachelor und Master haben aber keineswegs dazu geführt, dass Studienleistungen überall gleich viel zählen. Probleme gibt es manchmal sogar schon bei einem Wechsel im Inland. Für Lehramtsstudenten beispielsweise hat jedes Bundesland eigene Regeln. Wer während oder nach seinem Studium umzieht, muss deshalb vor allem eine Qualifikation mitbringen: Geduld und starke Nerven.

Da haben es Bäcker, Mechatroniker oder Bankkaufleute leichter. Für sie gibt es bundesweit geltende Ausbildungsordnungen. Kompliziert kann es allerdings werden, wenn sie ins Ausland gehen. Das deutsche System mit Berufsschulen und einer langen Lehrzeit im Betrieb gibt es in anderen Staaten nicht. Bürger, die sich im grenzfreien Europa bewegen, stoßen schnell auf Bildungsbarrieren, die ihre Mobilität behindern.

Um diese Barrieren abzubauen und Abschlüsse besser vergleichen zu können, müsste man die verschiedenen Lehrinhalte und Prüfungen angleichen. Das klappt bisher aber noch nicht einmal innerhalb Deutschlands bei den Schulen. Das Abitur in Flensburg folgt anderen Regeln als das Abitur in Passau. Auf europäischer Ebene wird man es erst recht nicht schaffen, sich auf gemeinsame Standards zu einigen (und wäre das überhaupt wünschenswert?).

Dennoch tun Bildungspolitiker so, als könnten sie sämtliche Abschlüsse in ein einheitliches Raster bringen, und zwar europaweit. Gemeinsam mit Uni-Vertretern und den Sozialpartnern versuchen sie derzeit, die Vielfalt der Bildungswege in eine Karte einzutragen. Das Projekt läuft unter dem Namen „Deutscher Qualifikationsrahmen" (DQR), der wiederum in einen „Europäischen Qualifikationsrahmen" (EQR) einfließen soll. Sämtliche Bildungsabschlüsse sollen auf insgesamt acht Stufen einsortiert werden. Die Aufgabe klingt kompliziert – und das ist sie auch. Eine große Schablone wird über Europas Bildungssysteme gelegt. Ob sie wirklich passt und den Bürgern am Ende überhaupt etwas bringt, daran kann man nach den Erfahrungen mit den Hochschulreformen durchaus zweifeln.

Die Konsequenzen der bildungsbürokratischen Großtat sind noch gar nicht absehbar. Ziel des Qualifikationsrahmens soll es eigentlich sein, Arbeitnehmern und Arbeitgebern das Leben leichter zu machen und europaweit Transparenz und Vergleichbarkeit herzustellen. Doch zugleich wird dabei über den Wert bestimmter Qualifikationen entschieden, Rang und Status werden festgeschrieben: Wer zum Beispiel einen Doktortitel hat, so viel steht bereits fest, landet pauschal auf der achten, also der höchsten Stufe.

Sogar akademische Dünnbrettbohrer, die mit Ach und Krach ihre Promotion zu einem abseitigen Thema geschafft haben, stehen laut Qualifikationsrahmen stets besser da als ein pfiffiger und belesener Handwerksmeister, der mit betriebswirtschaftlichem Geschick einen Betrieb führt. Der Rahmen passt sich nicht an individuelle Talente und Leistungen an. Er will sich an echten „Kompetenzen" orientieren, vertraut aber doch den formalen Abschlüssen.

Und so ist nun ein heftiger Streit über den Wert des Abiturs und der beruflichen Bildung entbrannt. Kultusminister und Gymnasiallehrer wollen das Abitur auf Stufe fünf und damit höher ansiedeln als die meisten Berufsabschlüsse. Vertreter von Unternehmen und Gewerkschaften laufen dagegen Sturm – sie halten es für absurd, dass ein Gymnasiast, der nach dem Abitur beispielsweise eine Lehre in einer Bank oder bei einem Software-Entwickler macht, am Ende auf der Qualifikationsleiter sogar abgestiegen ist.

Die Gymnasiallobby stellt sich jedoch stur. Sie will den Status der Hochschulreife gegen Emporkömmlinge verteidigen. Hat denn etwa ein Hauptschüler, der eine Bäckerlehre macht, eine gleichwertige Qualifikation wie ein in Literatur und Mathematik beschlagener und hart geprüfter Abiturient?

Das sind so die Kämpfe, die derzeit ausgetragen werden. Vordergründig geht es nur um einen Konflikt zwischen Fachleuten und zwischen verschiedenen Lobbygruppen. Der Qualifikationsrahmen ist ja zunächst ohnehin eine Kopfgeburt. Womöglich hat er aber irgendwann reale Folgen für die Bürger – für ihr Einkommen, für die Aussicht, Stipendien zu erhalten, oder die Möglichkeit, bei einem Betrieb im Ausland zu arbeiten.

Und hinter dem Streit stecken sehr grundsätzliche Fragen: Welchen Stellenwert in der Gesellschaft haben die akademische und die berufliche Bildung? Wie ist das Verhältnis zwischen theoretischen und praktischen Fähigkeiten? Wie durchlässig sind die Schulen und Universitäten?

> **In der Wissensgesellschaft verlieren einfache Tätigkeiten an Wert.**

Das sogenannte duale System – die Berufsausbildung und die Berufsschulen – hat zur wirtschaftlichen Stärke Deutschlands maßgeblich beigetragen, weil es qualifizierte und selbstbewusste Handwerker und Fachkräfte hervorgebracht hat. Mittlerweile gerät dieses System von zwei Seiten in Bedrängnis: Immer mehr junge Menschen besuchen die Gymnasien und gehen direkt an eine Hochschule – fast jeder Zweite in einem Jahrgang beginnt ein Studium. Und auf der anderen Seite stehen die Abgehängten, die als „ausbildungsunreif" gelten und nirgends unterkommen.

Es gibt eine erschreckend hohe Zahl junger Erwachsener, die weder studieren noch mit Erfolg eine Berufsausbildung absolvieren. Mehr als 17 Prozent der 20- bis 29-Jährigen hat keinen Abschluss. Die Schere zwischen Hoch- und Geringqualifizierten geht weiter auseinander. In der Wissensgesellschaft steigt die Zahl der Abiturienten und Studenten, einfache Tätigkeiten verlieren weiter an Wert. Ohne die richtigen Zeugnisse ist sozialer Aufstieg kaum noch möglich.

Formale Qualifikationen sind wichtiger denn je – und werden dadurch gleich wieder entwertet. Denn es entsteht eine Spirale des Zertifikate-Sammelns: Schüler, Studenten und Berufstätige müssen sich abheben von den anderen und ihre besonderen Qualifikationen herausstellen. Sie stehen ständig unter dem Druck, weitere Nachweise ihrer Fähigkeiten zu liefern. Studenten, Auszubildende und junge Berufstätige werden zu Lebenslauf-Optimierern, zu Getriebenen einer Leistungsschau, die nur noch scheinbar etwas mit Bildung zu tun hat – und viel mit Distinktion, Wettbewerb und Karriere. Deshalb ist absehbar, wohin es führt, wenn immer mehr junge Menschen Abitur machen und ein Studium beginnen: Es kommt immer stärker darauf an, von welcher Schule und von welcher Universität ihr Zeugnis kommt und wo sie Praktika gemacht haben.

Wahre Bildung freilich ist nicht angewiesen auf Rang und Namen. Sie macht den Menschen frei. Sie macht ihn zur Person. Sie lässt sich nicht pressen in Zeugnisse und Qualifikationsraster. Sie lässt sich nicht einfach wiegen, messen und handeln. Der Wert von Bildung ist unermesslich.

Handwerkspräsident Otto Kentzler ist stolz auf die duale Berufsausbildung in Deutschland.

„Die Welt besteht nicht nur aus Dichtern und Denkern"

Handwerkspräsident Otto Kentzler kämpft vehement dafür, dass Abitur und dreijährige Ausbildung die gleiche Anerkennung bekommen. Das deutsche Lehrlingssystem wird weltweit kopiert INTERVIEW: MEHMET ATA

Es ist ein erbitterter Streit um die Wertigkeit von Ausbildungen: Im Deutschen Qualifikationsrahmen sollen berufliche und schulische Abschlüsse vergleichbar werden. Während die Kultusminister das Abitur höher einstufen wollen als eine Lehre, kommt Widerstand vom Zentralverband des Deutschen Handwerks. Präsident Otto Kentzler, plädiert für eine Gleichstufung. Alles andere sei Diskriminierung.

SZ: *Herr Kentzler, Wirtschaftsverbände und Gewerkschaften streiten sich mit den Kultusministern um den Deutschen Qualifikationsrahmen. Worum geht es?*
Otto Kentzler: Es geht um die Einstufung von Abschlüssen in eine achtstufige Skala. Die Beteiligten

sind sich weitgehend einig, wohin die Abschlüsse gehören. Nur beim Abitur und bei der dualen Ausbildung gibt es Streit. Die Kultusminister wollen das Abitur auf die Stufe 5 setzen, die dualen Ausbildungen in der Regel aber nur auf die Stufe 4. Nach ihren Vorstellungen sollen nur wenige ausgewählte Ausbildungsberufe auf dieselbe Stufe wie das Abitur. Wir kämpfen darum, dass die dreijährige Ausbildung den gleichen Stellenwert erhält wie das Abitur, beides auf Stufe 4. Die Abiturienten sind doch nicht besser als andere. Das ist Diskriminierung in höchstem Sinne.

Welche Argumente haben Sie?
Der Qualifikationsrahmen beschreibt nicht nur Wissen, sondern

auch Fertigkeiten und Kompetenzen wie Teamfähigkeit. Wir bestreiten, dass ein Abiturient nach zwölf Jahren in der Lage ist, ein Team zu leiten. Das deutsche Abitur ist reine Wissensvermittlung, Gesellen sind da schon weiter.

Die erforderlichen Kompetenzen für die jeweiligen Stufen haben Sie gemeinsam mit den Kultusministern festgelegt. Gab es da auch schon Konflikte?
Nein. Deswegen verstehe ich auch nicht, warum die Kultusministerkonferenz auf ihrer letzten Sitzung einstimmig für die Einordnung des Abiturs auf Stufe 5 plädiert hat.

Welche Konsequenzen befürchten Sie, wenn sich die Minister durchsetzen?
Die berufliche Bildung würde ins Hintertreffen geraten. Ein Abiturient, der eine Ausbildung macht, würde von Stufe 5 auf Stufe 4 fallen. Jeder würde versuchen, einen akademischen Weg einzuschlagen. Die Facharbeiter, die Deutschland stark gemacht haben, würden an den Pranger gestellt und der akademischen Bildung geopfert.

Welche Folgen könnte das speziell für das Handwerk haben?
Immerhin sieben Prozent der Auszubildenden im Handwerk sind Abiturienten, ihr Anteil ist in den vergangenen Jahren vor allem in medizinischen Berufen deutlich gestiegen. Bei Hörgeräteakustikern liegt er über 50 Prozent. Warum will ich den Jugendlichen das verbauen? Mehr als die Hälfte eines Jahrgangs machen eine Ausbildung, das ist doch eine schallende Ohrfeige für diese Menschen.

Wäre es so schlimm, wenn mehr Jugendliche das Abitur machen würden?
Ich will das Abitur gar nicht kleinreden. Wir brauchen beides, berufliche Ausbildung und das Abitur. Die Welt besteht aber nicht nur aus Dichtern und Denkern. Gerade für junge Menschen aus bildungsfernen Familien sind Ausbildungen oft der richtige Weg. Mit einer Ausbildung und beständiger Weiterbildung können sie sich Stück für Stück Qualifikationen aneignen. Nicht jedem ist das Abitur mit in die Wiege gelegt worden. Aber auch für Abiturienten ist der Weg über die Berufsausbildung zukunftsweisend. Ich selbst habe zwei Gesellenbriefe erworben und ein Ingenieursstudium abgeschlossen. Auch aus persönlicher Erfahrung weiß ich, wovon ich rede.

Die Kultusminister sagen, dass mit der Höherstufung des Abiturs dem deutschen Bildungssystem Rechnung getragen würde. Haben sie nicht vielleicht recht?
Das Besondere am deutschen System sind die beruflichen Ausbildungen, nicht das Abitur. Die duale Ausbildung wollen viele Länder kopieren – Indien oder China. Die 20 wichtigsten Industrie- und Schwellenländer (G 20) haben die berufliche Bildung verpflichtend aufgenommen. Ich gebe Ihnen ein Beispiel: Wenn BMW in den USA ein Werk aufbaut, plant die Firma ein Jahr nur für die Einarbeitung der Beschäftigten ein. Diesen Ländern fehlen die geeigneten Facharbeiter, weil ein Ausbildungssystem wie bei uns fehlt. Daher kann ich die Arroganz, mit der in Deutschland teilweise argumentiert wird, nicht verstehen.

Wie ist der Diskussionsstand in anderen europäischen Ländern?

> **„Die Facharbeiter würden an den Pranger gestellt."**

Alle anderen europäischen Länder haben das Abitur – beziehungsweise vergleichbare Abschlüsse – auf die Stufe 4 gestellt. Nur die Niederlande wollten ursprünglich das Abitur auf die Stufe 5 einordnen. Damit sind unsere Nachbarn aber gescheitert.

Im Konflikt haben Sie wichtige Verbündete auf Ihrer Seite.

Die ganze Bundesregierung steht hinter uns, ebenso die Wirtschaft und die Gewerkschaften, sowie die Wirtschaftsminister der Länder. Wir sind uns alle einig, dass dreijährige Ausbildungen und das Abitur auf Stufe 4 gehören. Nur die Kultusminister scheren aus.

Was sind die nächsten Schritte?

Eigentlich war die letzte Arbeitsgruppen-Sitzung zum Qualifikationsrahmen für November geplant, da wollten wir alles festmachen. Aber die Sitzung wurde wegen der Haltung der Kultusminister abgesagt. Jetzt wollen wir gemeinsam mit allen Beteiligten versuchen, frühzeitig im Jahr 2012 doch noch eine Verständigung zu erzielen.

Und wenn es zu keiner Einigung kommt?

Wir setzen auf Konsens.

Den Wandel gestalten

Die Arbeitswelt steht am Anfang einer rasanten Veränderung. Globalisierung und technischer Fortschritt stellen Politik und Wirtschaft vor noch nie dagewesene Herausforderungen. Die digitale Revolution führt zu Krisen und Umbrüchen – ähnlich, wie es bei der industriellen Revolution der Fall war. Doch heute vollzieht sich der Wandel auf einem sozialen Fundament. Auf diesem kann die Gesellschaft aufbauen, damit Menschen in neuen Arbeitsverhältnissen und unter veränderten Bedingungen auch künftig gut arbeiten können.

Gutes Klima

Er galt als beliebtestes Auto der Sowjetunion: Der Saporoschez-Kleinwagen. Bis 1986 verließen dort mehr als zwei Millionen Autos das Werk im ukrainischen Saporoschje. Die Wagen wurden fast ausschließlich in Handarbeit gefertigt. Jährlich wurden so 150 000 Stück von 20 000 Arbeitern hergestellt. Die Produktivität war extrem niedrig, doch das Arbeitsklima war gut. Häufige, wenn auch kurze, Ruhepausen waren an der Tagesordnung (wie das Bild aus dem Jahr 1987 zeigt). Die Arbeiter wurden von den Gewerkschaften diesbezüglich unterstützt und geschützt. Die Autowerke in Saporoschje wurden schon 1863 gegründet und nach der Oktoberrevolution verstaatlicht. Zunächst wurden Mähdrescher produziert. 1960 wurde der Komplex zur Montagefabrik für den Saporoschez-Kleinwagen umgerüstet.

Mobiler, weiblicher, älter

Von Selbstvermarktung, mehr Bildung und mehr Wissen –
zehn Trends bestimmen die Arbeitswelt von morgen VON SIBYLLE HAAS

Nichts bleibt wie es ist. Das klingt banal. Doch für viele Menschen sind Veränderungen schwierig. Sie reagieren mit Angst und Widerstand – und manchmal mit Verdrängung. Das ist in der Arbeitswelt nicht anders als sonst auch. Und es verändert sich ständig irgendetwas: Alte Berufe verschwinden und neue entstehen, Wissen veraltet und neue Fähigkeiten sind gefragt. Gestern wurde gelobt, wer seinem Arbeitgeber ein Leben lang treu blieb. Heute ist begehrt, wer sich in mehreren Jobs qualifiziert hat.

Am deutlichsten haben sich die Bedingungen, unter denen die Menschen arbeiten, gewandelt. Noch vor 100 Jahren war die Fabrik das Zentrum der Arbeiter. Große Industrieanlagen beherrschten die Arbeitswelt. Es ging darum, die Arbeit an den Werkbänken zu „humanisieren", so dass die Menschen sicher und körperlich unversehrt ihre Tätigkeit verrichten konnten. Auch heute sind die Arbeitsbedingungen an die Menschen anzupassen. Doch Humanisierung in der modernen Arbeitswelt bedeutet zum Beispiel, psychische Belastungen zu mindern oder den Zeitdruck abzufedern, den die Mobilität mit sich bringt.

Zehn Trends, welche die Arbeitswelt von morgen bestimmen, haben sich herauskristallisiert.

Die Mobilität. Die westliche Welt befindet sich im Übergang von der industriellen zur nachindustriellen Wirtschaft. Die digitale Revolution fordert die Gesellschaft heraus. Sie stellt die alten, gut eingefahrenen Strukturen in Frage, ja löst sie teilweise sogar auf. „Den" festen Arbeitsplatz wird es bald nicht mehr geben. Schon heute arbeiten viele mobil, schlagen ihr Büro dank Laptop und Blackberry mal hier und mal dort auf. Damit sind für Unternehmen die Mitarbeiter ständig und überall verfügbar. Für die Beschäftigten lösen sich Zeitgrenzen auf. Arbeitstage, die um neun Uhr beginnen und um 17

Uhr enden, werden seltener. Immer mehr Menschen arbeiten selbstbestimmt, legen Arbeitszeit und Freizeit eigenständig fest: Die große Herausforderung wird sein, die Balance zu finden und Grenzen selbst zu ziehen.

Das Wissen. Wissensarbeit ist zu einer dominierenden Form der Erwerbsarbeit geworden. Teamorientierte Projektarbeit ist auf dem Vormarsch. Hierarchien werden unwichtig, sind von gestern. Morgen ist „Chef", wer gerade ein Projekt betreut. Der Erfolg von Firmen wird immer mehr davon abhängen, wie die Wissensarbeiter zusammenarbeiten und wie kreativ sie dabei sind. Dabei läuft ohne Kooperation und Vernetzung im Job bald gar nichts mehr. Man trifft sich in Netzwerken wie Facebook oder Google+.

Die Dienstleister. Arbeit wird nicht weniger, sie wird nur anders. Das zeigt sich bereits an der Bedeutung der Wirtschaftsbereiche. Noch vor sechzig Jahren arbeitete hierzulande gut ein Viertel aller Beschäftigten in der Land- und Forstwirtschaft und in der Fischerei. Heute sind es gerade noch knapp zwei Prozent. Mehr als zwei Drittel der Beschäftigten ist inzwischen in den Dienstleistungen tätig. Damit hat sich der Anteil seit 1950 mehr als verdoppelt. Die wissensbasierten Dienste boomen, aber auch die sozialen: Familiendienste jeglicher Art, von der Kinderbetreuung bis zur Altenpflege, werden wichtiger.

Neue Arbeitsverhältnisse. Auf dem Weg in die Wissensgesellschaft und Kreativarbeit entstehen neue Erwerbsformen. Projektarbeit, Honorar- und Zeitverträge sind damit verbunden. Die Firmen fordern mehr Flexibilität: Leiharbeit und befristete Jobs nehmen mitunter deshalb zu. Und der Staat unterstützt das, indem er die Gesetze anpasst. Das kann für gering qualifizierte Menschen zum Fluch werden. Sie müssen sich mit unsicheren und schlecht bezahlten Arbeitsplätzen begnügen, denn nicht selten bleiben sie in diesen „prekären" Jobs hängen. Doch es gibt auch eine andere Seite, geprägt von der Avantgarde der Arbeitsgesellschaft. Es ist eine „Elite", eine neue kreative Klasse, mit starker Affinität zu den neuen Technologien. Sie pfeift auf den festen Job, weil sie den Arbeitsalltag selbst gestalten will.

Die Selbstvermarkter. Zurückhaltung war einmal. Die Arbeitswelt von morgen bevorzugt Extrovertierte, Exoten und Selbstdarsteller. Wer sich gut in Szene setzen kann, der setzt sich durch. Denn wenn Arbeitsverhältnisse immer kürzer und immer lockerer werden, wenn Unternehmen nicht mehr nach Arbeitnehmern, sondern nach Auftragnehmern suchen, dann profitieren vor allem jene, die beim schnellen ersten Blick gut aussehen. Das gilt auch für das Internet. Um die berufliche Karriere voranzutreiben, werden Arbeitnehmer von morgen die neuen Plattformen nutzen müssen.

Die Demographie. Die Menschen werden älter, und sie bleiben länger gesund. Immer weniger Arbeitnehmer kommen für die Renten auf. Da liegt es auf der Hand, dass die Menschen länger arbeiten werden. Der Trend zur Frühverrentung ist bereits gestoppt. Der Anteil der 60- bis 64-Jährigen unter den Arbeitnehmern hat sich seit dem Jahr 2000 auf 41 Prozent verdoppelt – das zumindest zeigen Daten der Bundesregierung. Lebenslanges Lernen und Beschäftigungsfähigkeit bis ins hohe Alter hinein gewinnen an Bedeutung. Daher gilt: Arbeitsplätze müssen an die Bedürfnisse Älterer angepasst werden, ebenso die Arbeitszeiten. Für die Gewerkschaften ist das eine große Herausforderung. Das Festhalten an starren Rentenaltersgrenzen passt nicht mehr in die Zeit.

Der Fachkräftemangel. Kluge Köpfe, sogenannte personelle Ressourcen, werden dafür verantwortlich sein, ob Firmen morgen wachsen oder nicht. Bereits 2015 werden in Deutschland drei Millionen Arbeitskräfte fehlen, vor allem Naturwissenschaftler und Ingenieure, aber auch Handwerker. Schon heute gibt es in bestimmten Branchen und Regionen zu wenig gute Leute, etwa im Maschinenbau-, bei Elektro- und Fahrzeugbauingenieuren, bei examinierten Altenpflegern, bei Erziehern oder Ärzten.

Die Bildung. Sie ist die beste Investition in die Zukunft. Doch bei den Bildungsausgaben liegt Deutschland im OECD-Vergleich nur auf Rang 23 unter den 27 wichtigsten Ländern. Viele Betriebe klagen bereits über mangelnde Disziplin, Leistungsbereitschaft und Belastbarkeit der Jugend. Das müssen die Schulen aufgreifen. Doch Bildungspolitik hat auch den drohenden Fachkräftemangel zu berücksichtigen. Und sie muss dafür sorgen, dass Abschlüsse auch über die Grenzen Europas hinweg anerkannt werden.

Das weibliche Potential. Viele Frauen sind gut ausgebildet und dennoch gibt es noch immer die klassische Arbeitsteilung: Der Mann sichert den Lebensunterhalt, die Frau sorgt für die Familie. Flexiblere und familienfreundliche Arbeitszeiten sind erforderlich, um das Potential zu nutzen. Im internationalen Vergleich liegt Deutschland bei den Angeboten zur Kinderbetreuung weit zurück. Hier muss sich etwas ändern. Auch müssen Firmen in der Personalentwicklung gezielt auf die Frauenförderung setzen. Und nicht zuletzt liegt es an den Frauen selbst: Wenn sie nicht bereit sind, Karriere zu machen, wird daraus nichts.

Der Weltmarkt. Der Arbeitsmarkt von morgen ist international. Doch die Last der Anpassung liegt momentan auf den Arbeitnehmern in den Industrieländern. Seit dem Zusammenbruch des kommunistischen Systems kam knapp eine Milliarde Arbeitnehmer neu auf den Weltmarkt und begann, mit denen des Westens zu konkurrieren. Besonders die Löhne gering qualifizierter Beschäftigter gerieten unter Druck. Ein Weg aus der Misere ist gute Bildung. Je besser die Arbeitnehmer qualifiziert sind, desto besser sind ihre Chancen in der Konkurrenz mit China, Indien und anderen Schwellenländern. In China etwa steigen inzwischen die Löhne, weil Arbeitskräfte knapp werden und weil die Beschäftigten nach dem Vorbild des Westens für ihre Rechte eintreten. Freihandel und Globalisierung nutzen langfristig also allen.

Der Wandel der Arbeitswelt bietet neue Möglichkeiten: Beruf und Freizeit können leichter verknüpft werden, Job und Familie ebenso. Und: Der Wandel vollzieht sich auf einem sozialen Fundament, das es vor 100 Jahren noch nicht gegeben hat. Darauf kann die Gesellschaft heute aufbauen, damit Menschen in neuen Arbeitsverhältnissen und Berufen auch künftig gut arbeiten können.

Mehmet Ata, geboren 1982, studierte Kommunikationswissenschaft, Germanistik und Geschichte an der Universität Duisburg-Essen und promovierte an der Universität Siegen mit einer Arbeit zum *Mohammed-Karikaturenstreit in deutschen und türkischen Medien.* Er schrieb unter anderem für die Deutsche Presse-Agentur. Seit 2010 volontiert er beim „Express" in Köln.

Markus Balser, geboren 1973, absolvierte seine Journalistenausbildung an der Kölner Journalistenschule für Politik und Wirtschaft und studierte Volkswirtschaftslehre an der Universität in Köln. Seit 2001 arbeitet er als Redakteur der Süddeutschen Zeitung in der Wirtschaftsredaktion. Einzige Ausnahme: Ein Abstecher als Gastredakteur beim Wall Street Journal in New York.

Hannah Beitzer, geboren 1982 in München, hat Sprachen, Wirtschafts- und Kulturraumstudien in Passau und Kazan, Russland, studiert. Sie volontierte bei der Süddeutschen Zeitung und schreibt inzwischen für den Wirtschaftsteil von sueddeutsche.de und SZ.

Varinia Bernau, geboren 1980, an der Ostseeküste aufgewachsen, hat Geschichte und Psychologie in Bielefeld und Paris studiert. Sie arbeitete unter anderem für die Sächsische Zeitung in Görlitz, ehe sie bei der Süddeutschen Zeitung volontierte. Seit 2010 schreibt sie dort für die Wirtschaftsredaktion.

Silke Bigalke, geboren 1983, hat in Köln Volkswirtschaftslehre und Politik studiert und die Kölner Journalistenschule besucht. Seit 2011 ist sie Volontärin der Süddeutschen Zeitung. Zuvor schrieb sie als freie Journalistin unter anderem für das Handelsblatt und die SZ-Wirtschaftsredaktion. Dabei beschäftigte sie sich vor allem mit Mittelstandsthemen und Ökonomik.

Alexandra Borchardt, geboren 1966, ist Chefin vom Dienst bei der Süddeutschen Zeitung. Ihr Berufsweg führte sie über die Deutsche Presse-Agentur und die Financial Times Deutschland zur SZ. Dort arbeitet sie seit 2005 als leitende Redakteurin, war zunächst Nachrichtenchefin im Wirtschaftsressort, dann Stellvertretende Ressortleiterin Innenpolitik. Mit Themen aus der Arbeitswelt hat sie sich viele Jahre lang beschäftigt, unter anderem in der SZ-Kolumne ‚Führungsspitzen'. Ausgebildet wurde Borchardt als Politikwissenschaftlerin an der Tulane University in New Orleans, wo sie 1994 promovierte.

Dagmar Deckstein, geboren 1953 in Göppingen, studierte von 1974 bis 1979 studierte Sozialwissenschaften an der Universität Göttingen mit dem Abschluss Diplom-Sozialwirt. 1980 begann sie ihre journalistische Karriere als Lokalredakteurin bei der Hessischen Niedersächsischen Allgemeinen (HNA) in Kassel. 1984 wechselte sie als Redakteurin Innenpolitik zur Stuttgarter Zeitung (StZ), wo sie fünf Jahre blieb. Seit 1989 ist Deckstein Redakteurin der Süddeutschen Zeitung (SZ) in München, zuerst Innenpolitik, 1997 bis 2000 Wirtschaft, 2000 bis 2002 die Reportagenseite Drei. Von Oktober 2002 bis Ende 2011 war sie Wirtschaftskorrespondentin der SZ für Baden-Württemberg in Stuttgart, ist seither als freie Autorin tätig. Decksteins thematischer Schwerpunkt gilt vor allem der Arbeitswelt gestern und morgen inklusive der Managementtheorie und -praxis. Ihr letztes Buch erschien 2009 im Murmann-Verlag: *Klasse! Die wundersame Welt der Manager*.

Caspar Dohmen, geboren 1967, arbeitet seit 2006 für die SZ-Wirtschaftsredaktion. Vorher schrieb er fünf Jahre als Finanzreporter für das Handelsblatt. Regelmäßige Arbeitsaufenthalte in Asien, Afrika, Lateinamerika, vor allem zu Themen an der Schnittstelle von sozialer und wirtschaftlicher Entwicklung. Studiert hat er Medizin, Volkswirtschaft und Politik in Köln.

Matthias Drobinski, Jahrgang 1964, ist seit 1997 innenpolitischer Redakteur der Süddeutschen Zeitung und dort zuständig für Kirchen und Religionsgemeinschaften. Er studierte Geschichte, Theologie und Germanistik und absolvierte die Hamburger Journalistenschule; zwei Jahre war er Redakteur bei „Publik-Forum, Zeitung kritischer Christen".

Detlef Esslinger, geboren 1964, ist seit 1990 bei der Süddeutschen Zeitung. Er gründete das Ressort „Münchner Kultur" mit, leitete die Medienseite und die Seite Drei, war Korrespondent in Frankfurt am Main. Nun ist er stellvertretender Leiter des Ressorts Innenpolitik und betreut die SZ-Volontäre.

Alina Fichter, geboren 1981, studierte Volkswirtschaftslehre in Köln und Paris und besuchte im Anschluss die Deutsche Journalistenschule in München. Seit 2010 arbeitet sie für den Geld-Teil der Süddeutschen Zeitung. Hier betreut sie schwerpunktmäßig Verbraucher- und Versicherungsthemen und die Interviewserie „Reden wir über Geld".

Thomas Fromm, geboren 1965, ist seit 2007 Redakteur im Wirtschaftsressort der Süddeutschen Zeitung in München. Zuvor war er sieben Jahre Korrespondent der Financial Times Deutschland; zunächst in Mailand, von wo er als Italien-Korrespondent berichtete, ab 2005 im Münchner Büro der FTD. Er studierte Politikwissenschaften, Journalistik und Geschichte in Eichstätt und Seattle/USA. Florian Fuchs, geboren 1982, studierte Politikwissenschaft und Geschichte in München. Nach langjähriger freier Mitarbeit volontierte er schließlich bei der Süddeutschen Zeitung. Seit 2011 schreibt er dort vor allem für den Lokalteil über Polizei- und Gesellschaftsthemen.

Florian Fuchs, geboren 1982, studierte Politikwissenschaft und Geschichte in München. Nach langjähriger freier Mitarbeit volontierte er schließlich bei der Süddeutschen Zeitung. Seit 2011 schreibt er dort vor allem für den Lokalteil über Polizei- und Gesellschaftsthemen.

Marcel Grzanna, geboren 1973, ehemaliger Sportjournalist, bis 2007 Leiter des sid-Büros in Berlin, hat Politikwissenschaften studiert. Begann seine journalistische Laufbahn 1993 beim Lokalteil der Westdeutschen Allgemeinen Zeitung. Lebt seit fünf Jahren in Peking, berichtete von dort zunächst mehrere Jahre für zahlreiche Printmedien sowie Radio- und TV-Sender. Seit Sommer 2009 ist er Chinakorrespondent der Süddeutschen Zeitung mit dem Schwerpunkt Wirtschaft.

Sibylle Haas, geboren 1961, absolvierte ein BWL-Studium an der Johann Wolfgang Goethe-Universität in Frankfurt. Von 1986 bis 1987 arbeitete sie als Redakteurin bei der Lebensmittel-Zeitung, 1988 bis 1993 war sie Wirtschaftsredakteurin bei der Frankfurter Allgemeinen Zeitung. Nach zwei Jahren als freie Korrespondentin in Barcelona, kehrte sie 1995 in die Wirtschaftsredaktion der FAZ zurück. 1997 erfolgt ihr Eintritt in die Redaktionsleitung der FVW International. Seit 1999 ist sie Wirtschaftsredakteurin bei der Süddeutschen Zeitung, hier war sie zunächst für die Luftfahrt- und Tourismusindustrie, später für Tarifpolitik, Gewerkschaften, Arbeitsmarkt, Bauwirtschaft und Chemieindustrie zuständig.

Alexander Hagelüken, geboren 1968, arbeitet seit 1995 bei der Süddeutschen. Seit 1997 wirtschaftspolitischer Korrespondent in Bonn und Berlin, ab 2002 Europa-Korrespondent in Brüssel. Seit 2007 Leiter des neuen Geld-Teils der Süddeutschen, seit 2012 zusammen mit Caspar Busse auch CVD für die ganze Wirtschaftsredaktion. Herausgeber der Bücher *Die großen Spekulanten* und *Reden wir über Geld.*

Gunnar Herrmann, geboren 1975, studierte Geschichte und Politikwissenschaft in München und in der südschwedischen Stadt Lund. Nach einem Volontariat bei der Süddeutschen Zeitung zog er 2006 mit seiner Familie nach Stockholm. Als Auslandskorrespondent berichtet er von dort über Politik, Wirtschaft, Kultur und Gesellschaft in Nordeuropa. Zu seinem Berichtsgebiet gehören Schweden, Dänemark, Norwegen, Finnland, Island und Grönland.

Michael Kläsgen, geboren 1967, lebte seit dem Abitur in Dortmund mehr im Ausland als in Deutschland und widmete sich deswegen gern dem von Vorurteilen beladenen Thema über die Arbeitsmoral in unterschiedlichen Kulturen. Kläsgen ist Wirtschaftskorrespondent in Frankreich. Er studierte in Konstanz, London und Tel Aviv Verwaltungswissenschaft mit dem Schwerpunkt Internationale Beziehungen, ehe er an der Berliner Humboldt-Universität promoviert wurde. In Israel leistete er nach dem Abitur auch einen zweijährigen Ersatzdienst.

Marianne Körber, geboren 1957, arbeitet seit 1991 als Wirtschaftsredakteurin bei der Süddeutschen Zeitung. Sie gehört dort zum Team der Blattmacher und rezensiert Wirtschaftsbücher. Zuvor war sie als Agentur- und Fachzeitschriftenjournalistin tätig. Zu Beginn ihrer beruflichen Laufbahn belieferte sie in Eigenregie eine Reihe von Tageszeitungen mit Artikeln über Unternehmen und die Entwicklung am Arbeitsmarkt.

Daniela Kuhr, geboren 1969, hat zunächst in Mannheim eine Banklehre absolviert und anschließend in Würzburg Jura studiert. Nach dem zweiten Staatsexamen und einer Ausbildung an der Deutschen Journalistenschule in München begann sie im Jahr 2000 als Wirtschaftsredakteurin bei der Süddeutschen Zeitung. Seit 2008 ist sie Korrespondentin in der Parlamentsredaktion in Berlin.

Kristina Läsker, geboren 1971, hat Wirtschaftswissenschaften in Hannover und Namur (Belgien) studiert. Danach arbeitete sie als Marketingmanagerin beim Bezahlsender Premiere und als Projektleiterin bei der Bertelsmann Stiftung in Gütersloh. Bei der Süddeutschen Zeitung hat sie 2002 als Volontärin begonnen. Seit 2009 schreibt sie als Korrespondentin im Hamburger Büro über Unternehmen in Norddeutschland. Im Jahr 2005 hat sie als Gastautorin mehrere Monate lang bei der Cape Times in Kapstadt geschrieben und schwärmt seither für Südafrika.

Jennifer Lange, geboren 1989, ist Schülerin der Kölner Journalistenschule für Politik und Wirtschaft und studiert Volkswirtschaftslehre an der Universität zu Köln. Im Sommer 2011 machte sie ein Praktikum bei der Süddeutschen Zeitung in der Wirtschaftsredaktion. Weitere Erfahrungen sammelte sie bei der Hannoverschen Allgemeinen Zeitung, der Berliner Morgenpost und stern.de.

Corinna Nohn, geboren 1980, hat nach dem Abitur einen Abstecher an die Kölner Journalistenschule und die Kölner Uni gemacht und studierte dann in Passau und Krakau Sprachen, Wirtschafts- und Kulturraumstudien mit Schwerpunkt Ostmitteleuropa. Seit 2007 schreibt sie für sie SZ – erst über Anlage- und Verbraucherthemen im Wirtschaftsteil, dann als Volontärin in allen Ressorts und seit 2011 als Redakteurin in der Innenpolitik.

Thomas Öchsner, geboren 1961, hat in München Neuere Geschichte, Wirtschaftsgeschichte und Politik studiert. Von 1993 bis 1998 war er stellvertretender Leiter der Wirtschaftsredaktion der Münchner Abendzeitung. Seit 1999 arbeitet er bei der Süddeutschen Zeitung. Er ist Korrespondent in der Parlamentsredaktion in Berlin.

Andreas Oldag, geboren 1954, arbeitete nach dem Studium der Politik, Geschichte und Wirtschaft als Wirtschaftsredakteur für Die Welt. Korrespondent für die Süddeutsche Zeitung in Berlin, Brüssel, New York und derzeit London. Er schrieb über die millionenschwere britische Fonds-Managerin Nicola Horlick, die einräumte, dass Geld nicht nur reich, sondern zuweilen auch krank mache. Oldag findet, Horlicks männliche Kollegen im Londoner Finanzviertel sollten darüber mal nachdenken.

Nikolaus Piper, geboren 1952, ist Korrespondent der Süddeutschen Zeitung in New York. Vorher leitete er sieben Jahre lang die Wirtschaftsredaktion der Süddeutschen Zeitung und arbeitete bei der ZEIT in Hamburg. Piper berichtete über die Finanzkrise seit ihren Anfängen an der Wall Street. Sein Buch *Die Große Rezession* wurde im Oktober 2009 als „Wirtschaftsbuch des Jahres" ausgezeichnet.

Thorsten Riedl, geboren 1971, hat mehr als sechs Jahre für die Wirtschaftsredaktion der Süddeutschen Zeitung geschrieben. Der Diplom-Kaufmann absolvierte sein Volontariat bei der Gruner + Jahr-Wirtschaftspresse. In dieser Zeit wurde er an Kölner Journalistenschule ausgebildet und hospitierte in den Redaktionen der Wirtschaftsmagazine Capital, Impulse und Börse Online sowie bei der Wirtschaftstageszeitung Financial Times Deutschland. Nach dieser Ausbildung arbeitete er als Redakteur bei Capital und anschließend bei der Computerzeitung. Seit Februar 2012 ist er Redakteur der Finanz und Wirtschaft, der größten Wirtschaftsredaktion der Schweiz.

Uwe Ritzer, geboren 1965, begann seine journalistische Laufbahn bei den Nürnberger Nachrichten. Anschließend übernahm er die Leitung einer Lokalredaktion und arbeitete mehrere Jahre für den Bayernteil der SZ. Seit 2005 arbeitet für die Süddeutsche Zeitung als Wirtschaftskorrespondent in Nürnberg. Dort kümmert er sich außer um Themen der Bundesagentur für Arbeit auch um Unternehmen in Nordbayern, die Sportartikel- und die Spielwarenindustrie, sowie um investigative Sonderthemen.

Tanjev Schultz, geboren 1974, ist seit 2005 bildungspolitischer Redakteur der SZ. Er ist promovierter Politikwissenschaftler und hat mehrere Jahre an der Universität Bremen gearbeitet. Im Jahr 2011 erschien von ihm und seinem Kollegen R. Preuß das Buch *Guttenbergs Fall*. Im Jahr 2012 veröffentlicht er das Buch *Schule ohne Angst*.

Angelika Slavik, geboren 1982 in Wien, hat Politikwissenschaft, Germanistik und Geschichte studiert. Sie begann als Journalistin bei der österreichischen Tageszeitung Der Standard, von 2004 arbeitete sie als Redakteurin beim Wirtschaftsmagazin Format. Seit 2007 schreibt sie für die Süddeutsche Zeitung und berichtet im Wirtschaftsressort über Werbung, PR und über die Immobilienbranche.

Dieter Sürig, geboren 1961, hat an der Ludwig-Maximilians-Universität München Wirtschaftsgeographie, Kommunikationswissenschaften und Germanistik studiert. Er arbeitet seit 1993 für die Süddeutsche Zeitung und gehört seit 2005 dem Wirtschaftsressort an. Dort beschäftigt er sich unter anderem mit Hochschul- und Gründerthemen.

Charlotte Theile, geboren 1987, studierte in Aachen und Bern Politologie und Volkswirtschaft. Sie arbeitet seit 2011 als freie Mitarbeiterin unter anderem für das ZDF und die Süddeutsche Zeitung.

Markus Zydra, geboren 1965, studierte Politikwissenschaft, Volkswirtschaft, Arabistik und Rechtswissenschaft in Tübingen, Seattle und Stockholm. Er begann seine Laufbahn als Skandinavienkorrespondent der Süddeutschen Zeitung in Stockholm. Danach folgten Stationen bei der FAZ und der Financial Times Deutschland. Seit 2007 arbeitet er als Finanzkorrespondent für die SZ in Frankfurt.

Der brasilianische Fotograf **Sebastião Salgado,** Jahrgang 1944, ist einer der bedeutendsten Bild-Dokumentaristen der Welt; er hat zahlreiche Auszeichnungen erhalten. Salgado studierte Wirtschaftswissenschaften und wandte sich 1973 dem Fotojournalismus zu. Er bereiste viele Länder und fing mit dem Fotoapparat das Leben der Arbeiter ein. Die so entstandenen Bilder wurden in der deutschen Version in dem Fotoband *Arbeiter – Zur Archäologie des Industriezeitalters* (Zweitausendeins) veröffentlicht. Seine Werke begleiteten die SZ-Serie *Die Zukunft der Arbeit*, aus der dieses Buch entstanden ist.

Bildnachweis

Sebastião Salgado: S. 12/13; 24/25; 36/37; 48/49; 60/61; 72/73; 86/87; 98/99; 110/111; 122/123; 134/135; 146/147; 158/159; 170/171; 182/183; 194/195; 206/207; 218/219; 230/231; 242/243; 254/255; 266/267; 278/279; 290/291; 302/303; 314/315; 326/32

Agenturen/Bildarchive:
BMW: Günter Schmied: S. 66
dpa/picture alliance: Ebener, David: S. 320 / Hirschberger, Ralf: S. 176 / S. 116
Forschungsinstitut zur Zukunft der Arbeit (IZA): S. 18
Getty Images/Bloomberg: Casper Hedberg: S. 188
MENNEKES Elektrotechnik GmbH & Co. KG: S. 104 (2)
Bernd Roselieb: S. 212
spectrum fotostudio: Michael Ankenbrand: S. 152
Matthias Tunger: S. 200
wagner-solar: Thomas Bernhardt: S. 260
Wooga GmbH: S. 248

SZ-Fotografen:
Hess, Catherina: S. 164; 308 / Körber, Katja: S. 140 / Lange, Jennifer: S. 284 / Schellnegger, Alessandra: S. 30; 92; 224
SZ Photo:
Oberhäuser, Rupert (Caro): S. 296 / Gloger, Markus (Joker): S. 236 / Urban, Marco: S. 42; 54

Privat:
Dieter Frey: S. 78 / Werner Fürstenberg (Rolf Otzipka): S. 128 / Li Yanzhong: S. 272